CSSCI来源集刊

武汉大学哲学学院◎编

# 哲学评论

Wuda Philosophical Review

第24辑



岳麓書社·长沙

# 《哲学评论》编委会

# 编 辑 部

# 目　录

**法哲学与政治学研究**



**书　评**

# 儒道研究专题

# 清华简《殷高宗问于三寿》与先秦儒道的公平公正思想

袁　青*

**摘要**：《殷高宗问于三寿》中的"揆中水衡"应解释为治国当做到持守公平公正，就如水面一样平整，也暗含着要以"法"来"揆中"。儒、道两家均要求治国公平公正，但保障儒家公正观施行的主要手段是财富分配的均平以及公正地选拔人才，而《殷高宗问于三寿》则是以"法"来保障公平公正，并且儒家的公平公正观是一种德性伦理，而《殷高宗问于三寿》的"德"主要着眼于政治，而非道德主体问题。道家的公平公正观则是以效法道（天道）为前提的，这与《殷高宗问于三寿》类似。在道家中庄子与黄老学的公平公正观有所不同：庄子认为儒家的公正观是建立在仁义基础上的，而仁义是一种私意，与《殷高宗问于三寿》肯定仁义的立场有所不同；黄老学则肯定仁义并提出用"名""法"来保障公正理念的实施，这在《殷高宗问于三寿》中得到体现。可见，《殷高宗问于三寿》的思想立场更近于黄老学。

**关键词**：清华简；《殷高宗问于三寿》；儒道；揆中；公平公正

清华简《殷高宗问于三寿》是近年问世的一篇思想性较强的出土文献，共 28 支简，约 1000 字。该篇主要以殷高宗与彭祖的对话方式来阐述其思想内涵，主要可分为三个部分：第一部分主要解释何谓"长""险""厌""恶"；

---

* 作者简介：袁青，中山大学哲学系（珠海）副教授，中山大学"百人计划"青年学术骨干，硕士生导师。E-mail：yuanq33@mail.sysu.edu.cn。基金项目：国家社会科学基金青年项目"最新黄老学出土文献研究"（18CZX024）。

第二部分主要阐述“祥”“义”“德”“音”“仁”“圣”“智”“利”“信”等九个范畴的含义；第三部分主要讨论人性。关于《殷高宗问于三寿》的性质，笔者曾著文指出，《殷高宗问于三寿》中充满恐惧情绪，近于《老子》，而且《殷高宗问于三寿》具有从天道到人道、从养生到治国、因循等黄老学思想特征，表明《殷高宗问于三寿》应是黄老学著作。[1]《殷高宗问于三寿》第二部分论说九大范畴中“德”的一大要素是“揆中水衡”，涉及政治上的公平公正问题，笔者即以《殷高宗问于三寿》为起点，将其放入整个先秦儒道思想谱系中探讨公平公正问题。

## 一、“揆中水衡”当作何解

关于“揆中水衡”，整理者李均明注曰：“揆，揆度。《史记·律书》：‘癸之为言揆也，言万物可揆度，故曰癸。’揆中即度中。《管子》有《揆度》篇，述掌控社会资源的重要性。水，《说文》：‘准也。’衡，平。”[2]李均明又作《揆中水衡——清华简〈殷高宗问于三寿〉之中道观》一文[3]，认为“揆中水衡”沿着孟子“权中”方法发展而来，是通过衡量而实现中道，是一种典型的儒家中道观。刘成群也讨论过这个问题，他认为《殷高宗问于三寿》的“中”是一个关联“仁”的礼义之“中”，《殷高宗问于三寿》的“中”出于孔子“仁礼一体”的“中”与荀子的礼义之“中”之间，并由此推出《殷高宗问于三寿》可能与楚人馯臂子弓或其门人弟子有关。[4]以上两位学者都认为《殷高宗问于三寿》的“揆中水衡”是儒家中道观。曹峰认为《殷高宗问于三寿》中的“德”指的是处理政事、扬善除

---

[1] 袁青：《清华简〈殷高宗问于三寿〉是儒家著作吗？——兼与李均明等先生商榷》，《学术界》2017 年第 8 期。

[2] 清华大学出土文献与保护中心编：《清华大学藏战国竹简（五）》，中西书局 2015 年版，第 156 页。

[3] 李均明：《揆中水衡——清华简〈殷高宗问于三寿〉之中道观》，载清华大学出土文献与保护中心编《出土文献（第七辑）》，中西书局 2015 年版，第 137—144 页。

[4] 刘成群：《清华简〈殷高宗问于三寿〉“揆中”思想与战国时代的政治化儒学》，《史学月刊》2017 年第 7 期。

恶能够公平公正。[1] 虽然曹峰主要探讨的是《殷高宗问于三寿》第一和第三部分，并没有对“揆中水衡”加以专门探讨，但显然他认为此处的“中”当解释为公平公正。李均明、刘成群与曹峰的差别主要在于，“揆中水衡”到底是一种保持平衡的中庸之道，还是指治国上的公平公正理念。

要了解“揆中水衡”的含义，必须回到文本本身。《殷高宗问于三寿》说“高宗恐惧，乃尃语彭祖曰[2]：‘呜呼，彭祖！古民人迷乱，象茂康懋，而不知邦之将丧。敢问先王之遗训，何谓祥？何谓义？何谓德？何谓音？何谓仁？何谓圣？何谓智？何谓利？何谓信？’”[3] 对于古人各种乱象却不知国家将亡的现象，殷高宗感到恐惧，因而询问彭祖何谓“祥”“义”“德”“音”“仁”“圣”“智”“利”“信”等九大范畴，可见这九大范畴均与治国相关，因此这里的“德”不是一般意义上的伦理道德，而是指为政之德。

《殷高宗问于三寿》用“揆中水衡”来定义“德”：“揆中水衡，不力，寺刑罚赦，振若除慝，冒神之福，同民之力，是名曰德。”“不力”，整理者疑前抄脱二字。[4] 补白认为当读为“揆中水衡不力”，“不力”即不自以为功，此句意思是统治者所制定的准则中正、平衡，但不以此为功劳。[5] 王宁认为当断读为“不力时，刑罚赦”，“不力时”为“不力时使”的省语，即不大兴时徭役耗费民力。[6]“不力”一句比较难解释，不必强加解释，似如整理者所言“不力”上脱二字。“寺刑罚赦”，整理者读作“时刑罚赦”，

[1] 曹峰：《清华简〈殷高宗问于三寿〉上下两部分简文的研究》，载日本出土资料学会编《中国出土资料研究》第20号，2016年7月。
[2] 尃，整理者读作“复”，马楠认为当读为“敷”，言所论之广，参见清华大学出土文献读书会：《清华简第五册报告补正》，清华大学出土文献研究与保护中心网，2015年4月8日。
[3] 清华大学出土文献与保护中心编《清华大学藏战国竹简（五）》，中西书局2015年版，第150页。以下所引《殷高宗问于三寿》原文，均引自此书，不另注，为书写方便，均以通行字写出。
[4] 清华大学出土文献与保护中心编《清华大学藏战国竹简（五）》，中西书局2015年版，第156页。
[5] 补白：《清华简〈殷高宗问于三寿〉臆说四则》，复旦大学出土文献与古文字研究中心网，2015年4月16日。
[6] 王宁：《读〈殷高宗问于三寿〉散札》，复旦大学出土文献与古文字研究中心网，2015年5月17日。

即刑赦有时，鹏宇读作“持刑罚赦”，即遵守法律，以此作为罚赦的依据，对臣民进行罚赦。[1]鹏宇的解释似乎更加合理。“振若除慝”，整理者认为即举善除恶之义。[2]“不力”后的意思较为清楚，即谨守法律作为刑赦的依据，扬善去恶，既能得到神护佑的福祉，又能汇聚民众之力，这就是德。《殷高宗问于三寿》的“德”是为政之德，而且依法刑赦、扬善去恶均与治国上的公正公平相关，而不是泛指保持平衡的中庸之道。

从字源来看，“中”字的公平公正之义也较为普遍。甲骨文中已出现“中”字，唐兰认为“中”本为斿旗之属，他说：“中者最初为氏族社会中之徽帜……盖古者有大事，聚众于旷地，先建中焉，群众望见中而趋附，群众来自四方，则建中之地为中央矣。列众为陈，建中之酋长或贵族，恒居中央，而群众左之右之，望见中之所在，即知为中央矣（若为三军则中军也）。”[3]姜亮夫认为甲骨文中的“中”为斿旐在日中形。他说：“盖古之造历者，候日晷进退，以验阴阳消息之机。后世法渐密，则设水准绳墨，以度中晷。上古朴质，立木以为表，取表端日光之面，以定正昃。即于表上建旐，以为一族指㧑之用。用于事既便，于理亦最简，此氏族社会之常例。”[4]萧兵则认为“中”字的来源应该比“旗帜”“日表”等更为广阔而古老，“‘中’字无论怎么变，其中间的一竖是不变的，那就是神圣的杆柱……即神杆”[5]。总之，无论“中”本指“旗帜”“日表”还是“神杆”，都具有法则的意味，为众人所遵守，具有某种权威性，正如王子今所说：“中的所在，是原始社会群体中的宗教中心、政治中心、神秘文化中心，以及其他社会活动中心，因而具有特殊的权威性。”[6]与此同时或稍后的时间，由于“中”有某种特殊的权威性，代表一种法则，为众人所遵循，逐

[1] 鹏宇：《〈清华大学藏战国竹简（五）〉零识》，清华大学出土文献研究与保护中心网，2015 年 4 月 10 日。
[2] 清华大学出土文献与保护中心编：《清华大学藏战国竹简（五）》，中西书局 2015 年版，第 156 页。
[3] 唐兰：《殷墟文字记》，中华书局 1981 年版，第 53—54 页。
[4] 姜亮夫：《国学丛考》，浙江大学出版社 2008 年版，第 405 页。
[5] 萧兵：《“中”源神杆说》，《中国文化》1994 年第 2 期。
[6] 王子今：《“忠”观念研究——一种政治道德的文化源流与历史演变》，吉林教育出版社 1999 年版，第 10 页。

渐又转变为一种公平公正的理念，清华简《保训》4 次出现“中”——“求中”“得中”“假中于河”“归中于河”[1]，关于其中“中”的含义，争议极大，我们比较认同的说法是“中”兼有刑书和公平公正的意思[2]，《周礼·秋官·司刺》说：“以此三法者求民情，断民中。”孔颖达疏曰：“云‘以此三法者求民情，断民中’者，谓上三刺、三宥、三赦若不以此法，恐有滥入者，由用三法，故断民得中。”由此看来，《周礼》所说的“断民中”指的就是司法公平公正。《殷高宗问于三寿》“揆中”即持守公平公正之义。

水的特性与公平公正相符。水的特性是平，《殷高宗问于三寿》“水衡”即凸出了这一特性，《庄子·天道》也说：“水静则明烛须眉，平中准，大匠取法焉。”水静止时水面绝对平整，可以成为大匠的水平仪。水面绝对平整这一特性，也被认为与法律的公正公平相似，《荀子·宥坐》记载孔子观东流之水，发出感慨：“主量必平，似法。”梁启雄引钟泰之说曰：“主量，谓以水为准也。”[3]法律的公平公正就要做到像水平面一样。《殷高宗问于三寿》“揆中水衡”即说治国要做到持守公平公正，就如水面一样平整。再者，“揆中水衡”之后紧接着的是“持刑罚赦，振若除慝”，即依法刑赦，扬善去恶，这是“揆中”理念的具体实施，这也就是说以“法”才能真正实现“揆中”，而“水衡”一词也与“法”的特性相符，《说文》即以“平之如水”来解释“法”字，“平之如水”即“水衡”，因此，“揆中水衡”也暗含着要以“法”来“揆中”。

[1] 清华大学出土文献研究与保护中心编：《清华大学藏战国竹简（一）》，中西书局 2010 年版，第 143 页。

[2] 关于“中”有“刑书”和“公平公正”的意思，李均明、刘光胜、江林昌、罗琨、杜勇、曹峰等学者都有论述，其中尤以曹峰的论述最为详尽。见李均明：《周文王遗嘱之中道观》，《光明日报》2009 年 4 月 20 日；刘光胜：《〈保训〉之“中”何解——兼谈清华简〈保训〉与〈易经〉的形成》，《光明日报》2009 年 5 月 18 日；江林昌：《浅议清华简〈保训〉篇“中”的观念》，见李学勤主编《出土文献》第一辑，中西书局 2010 年版，第 76—77 页；罗琨：《〈保训〉“追中于河”解》，见李学勤主编《出土文献》第一辑，中西书局 2010 年版，第 43—48 页；杜勇：《关于清华简〈保训〉的著作年代问题》，《天津师范大学学报》2010 年第 4 期；曹峰：《〈保训〉的“中”即“公平公正”之理念说——兼论“三降之德”》，《文史哲》2011 年第 6 期。

[3] 梁启雄：《荀子简释》，中华书局 1983 年版，第 390 页。

## 二、《殷高宗问于三寿》与先秦儒家的公平公正观

先秦儒家对为政的公平公正多有论述，公平公正是儒家治国思想的一个重要组成部分，先秦儒家对于如何做到公平公正还提出一系列的为政措施。

孔子说："宽则得众，信则民任焉，敏则有功，公则说。"(《论语 · 尧曰》) 何晏《论语集解》引孔安国之说曰："言政教公平，则民说矣。凡此二帝三王所以治也，故传以示后世。"[1] 孔子强调为政要做到公平公正，才能得到百姓的满意。对于如何做到公平公正，孔子提出"庶""富""教"的施政方针（《论语 · 子路》)，先庶后富，富而后教，孔子认为统治者必须要重视维护百姓的权利，只有做到"博施于民而能济众"才是圣人(《论语 · 雍也》)。对于社会不公现象，孔子说："不患寡而患不均，不患平而患不安。"(《论语 · 季氏》) 孔子提出均平思想，认为社会安定不在于财富的多寡，而在于财富分配是否均平。政治是否公平公正还体现于选官标准，孔子提出"举贤才"的选官标准（《论语 · 子路》)，认为"举直错诸枉，则民服；举枉错诸直，则民不服"(《论语 · 为政》)，只有公平公正地选拔人才，才能得到百姓的拥护。

孟子继承了孔子的思想，他说："圣人既竭目力焉，继之以规矩准绳，以为方员平直。"(《孟子 · 离娄上》)"规矩准绳"比喻社会规范及其制度，"方员平直"比喻公平。[2] 为政追求公平公正也是孟子政治思想的核心要义之一。孟子和孔子一样，重视民生，主张富民，因此他认为君主首要在于"保民"(《孟子 · 梁惠王上》)，而"保民"之关键在于"制民之产"(《孟子 · 梁惠王上》)，百姓丰衣足食了，才能劝导他们向善，所以说："然后驱而之善，故民之从之也轻。"(《孟子 · 梁惠王上》) 孟子进一步提出分配的均平问题，他说："夫仁政必自经界始。经界不正，井地不均，穀禄不平。是故暴君污吏必慢其经界。经界既正，分田制禄，可坐而定也。"(《孟

[1] 程树德：《论语集释》，中华书局 2013 年版，第 1568 页。
[2] 黄玉顺：《中国正义论的形成——周孔孟荀的制度伦理学传统》，东方出版社 2015 年版，第 260 页。

子・滕文公上》)“经界”是土地分配问题，“穀禄”是土地产物的分配与再分配问题。[1]也就是说，分配均平问题是孟子仁政的起点。当然，分配均平并不意味着绝对的平均主义，平均主义遭到孟子的激烈反对。[2]孟子同样也关注到选官的公正问题，他说：“尊贤使能，俊杰在位，则天下之士皆悦而愿立于其朝矣。”(《孟子・公孙丑上》)

在先秦儒家中，荀子最为重视为政的公平公正问题，他说：“上公正，则下易直矣。……上偏曲，则下比周矣。”(《荀子・正论》)“上好曲私，则臣下百吏乘是而后偏。”(《荀子・君道》)君主是否能够做到公平公正是国家治乱的决定因素，而保证公平公正关键在于君主“隆礼重法”。荀子说：“请问为人君？曰：以礼分施，均遍而不偏。”(《荀子・君道》)财富的分配必须依礼施行，这样才能保证公平公正，但荀子所说的分配公平并非绝对的平均分配，而是有差异的均平。因此“礼”本身就体现出差异性，荀子说：“礼者，贵贱有等，长幼有差，贫富轻重皆有称者也。”(《荀子・富国》)礼治还需要法治的补充，法治也体现出公平公正，他说：“天子三公，诸侯一相，大夫擅官，士保职，莫不法度而公，是所以班治之也。”(《荀子・君道》)依照礼法施政能防止君主之私，从而保证公平公正，选官之道也在于保证公平公正，荀子说：“虽王公士大夫之子孙，不能属于礼义则归之庶人。虽庶人之子孙也，积文学，正身行，能属于礼义，则归之卿相士大夫。”(《荀子・王制》)萧公权对此评价道：“荀子官人主要之原则在立公制以屏私意……夫官人之私意，多生于君主。故立制度之公者，乃所以防君主之私。”[3]荀子反复强调立公制并最大限度地限制君主之私欲，追求政治公平公正是荀子政治理想的起点，也是其政治思想的终极目的。

由此可见，先秦儒家都重视政治的公平公正，保障政治公平公正的手段主要包括财富分配的均平以及公正地选拔人才，这与《殷高宗问于三寿》以“法”来保障政治的公平公正有所差异。再者，儒家的公正观是正

---

[1] 黄玉顺：《中国正义论的形成——周孔孟荀的制度伦理学传统》，东方出版社2015年版，第260页。

[2] 黄玉顺：《中国正义论的形成——周孔孟荀的制度伦理学传统》，东方出版社2015年版，第261—263页。

[3] 萧公权：《中国政治思想史》，辽宁教育出版社1998年版，第106页。

义观的一部分，有学者指出儒家正义观，不是建立在“社会契约”的理论之上，不是以“客观理性”的形式出现，但它有普遍人性的基础。[1]因此，儒家的公正观也是一种德性伦理，而《殷高宗问于三寿》以“揆中水衡”等所定义的“德”与政治相关，而非着眼于道德主体问题，此文的焦点主要在于统治者的有效治国。[2]这与先秦儒家对于“德”的着重点也有所不同。

## 三、《殷高宗问于三寿》与先秦道家的公平公正观

先秦道家也特别重视为政之公平公正，与儒家稍有不同的是，道家是从道（或天道、天地）的公正无私角度来论述为政的公平公正，这是一种典型的从天道到人道的思维方式。

今本《老子》第五章说：“天地不仁，以万物为刍狗。圣人不仁，以百姓为刍狗。”苏辙对此解释道：“天地无私而听万物之自然……圣人之于民亦然。”[3]天地对于万物是公正无私的，君主效法天地，故而对于百姓也是一视同仁的。帛书本和北大汉简本《老子》“多闻数穷，不若守于中”是强调君主不要以智治国，而要公平公正。郭店本《老子》“致虚，恒也；守中，笃也”也是说天道致虚，君主治国就要公平公正。[4]庄子继承了老子关于“道”无私的一面，他说：“道无私。”（《庄子・则阳》）君主应效法道的无私，庄子说：“汝游心于淡，合气于漠，顺物自然而无容私焉，而天下治矣。”（《庄子・应帝王》）成玄英疏曰：“随造化之物情，顺自然之本性，无容私作法术，措意治之。放而任之，则物我全之矣。”[5]庄子认为君主应该随顺万物自然本性，而不应有私心掺杂于其中，因为“个人之私心亦为乱政之一大原因。争夺奢侈之行，苛烦纷扰之政均可由之以起；故消除私意，乃可复于自然之无为”[6]。由此看来，儒道两家均要求为政要去除

[1] 蒙培元：《略谈儒家的正义观》，《孔子研究》2011 年第 1 期。
[2] 林启屏：《清华简五〈殷高宗问于三寿〉思想析论》，《哲学与文化》2017 年第 10 期。
[3] 苏辙：《老子解》，中华书局 1985 年版，第 4 页。
[4] 袁青：《简帛〈老子〉“多闻数穷，不若守于中“考释》，《中州学刊》2016 年第 12 期。
[5] 郭庆藩：《庄子集释》，中华书局 1961 年版，第 295 页。
[6] 萧公权：《中国政治思想史》，辽宁教育出版社 1998 年版，第 163 页。

私心，但道家去除私心的方法是随顺万物，如此才能做到无为而治，因为“人法地，地法天，天法道，道法自然”(《老子》第二十五章)，而“道法自然”即道顺应万物之自然，[1]落实到治国上，君主要顺应百姓之自然，这就要求君主去除私意而持守公平公正之立场。儒家认为去除私意则有赖于统治者的德性修养，在此意义上《大学》说：“自天子以至于庶人，壹是皆以修身为本。”因此，虽然儒道都有“无为而治”思想，但儒家无为而治是一种“修己”论。[2]

庄子对于儒家的公平公正予以批评，认为儒家所说的公平公正乃建立在德性基础上，而儒家所谓的德性即仁义从根本上说是一种私意。《庄子·天道》载：“孔子曰：‘中心物恺，兼爱无私，此仁义之情也。’老聃曰：‘意，几乎后言！夫兼爱，不亦迂乎！无私焉，乃私也。’”在此，孔子认为仁义就是兼爱无私，此处的兼爱即爱人，并非墨家的兼爱，早期子书中“兼爱”一词并没有明确的学派属性。[3]以“爱人”为“仁义”的核心要义是符合儒家宗旨的，《论语·颜渊》载：“樊迟问仁，子曰：‘爱人。’”孟子也说：“仁者爱人。”(《孟子·离娄上》)但在庄子看来，儒家的爱人根本无法做到无私，而只是一种私意，对此郭象评价道：“世所谓无私者，释己而爱人。夫爱人者，欲人之爱己，此乃甚私，非忘公而公也。”[4]儒家的行仁之方——“忠”“恕”均发自于己之“欲”，庄子对于儒家的批评可谓一针见血。

黄老道家与老庄道家虽有诸多不同[5]，但在重视公平公正方面是一样的。《管子·心术下》说：“圣人若天然，无私覆也；若地然，无私载也。私者，乱天下者也。”这也是秉承从天道到人道的思维方式，天地无私，圣人法天地，故而也应大公无私。作为黄老学代表作的《黄帝四经》对于公平公正的问题阐述得更为系统，《黄帝四经》认为“道”的主要特点是

[1] 王中江：《道与事物的自然：老子“道法自然”实义考论》，《哲学研究》2010年第8期。
[2] 陈洪杏：《孔子“无为而治”说辨微》，《哲学研究》2015年第7期。
[3] [比]戴卡琳：《墨家十论是否代表墨翟的思想？——早期子书中的“十论”标语》，《文史哲》2014年第5期。
[4] 郭庆藩：《庄子集释》，中华书局1961年版，第479页。
[5] 袁青：《20世纪以来黄老学研究的回顾与展望》，《史学月刊》2018年第1期。

"虚",《道原》说:"恒无之初,迵同大(太)虚。"[1] 道是"迵同太虚",如同混沌空虚。万物同出于道,而道是虚无的,它体现出的特点是"虚其舍也,无为其素也"(《道原》),"素",魏启鹏引《广雅》和《淮南子》高诱注当释为根本[2],这也就是说,虚空是道的处所,而无为是道的本质。道的本质是无为,它对于天下万物是一视同仁的,圣人效法道,因此"故唯圣人能察无形,能听无[声]"(《道原》)。圣人效法天道之虚无与无为,故要做到虚静无为,具体说来就是"执道者之观于天下也,无执也,无处也,无为也,无私也"(《经法·道法》)。圣人效法道之虚静无为,就要做到处事公正而不以私意。《黄帝四经》认为理想的君主就是无私的,因为"公者明,至明者有功。至正者静,至静者圣。无私者智,至智者为天下稽"(《经法·道法》),只有做到无私才能"为天下稽",反过来,君主统治天下也要遵循这样的原则:"使民之恒度,去私而立公。"(《经法·道法》)这也就是说,只有无私者才能成为君主,君主统治天下也应做到公正无私,所以《黄帝四经》说:"天下大(太)平,正以明德,参之于天地,而兼复(覆)载而无私也,故王天[下]"(《经法·六分》)。君主只有效法天地之无私才能称王天下。

《黄帝四经》不仅提出了公平公正的理念,还认为需要"名""法"来保障政治上的公平公正。《黄帝四经》说:"故执道者之观于天下也,必审观事之所始起,审其刑(形)名。刑(形)名已定,逆顺有立(位),死生有分,存亡兴坏有处,然后参之于天地之恒道,乃定祸福死生存亡兴坏之所在。是故万举不失理,论天下无遗策。故能立天子,置三公,而天下化之,之胃(谓)有道。"(《经法·论约》)"形名"(名)是普遍存在的,天下之事均由"形名"所控制,统治者只需把握"形名"便可轻易治理天下。"名"是一种秩序、规范,它的一大特点就是"恒":"天地有恒常,万民有恒事,贵贱有恒立(位),畜臣有恒道,使民有恒度。"(《经法·道法》)由天地之恒推出万民、贵贱、畜臣、使民之"恒",这也是一种从天

---

[1] 陈鼓应:《黄帝四经今注今译》,商务印书馆 2007 年版,第 399 页。以下所引《黄帝四经》原文,均出自此书,不另注。
[2] 魏启鹏:《马王堆汉墓帛书〈黄帝书〉笺证》,中华书局 2004 年版,第 242 页。

道到人道的思维方式。《黄帝四经》接下来解释说："天地之恒常，四时、晦明、生杀、鞣（柔）刚。万民之恒事，男农、女工。贵贱之恒立（位），贤不宵（肖）不相放（妨）。畜臣之恒道，任能毋过其所长。使民之恒度，去私而立公。"（《经法·道法》）其中万民之恒事、贵贱之恒位、畜臣之恒道都是"名"之范畴，即均强调遵循一定的秩序和规范，统治者也要遵循这种秩序和规范去治国，其表现就是"去私而立公"，这就是说，统治者遵循这种秩序和规范（名）就能做到公正。《黄帝四经》又提出"法"来保障公正理念的施行。《黄帝四经》说："道生法。法者，引得失以绳，而明曲直者也。故执道者，生法而弗敢犯也，法立而弗敢废［也］。□能自引以绳，然后见知天下而不惑矣。"（《经法·道法》）在此，《黄帝四经》提出"道生法"的命题，认为"法"是依据道而产生的，而且一旦统治者依据道而制定出"法"之后，就不能随意废除，并且统治者本身也要遵循它，依据"道"而建立的"法"具有普遍的适用性。依据"道"而建立的"法"的一大特点是公正性："法度者，正之至也。而以法度者，不可乱也。而生法度者，不可乱也。精公无私而赏罚信，所以治也。"（《经法·君正》）法度是最为公正的，所以依法治国就不能任意妄为，各种法度也不能任意更改，依法治国便能公正无私而赏罚分明，就能取信于民，这样国家便能大治。"名"与"法"均是公正理念的保障，《黄帝四经》中也有多处将"名""法"并列，如说："居则有法，动作循名"（《十六经·姓争》），从这看，"名""法"地位相当，都是根本的治国原则。那么为何《黄帝四经》要提出"名""法"两个不同的治国原则？或说"名"和"法"有什么关系？对此，曹峰曾进行过讨论，他说："'道'是最高范畴和出发点，是'名''法'的存在依据。如果把三者关系比作一条平行线，'名'处于中点，是从'道'到'法'的媒介和过渡阶段，'法'则是最终的目标与手段。"[1]

先秦道家对于公平公正的论述都是以道（天道）之虚无为起点，道是虚无的，对于天地万物没有偏私，都是一视同仁的，圣人效法道（天

[1] 曹峰：《近年出土黄老思想文献研究》，中国社会科学出版社2015年版，第439—440页。

道），因而也要避免私欲，公平公正地对待百姓，这是道家无为而治的核心要义。庄子批评儒家并不能真正做到公平公正，因为儒家的公平公正是建立在仁义基础上的，而仁义从根本上是一种私意。黄老道家继承了老庄道家关于公平公正的论述，同时提出公平公正理念的推行要以“名”“法”为保障。《殷高宗问于三寿》论述了统治者必须掌握的九大治国范畴，这九大范畴是以“祥”“义”为起点的，在“祥”“义”之后就是“德”，其核心要义是“揆中”，虽然在此没有从论述天道开始，但“揆中”紧接着“祥”“义”，而“祥”“义”均与效法天地法则相关，[1]这里面应当也隐藏着效法天道的意思，而且，《殷高宗问于三寿》在第三部分论述君主统治时说：“小心翼翼，顾复勉祗，闻教训，余敬养，恭神劳民，揆中而象常。”“揆中”与“象常”并列，“象常”即效法天之常道，可见君主“揆中”也是效法天之常道的，因此《殷高宗问于三寿》的公平公正思想也是以效法道（天道）为起点的。此外，“仁”“圣”“智”等是《殷高宗问于三寿》九大范畴的重要组成部分，可见它不像庄子一样对此持批评态度，与庄子有一定距离。《殷高宗问于三寿》将“法”视为“揆中”理念的保障，与黄老道家也有相似之处。

## 四、结　语

《殷高宗问于三寿》以“揆中水衡”四字提出政治上的公平公正问题，这在儒道两家那里均有类似的观点，但保障儒家公正观施行的主要手段是财富分配的均平以及公正地选拔人才，而《殷高宗问于三寿》则是以“法”来保障公平公正，并且儒家的公正观是一种德性伦理，而《殷高宗问于三寿》的“德”主要着眼于政治，而非道德主体问题。道家的公平公正观是以效法道（天道）为前提的，这一点在《殷高宗问于三寿》中也得到了体现，在道家中庄子与黄老学有所不同，庄子认为儒家的公正观是以仁义为基础的，而仁义是一种私意，《殷高宗问于三寿》则肯定仁义，这

[1] 袁青：《清华简〈殷高宗问于三寿〉是儒家著作吗？——兼与李均明等先生商榷》，《学术界》2017 年第 8 期。

种立场与黄老学类似，此外，《殷高宗问于三寿》认为“法”能保障公平公正理念的施行，这也是类似黄老学的观点。因此，《殷高宗问于三寿》的公平公正观更为接近于黄老学立场。

## The Tsinghua Bamboo Slip Yingaozong Wenyu Sanshou and the thought of fairness and justice of pre-Qin Confucianism and Taoism

Yuan Qing

**Abstract:** “Kuizhong Shuiheng” in The Tsinghua Bamboo Slip Yingaozong Wenyu Sanshou should be interpreted as governing the country fairly and impartially, just as smooth as the water surface, and also implies that law should be used to maintain fairness and justice. Both Confucianism and Taoism claim the fairness and justice of the country. The main means of guaranteeing the implementation of Confucian justice is the equalization of wealth distribution and the fair selection of talents, but the Tsinghua Bamboo Slip Yingaozong Wenyu Sanshou is to maintain the fairness and justice by law. Moreover, the Confucian view of fairness and justice is a virtue ethic, but the De in Yingaozong Wenyu Sanshou mainly focuses on politics, not on moral subjects. The Taoist concept of fairness and justice is based on the premise of emphasizing the Tao ( Tiandao ), which is similar to Yingaozong Wenyu Sanshou. In the Taoist school, Zhuangzi and Huang-Lao Taoism are different from the concept of fairness and justice: Zhuangzi believes that the Confucian view of justice is based on the basis of benevolence and righteousness, and benevolence and justice are a kind of private intention, but the position of Yingaozong Wenyu Sanshou is to affirm the benevolence and righteousness. Huang-Lao Taoism affirms the benevolence and righteousness and proposes to use “Name” and “Law” to guarantee the implementation of the concept of fairness and justice, which is reflected in Yingaozong Wenyu Sanshou. It can be seen that the ideological position of Yingaozong Wenyu Sanshou is closer to

Huang–Lao Daoism.

**Keywords:** the Tsinghua bamboo slip; Yingaozong Wenyu Sanshou; Confucianism and Taoism; Kuizhong; fairness and justice

# 圣人无容心　直书非常事

## ——吴澄对《春秋》诠释体系的重建

张立恩*

**摘要：** 由于受清人观点的影响，论者对元代《春秋》学多不甚措意，但实际上《春秋》学发展的内在逻辑并未因宋元易代而被实质性地打破：由于程朱于《春秋》无成书，因而接续程朱（主要是朱子）以重建《春秋》诠释体系构成元代《春秋》学之首务。吴澄一方面继承朱子之“圣人”观念及“据实直书”说，同时又通过引入“《春秋》常事不书”观念以克服朱说之困境，进而重建“例”学。其“例”既非《公》《穀》之文辞褒贬凡例，亦非《左传》史例，而是被改造为刻画孔子之“实”的记事规则。其核心要素是据实直书，具体实现路径为：直书以见实、变文以见实、笔削以见实、特笔以见实。

**关键词：** 朱子；吴澄；《春秋》

## 一、引　言

由于受清代学者尤其是晚清经学家皮锡瑞（字鹿门，1850—1908）评价[1]的影响，论者对元代《春秋》学多不甚措意，然清人之说并非的

* 作者简介：张立恩，西北师范大学哲学学院讲师，研究方向为《春秋》，E-mail：258686425@qq.com。

[1] 如江藩（字子屏，号郑堂，1761—1830）云：“元明之际，以制义取士，古学几绝。”（氏著《国朝汉学师承记》卷 1，2 页左，《续修四库全书》第 179 册，上海古籍出版社 2002 年版，256 页下）又云：“经术一坏于东西晋之清谈，再坏于南北宋之道学，元明以来，此道益晦。”（《国朝汉学师承记》卷 1，5 页左，《续修四库全书》第 179 册，258 页上）皮锡瑞则以元代为“经学积衰时代”，并称：“元人则株守宋儒之书，而于注疏所得甚浅。”（氏著《经学历史》，周予同注释本，中华书局 2011 年版，205 页）

论。[1]实际上蒙元入主中原之后，尽管政治形势的变化对《春秋》学产生了一定影响，但其发展的内在逻辑却并未被实质性地打破：由于朱子经注的典范性，南宋以后朱子之说在学术界逐渐确立起权威地位，元朝混一南北之后更是将程朱经注定为科考功令。就《春秋》学而言，由于程朱皆无完整《春秋》经注，因而对元代《春秋》学家而言，接续程朱——尤其是朱子——之说以建立新《春秋》诠释体系成为其首务。[2]事实上，透过元仁宗皇庆二年（1313）所颁科举诏即可看出这一点，其规定考试程式：《论语》《孟子》《大学》《中庸》用朱子《四书集注》，《诗》以朱子《诗集传》为主，《尚书》以朱子门人蔡沈《书集传》为主，《周易》以程朱注为主，"《春秋》许用《三传》及胡氏《传》"，《诗》《书》《易》兼用古注疏。[3]可见，其以程朱之说为经解范式之意甚明，而在《春秋》学上许用三传及胡《传》显然是因程朱无成书而采取的退而求次的做法。因此，接续程朱（主要是朱子）以重建《春秋》学就构成元代《春秋》上的时代课题。事实上，元儒熊禾（字去非，一字退斋，1253—1312）在与胡一桂（字庭芳，1247—？）论学的一段文字中就非常清楚地点明了这一主题：

---

[1] 陈垣（字援庵，1880—1971）指出："若由汉高、唐太论起，而截至汉、唐得国之百年，以及由清世祖论起，而截至乾隆二十年以前，而不计其乾隆二十年以后，则汉、唐、清学术之盛，岂过元时！"（氏著《元西域人华化考》，上海古籍出版社 2000 年版，133 页）林庆彰、张志哲则对皮氏"积衰"之说有所批评。涂云清通过对元代经学的整体考察，指出：元儒多有不乐仕进而将其毕生心血致力于学术之钻研者，其用力之勤且深，比之前人，实无所愧！恐不宜轻忽视之。（见涂云清：《蒙元统治下的士人及其经学发展》，台湾大学出版中心 2012 年版，第 5、530 页）

[2] 如朱善（1340—1413）序王庄《春秋释疑》，称王氏《春秋》学欲"会众说而一之"。（朱善：《春秋释疑序》，《朱一斋先生文集》卷 4，明成化二十二年朱维鉴刻本）许有壬序张君立《春秋集议》称："豫章张君立择诸家之论，或全或略，疏于三传、胡氏之后，名曰'集议'，撷众长，萃于一，历历精至。"（朱彝尊：《经义考》卷 194，"张氏君立《春秋集议》"条，见林庆彰主编：《经义考新校》，上海古籍出版社 2010 年版，3562 页）所谓"撷众长，萃于一"即统一经义之意。杨维桢《春秋定是录序》云："余怪三家既有蔽焉，而诸子又于其蔽者析宗而植党，争角是非，不异讼牒，使求经者必由传，而求传者又必由诸子，是非纷纷，莫适所从，经之杲杲者晦矣。……维桢自幼习《春秋》，不敢建一新论以立名氏，谨会诸儒之说而辄自去取之，为《定是录》。"（杨维桢：《东维子集》卷 6，13 页左—14 页右，影印文渊阁《四库全书》第 1221 册，台湾商务印书馆 1983 年版，433 页下—434 页上）其欲统一经义之意甚明，此由"定是"二字尤可见出。

[3] [明] 宋濂：《元史・选举一・科目》，中华书局 1976 年版，第 2019 页。

考亭夫子平生精力在《四书》、《诗》、《易》，至于《书》，则付之门人。九峰蔡氏犹未大畅厥旨。《三礼》虽有通解，缺而未补者尚多。勉斋黄氏、信斋杨氏粗完《丧》、《祭》二书，而授受损益，精意究无能续之者。《春秋》则不过发其大义而已，岂无所俟于来学乎？当吾世不完，则亦愧负师训矣。[1]

实际上这与元代学术主流“回到朱熹”的内在旋律是一致的。[2]作为元朝儒学宗师，[3]吴澄（字幼清，晚称伯清，号草庐，1249—1333）对这一时代课题进行了积极的理论回应。

## 二、扬弃朱说：重建《春秋》诠释体系的观念基础

吴澄自觉接续和发明朱说以重建《春秋》诠释体系，其为时人敬铉（字鼎臣，易州人）《春秋备忘》所作序中指出：三传及范宁（字武子，339—401）、啖助（字叔佐，724—770）、赵匡（字伯循，河东人）、朱子等历代诸儒的《春秋》解释，“其间各有所长，然而不能一也”。[4]其以《春秋》经解之“不能一”为憾，因而他自己的《春秋》学就是这种统一经说的实践。[5]其《春秋会传序》亦称：“汉儒不合不公无足道，千载之下，超然独究圣人之旨，唯唐啖、赵二家，宋清江刘氏抑其次也。”[6]其《春秋》学则要“因三氏，研极推广，以通其所未通”。[7]而这种重建又是基于朱子学

[1]［清］黄宗羲著，全祖望补修：《潜庵学案》，《宋元学案》卷64，中华书局1986年版，2068页。
[2]陈来、杨立华、杨柱才、方旭东：《中国儒学史：宋元卷》，北京大学出版社2011年版，649页。
[3]吴澄弟子揭傒斯所撰吴澄《神道碑》云：“皇元受命，天降真儒，北有许衡，南有吴澄，所以恢宏至道，润色鸿业，有以知斯文未丧，景运方兴也。”（吴澄：《吴文正集》，“附录”，50页，影印文渊阁《四库全书》第1197册，949页下）钱穆先生认为：元朝吴澄、许衡虽并为南北大儒，“然论学问著述，惟草庐堪称巨擘”。（氏著《吴草庐学述》，《中国学术思想史论丛》(6)，载《钱宾四先生全集》(20)，联经出版事业股份有限公司1998年版，71页）
[4]吴澄：《吴文正集》卷18，10页左，影印文渊阁《四库全书》第1197册，198页下。
[5]赵伯雄：《春秋学史》，山东教育出版社2014年版，425页。
[6]吴澄：《春秋会传序》，《吴文正集》卷16，17页左，影印文渊阁《四库全书》第1197册，181页下。
[7]吴澄：《春秋会传序》，《吴文正集》卷16，17页左，影印文渊阁《四库全书》第1197册，181页下。

的，这不仅因其学深受朱子影响，[1]而且事实上，其《春秋》学的基本观念即来自朱子。不过，对于朱子之说，吴澄并非只是因袭，而是进行了创造性转化。

如所周知，《公》《穀》及汉唐《春秋》学主张以文辞褒贬解经，但在朱子看来，以褒贬说经则有厚污圣人之嫌，所谓"圣人光明正大，不应以一二字加褒贬于人"。[2]因此，朱子主张"只如看史样看"《春秋》。[3]他认为这一说法的理论根据在于，"孔子但据直书而善恶自著"。[4]但这一说法的一个逻辑推论却是：《春秋》为史书。而这不但与其对孔子圣人身份的理解不侔，同时也使《春秋》作为经的地位受到威胁。正是基于这一理论困境，在面对弟子的质疑时，朱子又表示《春秋》确有孔子之意，并承认孔子对鲁史文辞"微有更改"，[5]表现出对文辞褒贬说经的某种认同。[6]

作为朱子后学，吴澄在继承朱子《春秋》学观念的同时，对朱说之内在困境亦有充分自觉。首先，吴澄继承了朱子的"圣人"观念。朱子以为圣人光明正大，并据此反对褒贬凡例之说，吴澄则云："(《春秋》)事实辞文，善恶毕见，圣人何容心哉！盖浑浑如天道焉！"[7]同样，其亦据此而展开批判褒贬凡例之说：

> 读三百五篇之《诗》曰有美有刺也，读二百四十二年之《春秋》曰有褒有贬也。盖夫子既没而序《诗》、传《春秋》者固已云然，则非秦汉以后之儒创为是说也。说经而迷于是也千年矣，逮自朱子《诗传》出，人始知《诗》之不为美刺作，若《春秋》之不为褒贬作，则朱子无论著，夫孰从而正之？有惑、有不惑者，相半也。邵子曰："圣人之经，浑然无迹，如天道焉。《春秋》书实事而善恶形于其中

[1] 方旭东：《吴澄评传》(上)，南京大学出版社 2011 年版，18 页。
[2] [宋] 黎靖德编：《朱子语类》卷 83，《朱子全书》第 17 册，上海古籍出版社、安徽教育出版社 2002 年版，2836 页。
[3]《朱子语类》卷 83，《朱子全书》第 17 册，2836 页。
[4] 同上书，2833 页。
[5]《朱子语类》卷 34，《朱子全书》第 15 册，1204 页。
[6] 参张立恩：《朱熹〈春秋〉观发微》，《中国社会科学报》2019 年 4 月 30 日。
[7] 吴澄：《春秋纂言总例原序》，《春秋纂言总例》卷首，1 页右，影印文渊阁《四库全书》第 159 册，336 页下。

矣。”至哉言乎！朱子谓：“据事直书而善恶自见。”其旨一也。……事之或时、或月、或日也，君之或爵、或人、或国也，臣之或字、或氏、或名、或人也，法一定而不易，岂圣人有意于轩轾予夺之哉？[1]

其次，吴澄继承了朱子据实直书说，所谓“夫子修经，因其名、据其实而书之”。[2]但他认为《春秋》并非只是因袭鲁史，而是只书非常之事，所谓“《春秋》常事不书”。[3]隐四年“冬十有二月，卫人立晋”，吴澄云：

《春秋》常事不书，若所宜立，则以常事经不书矣。篡贼既讨，卫国无君，众人同心择所宜立者立之，疑于不害义矣。圣笔别嫌明微，特书于经，《穀梁》之传得其旨矣哉！[4]

就其《春秋》诠释来看，所谓“非常之事”有三种：

第一，违礼者。吴澄云：“凡《春秋》之例，礼失者书”，[5]如关于天子、诸侯之婚礼，吴澄认为《春秋》“得礼则皆不书”，[6]庄元年“夏，单伯送王姬。秋，筑王姬之馆于外。冬十月乙亥，……王姬归于齐”。依礼，天子嫁女于诸侯，必使同姓诸侯主之。此为天子嫁女于齐襄公，而使鲁主婚。但鲁桓公被齐襄公所杀，齐鲁有不共戴天之仇。吴澄指出：齐鲁为仇雠，不当为之主婚，况凶服未除而行嘉礼，尤为非礼，故孔子书之，讥鲁之不当主婚，伤庄之不能自立。[7]又桓三年，齐僖公送其女姜氏嫁于鲁桓公，经书“齐侯送姜氏于讙”，吴澄云：“鲁桓不亲迎，故齐侯远送其女至于鲁之境。按《士昏礼》，父之送女也，不下堂，况国君之尊，送女出境，礼之所无也。”[8]吴澄强调，《春秋》书非礼之事，“凡事皆然，非但昏礼一

[1] 吴澄：《春秋诸国统纪序》，《吴文正集》卷20，2页左—3页左，影印文渊阁《四库全书》第1197册，214页下—215页上。
[2] 吴澄：《春秋纂言》卷1，1页左，影印文渊阁《四库全书》第159册，428页。
[3]《春秋纂言》卷5，38页左，影印文渊阁《四库全书》第159册，521页上。
[4]《春秋纂言》卷1，18页左，影印文渊阁《四库全书》第159册，437页上。
[5] 吴澄：《春秋纂言总例原序》，《春秋纂言总例》卷首，1页右，影印文渊阁《四库全书》第159册，336页下。
[6]《春秋纂言总例》卷3，3页左，影印文渊阁《四库全书》第159册，373页下。
[7]《春秋纂言总例》卷3，2页，影印文渊阁《四库全书》第159册，373页上。
[8]《春秋纂言》卷2，8页左—9页右，影印文渊阁《四库全书》第159册，450页。

事为然也”。[1] 桓六年行“大阅”（阅兵）之礼，经书“秋八月壬午，大阅”。吴澄指出：

> 天子因四时之田而教民以武事，春曰振旅，夏曰茇舍，秋曰治兵，三时所教，其法皆略，惟仲冬教大阅，则其坐作、进退、击刺真如战阵。以仲冬之事行于季夏，非其时也。且大阅者，天子之礼，非诸侯之所得行，为其僭礼，故因失时而书之，以著其僭。[2]

第二，有关教化训诫者。吴澄云：“（《春秋》）其无关于训戒者削之。”[3] 换言之，即有关教化训诫者书之。桓六年，“蔡人杀陈佗”，据《左传》，陈佗于鲁桓公五年弑陈太子免而自立，吴澄云：

> 蔡称人，讨贼辞也。陈不能讨而蔡能讨之，故以讨贼之义归之蔡。篡弑之贼，人人得而杀之也。陈佗篡立，既葬桓公，陈人君之亦已逾年矣，然篡贼非可称君，故名而不爵。凡篡贼而称君者，见本国之臣子与邻国之君臣皆不能讨，而成之为君也。苟有一人能明讨贼之义，则名之为贼，而不成之为君矣，卫人杀州吁，齐人杀无知，蔡人杀陈佗是也。[4]

在吴澄看来，《春秋》书其事，意在表明：弑逆之贼，人人可得而诛之。可谓深含教化之意。又，庄公十二年“秋八月甲午，宋万弑其君捷及其大夫仇牧”。据《左传》，宋大夫南宫长万于鲁宋乘丘之役被俘，被释放回国后遭到宋闵公嘲笑而弑闵公。吴澄认为经文书此事是想表达：“万有力无德，战败免罪已幸矣，又以之为大夫，宋闵用人如此，其遭弑也，自取之也。”[5] 也就是说，《春秋》书宋闵之弑意在训诫后世人君当深察用人之方。

第三，变异者。吴澄在《春秋纂言总例》中统计了自《春秋》初之日

---

[1]《春秋纂言总例》卷 3，1 页左，影印文渊阁《四库全书》第 159 册，372 页。
[2]《春秋纂言》卷 2，15 页，影印文渊阁《四库全书》第 159 册，453 页下。
[3] 吴澄：《春秋备忘序》，《吴文正集》卷 18，9 页左，影印文渊阁《四库全书》第 1197 册，198 页上。
[4]《春秋纂言》卷 2，15 页左，影印文渊阁《四库全书》第 159 册，453 页下。
[5]《春秋纂言》卷 3，24 页右，影印文渊阁《四库全书》第 159 册，480 页上。

食到哀公十四年获麟的天道变异情况之后指出：

> 自日食至此，皆天道之变异也。《春秋》常事不书，唯变异则书。有年、大有年、获麟，亦是变异，或指为祥瑞者，非。二百四十二年，有年者再而已，岂得谓祥乎？麟非治世不出，出于乱世，为猎人所获而死，异孰大焉？[1]（着重号为引者所加，下同）

总上所言，吴澄主张圣人无容心，据实直书非常之事以作《春秋》，因而，圣人之意不再像《公》《穀》《左氏》那样诉诸语词，而是诉诸事件本身，从而重新确立起其《春秋》诠释体系的观念基础。

## 三、建构“例”学：重建《春秋》诠释体系的义理骨架与纲维

但值得思考的是，圣人据实直书非常之事还只是一个一般性的原则，就具体的经文记事而言，依然可以提出这样的疑问：据实直书非常之事如何可能？换言之，非常之事是如何通过具体的经文叙事得以呈现的？吴澄对这一问题的回答即其所建构的以“例”为中心的《春秋》诠释体系。

所谓“例”，概言之，即记事规则，[2]但不同《春秋》学家理解有异，朱彝尊在《涪陵崔氏春秋本例序》中就区分了牒例、谥例、释例、条例、经例、略例、通例、统例、纂例、义例、说例、演例、凡例等。[3]吴澄对《春秋》学的建构就基于对“例”的新诠，可以说，“例”构成吴氏《春秋》诠释体系的义理骨架与纲维。不过其“例”学的建立并非思辨的结果，而是基于对《春秋》经文的具体诠释和归纳分析。吴澄著有《校定春秋》，已佚，今存《春秋纂言》十二卷、《春秋纂言总例》七卷。其《总例》序称：“既采摭诸家之言，各丽于经，乃分所异，合所同，仿《纂例》为《总例》七篇。”[4]所谓“采摭诸家之言，各丽于经”即《纂言》之体例，而按照“分所异，合所同”原则撰写的《总例》则是仿照唐人陆淳（字伯

[1]《春秋纂言总例》卷1，18页右，影印文渊阁《四库全书》第159册，345页下。
[2]赵伯雄：《春秋学史》，29页。
[3]朱彝尊：《曝书亭集》卷34，17页右—18页右，影印文渊阁《四库全书》第1318册，38页下—39页上。
[4]《春秋纂言总例》卷首，1页右，影印文渊阁《四库全书》第159册，336页下。

冲，？—805）综合啖助、赵匡之说编纂的《春秋集传纂例》之体例而成。《纂言》是其对《春秋》经文的具体诠释，《总例》则是对经文及《纂言》释经系统性总结的结果，其对以“例”为中心的《春秋》诠释体系的阐发即集中表现于后者。

值得分析的是，吴澄既以圣人据实直书非常之事作为建构其《春秋》诠释体系的观念基础，但同时又讲“例”，这看起来不仅与其反对文辞凡例的观念相抵牾，更似与据实直书说格格不入，况且吴澄声称：“圣人笔削鲁史，致谨于一字之微。”[1]这似乎又回到了《公》《榖》文辞凡例说的老路上。其实不然，在吴澄看来，“例”固然是记事规则，在《总例》中他区分天道、人纪、嘉礼、宾礼、军礼、凶礼、吉礼七例为总纲，每纲之下又有若干目，共八十八条，如“天道”纲之下分年、时、月、日、灾异之目。就这些“例”来看，无一不表现为记事规则。在吴澄看来，作为记事规则的例，其核心要素是据实直书，这一点通过其在《总例》中对具体条目的阐释即可见出，以“天道”条下之“年”例为例，吴澄指出：

> 新君继世逾年称元年，先儒谓逾年改元，非也。自汉武帝后，天子立年号以纪元，继世之君次年更易旧君年号而别立年号，故曰改元。古诸侯非如后世天子之有年号，直以在位之一年而称为元年尔，何改之云？又谓诸侯无史记，不当僭称元年，亦非也。后世天子既有年号，则诸侯之国纪事皆用天子之年，古天子无年号，诸侯但遵用时王之正朔而已，年则自以其国君在位之一年、二年而纪，何僭之有？按《礼记·内则》言“闾史”、“州史”，夫以二十五家之闾尚且有史以记一闾之事，岂有诸侯之君而乃无史以记一国之事乎？[2]

可见，在吴澄看来，《春秋》书“元年”只是表示国君即位之第一年这一事实，可谓据实书之。这一点透过其对《春秋》之“时”的诠释更为确然可见。在他看来，《春秋》所书时为夏时，月为周正，是“移夏之四

[1] 吴澄：《四经叙录》，《吴文正集》卷 1，8 页左，影印文渊阁《四库全书》第 1197 册，6 页下。
[2]《春秋纂言总例》卷 1，2 页右，影印文渊阁《四库全书》第 159 册，337 页下。

时加于周之十二月”。[1]此说可谓胡《传》“夏时冠周月”说之翻版，[2]而在胡氏看来，夏时冠周月乃孔子所改定，旨在假天时立义以见夏历为百王不易之大法。[3]若吴澄之说与胡氏同，则与其据事直书说扞格，但其实并非如此，吴澄论“年”例后之“时”例云：

> 时者，天之春夏秋冬也。初昏，斗柄指寅、指卯、指辰之月为春，指巳、指午、指未之月为夏，指申、指酉、指戌之月为秋，指亥、指子、指丑之月为冬。夏后氏以建寅为正月，孟春为岁首，季冬为岁终，最得天时之正。商人以建丑为正月，汉《律历志》所援商历十有二月冬至为岁终。周人以建子为正月，故《礼记》、《左传》冬至在正月，夏至在七月。考汉《律历志》，则《周书·武成》、《召诰》所载月数皆从建子之月数起，又考《周官》所言春夏秋冬四时，则与夏、商无异，盖月数虽改，而天时不可改也。古书凡书时者，不系以月，《金縢》“秋，大熟未获”是也；书月者，不冠以时，《召诰》“惟二月既望”是也。《春秋》书时而系以月，书月而冠以时，盖因鲁历改时，而书以讥其变常。正月、二月冬也，而曰春；四月、五月春也，而曰夏；七月、八月夏也，而曰秋；十月、十有一月秋也，而曰冬，据实书之，其非著矣。[4]

吴澄通过详细的考证力图说明《春秋》所书“时”为夏时，月为周正，但非孔子所改，而是因袭鲁历。鲁历改时，违反天道，故圣人据实书之以讥其变常，“抑使后世知建子之正不如建寅之正于天时之序为顺也，其答颜渊为邦之问，所以曰‘行夏之时’”。[5]可见，吴氏之“例”的核心

[1]《春秋纂言》卷1，1页左，影印文渊阁《四库全书》第159册，428页。
[2] 胡安国注隐公元年“春，王正月”云：“周人以建子为岁首，则冬十有一月是也。前乎周者以丑为正，其书始即位曰：‘惟元祀十有二月。’则知月不易也。后乎周者以亥为正，其书始建国曰：‘元年冬十月。’则知时不易也。建子非春亦明矣，乃以夏时冠周月，何哉？圣人语颜回以为邦，则曰：‘行夏之时。’作《春秋》以经世，则曰‘春王正月’，此见诸行事之验也。”（胡安国：《春秋传》卷1，王丽梅点校本，岳麓书社2011年版，12页）
[3] 胡安国：《春秋传》卷3，40页。
[4]《春秋纂言总例》卷1，3页，影印文渊阁《四库全书》第159册，338页上。
[5]《春秋纂言》卷1，1页，影印文渊阁《四库全书》第159册，428页。

要素即据实直书。但显然就具体记事而言，可以有不同的表述方式，而不同的表述方式又会产生不同的阅读效果，如关于诸侯之朝覲聘问，仅就描述“诸侯到某国去”这一事实而言，书“朝”书“如”皆可，但实际上书“朝”与书“如”却有很大差异，而吴澄即持此说（详下文）。由于吴澄主张《春秋》据实直书非常之事，又认为义由事见——此由吴澄所承继的朱子据实直书而善恶自著的观念及前引吴氏对“时”例的解释即可看出。此外，吴氏在诠释“日”例时指出：

> 陆氏所纂书日、书月、书时例，已得其当，今悉从之。按啖氏曰：“《公》、《穀》多以日月为例，或以书日为美，或以为恶。夫美恶在于事迹，见其文足以知。日月之例，皆穿凿妄说也。”[1]

所谓“陆氏所纂书日、书月、书时例”即陆淳《春秋集传纂例》一书中对时、月、日例的论述。吴澄既称“悉从”其说，则对于啖氏“美恶在于事迹，见其文足以知”之说亦为肯认，而所谓“美恶在于事迹，见其文足以知”即义由事见。基于此，在具体事件的记载上准确呈现被理解为“非常”的事实就成为逻辑的必然。正是在此意义上，吴澄指出孔子作《春秋》“致谨于一字之微”，并以“例”说系统化地呈现作为“直书”的原则。依此而言，吴氏之“例”与《公》《穀》之“例”绝不相同。后者在本质意义上，是圣人褒贬之意的条例化表述，而前者则是圣人试图准确刻画事实即揭示事之“非常”属性之意的条例化表述。

就“实”（事实）而言，至少可以从形式与内容两个方面去理解。按照吴澄圣人据实直书非常之事的说法，则记载事件的经文在叙述形式上是直书的，在内容上是“非常”的，二者的关系应当是：内容层面的“非常”属性的呈现依赖于表述形式，而直书形式的具体运用又必以“非常”之事的呈现为其目的。从《总例》来看，吴氏对“例”学的建构确实遵循着这一内容与形式相统一的致思理路：依据不同内容而采取各异的直书形式就构成其“例”。吴氏在《总例》中区分的七纲八十八目实际上就是根据“实”即叙述对象所做的分类，而每一目又有其各自的直书形式。概言之，

---

[1]《春秋纂言总例》卷 1，12 页左，影印文渊阁《四库全书》第 159 册，342 页下。

这些直书形式有四种：

一是直书以见实。直书以见实与作为其例学核心要素的据实直书层次略有不同，后者是贯穿于其所有条例的根本宗旨，而前者则是实现后者的进路之一。直书以见实是说，《春秋》对经文的记述不加修饰而直书鲁史之辞，如关于经文之书月书日，吴澄云："凡例当书日而不书者，盖旧史之文遗阙，或他国告辞不具。"[1]所谓"凡例当书"并非是说有一预设的条例作为规范经文记事的原则，而是说就经文记载某类事件的一般情况而言。如关于天道条下之"日"例，吴澄统计经文书日者共60种，每种之后备列其出现次数及所在经文年份。由此即可推得关于某种事件的书日之例，如就经文所书"盟""卒"而言，吴澄指出："盟当书日，卒亦当书日。"[2]但隐公元年"三月，公及邾仪父盟于蔑"则不书日，吴澄云："此不书日者，史文阙。"[3]宣公五年九月，"叔孙得臣卒"，亦不书日，吴澄云："不书日，文阙。"[4]由其所云不书日为史文阙可知，凡盟、卒书日，皆直书鲁史之辞。

二是变文以见实。变文以见实是相对于直书以见实而言，变文即更改鲁史文辞，但吴澄所谓变文并非如《公》《穀》那样是要通过文辞传达微言大义，而是为了更准确地反映"实"。如关于经文所记之婚礼，吴澄于"嘉礼"例中指出："昏礼之大节有三：纳币一也，亲迎二也，夫人至三也。"[5]通过归纳经文，吴氏指出："昏礼：往纳币，往送女，依聘例书时，逆夫人至国则书月。"[6]但经文于庄公逆妇则书日，且不书夫人至而仅书其入，庄公二十四年"夏，公如齐逆女。秋，公至自齐。八月丁丑，夫人姜氏入"，吴澄认为此为孔子之"变文"，"庄公逆哀姜，特变文书入，又书日，以示急切"。[7]即通过变书"至"为书"入"且书日这种特殊的修辞来刻画庄公求婚心切这一事实。需要说明的是，吴澄既以《春秋》为据实

[1]《春秋纂言总例》卷1，13页右，影印文渊阁《四库全书》第159册，343页上。
[2]《春秋纂言》卷2，27页左，影印文渊阁《四库全书》第159册，459页下。
[3]《春秋纂言》卷1，4页左—5页右，影印文渊阁《四库全书》第159册，430页。
[4]《春秋纂言》卷7，14页右，影印文渊阁《四库全书》第159册，577页下。
[5]《春秋纂言总例》卷3，3页左，影印文渊阁《四库全书》第159册，373页下。
[6]《春秋纂言总例》卷1，14页左，影印文渊阁《四库全书》第159册，343页下。
[7]《春秋纂言总例》卷1，14页左，影印文渊阁《四库全书》第159册，343页下。

直书之作，则此处书日非孔子私意添加。事实上，吴澄认为：圣人修《春秋》，“笔则笔，削则削，游夏不能赞一辞。修之者，约其文，有所损，无所益也”。[1]上文变书“至”为书“入”至多是修辞之间的一种“等量代换”，并非增益。

三是笔削以见实。如关于“宾礼”例之“如”，成公十三年“公如京师”，据《左传》，成公此次朝王实际是会同诸侯伐秦，途经京师，顺便行朝觐之礼。吴澄云：

> 春秋之时，王室衰微，诸侯傲慢，朝王之礼废而不讲，鲁号秉礼之国犹然，历十二世二百四十二年之久，仅有成公一如京师，乃因会晋伐秦，道自王都，因而朝焉，本意不在朝王也，故经书曰“公如京师”，而不曰“朝”也。[2]

吴澄言下之意似是说：作为史书的《鲁春秋》于成公朝王当书“公如京师朝王”或“公及诸侯如京师朝王”，总之要完整描述公如京师朝王这一事实。实际上由以重史著称的《左传》的记载即颇能看出这一点，其曰：“公及诸侯朝王。”吴澄认为，在孔子看来，成公本无朝王之诚意，故《春秋》只书其“如京师”而削去“朝王”，以此刻画其无朝王诚意的真实心理。可见，在吴澄来看，孔子作《春秋》时对鲁史文辞的确做了笔削处理，而这一笔削的目的在于更加准确地反映事件的真实面貌——不仅包括事件主体的外在行为，亦包括其行为的动机。

四是特笔以见实，即孔子为描述事实而采取的特殊记载。襄公十五年，“刘夏逆王后于齐”，吴澄于“嘉礼”例之“王后”条下云：

> 灵王之逆后，于礼盖无失，然不使八命之公，乃使三命之士，是不重嘉事也，《春秋》特书“刘夏”以讥焉。[3]

吴澄认为经文“刘夏”为孔子之特笔，原因在于：逆后当使八命之

---

[1] 吴澄：《春秋备忘序》，《吴文正集》卷 18，9 页左，影印文渊阁《四库全书》第 1197 册，198 页上。

[2]《春秋纂言总例》卷 4，1 页，影印文渊阁《四库全书》第 159 册，380 页上。

[3]《春秋纂言总例》卷 3，1 页左，影印文渊阁《四库全书》第 159 册，372 页。

公，不应使三命之士。桓公八年“祭公来，遂逆王后于纪”，吴澄认为“祭公”为“王朝八命之公”，[1]是以其云：“桓王后以三公逆，是矣。”[2]而刘夏乃三命之士，[3]故经文书其名以见王室以三命之士逆后之实。不过吴澄的说法很容易令人误以为其意是说《鲁春秋》本不书刘夏而经特书之，其实吴氏所谓“特书”乃相对“例”即经文对此类事件的一般书法而言，此例中刘夏书名即是相对于祭公之书爵而言。此由其如下说法可看得更加清楚：

> 1. 内灾皆书日，内事详也。外灾或书月，或书时，莫能定知，外事略也。昭十八年，夏四月，壬午，宋、卫、陈、郑灾，以四国同日灾，天下所异，故特书日。[4]
>
> 2. 虫、兽、飞、禽之异，皆书时者，但记其异，故不假月日。惟僖十六年，六鹢退飞，承上文“春正月，戊申朔，陨石”之下，故特加“是月”二字，以见其与陨石不同日而同在正月也。[5]
>
> 3. 兴作皆合于农隙，但纪其时，是非著矣。僖二年正月，城楚丘，内为外城，故特书月。[6]

第一例中“特书日”相对于外灾例之“书月”“书时”，第二例中“特加‘是月’”相对于记异例之“书时”，第三例中“特书月”相对于兴作例之“但纪其时”。可见，吴澄所谓“特书”只是相对于一般书法而言，并非孔子私意添加。事实上，此亦吴澄所主张的孔子作《春秋》据实直书、有损无益原则之题中之义。依此而言，作为吴澄“例”学建构的一个基本预设是：除了“旧史之文遗阙，或他国告辞不具”的情况，《鲁春秋》记事对于事件之时、月、日及行为主体之名氏、官爵无不详细载录。孔子

---

[1]《春秋纂言》卷2，19页左，影印文渊阁《四库全书》第159册，455页下。
[2]《春秋纂言总例》卷3，1页右，影印文渊阁《四库全书》第159册，372页。
[3]吴澄云：“天子之上士，三命称氏、称名，如叔服、刘夏与石尚。”（《春秋纂言》卷1，6页左，影印文渊阁《四库全书》第159册，431页上）
[4]《春秋纂言总例》卷1，13页左—14页右，影印文渊阁《四库全书》第159册，343页。
[5]《春秋纂言总例》卷1，14页右，影印文渊阁《四库全书》第159册，343页下。
[6]《春秋纂言总例》卷1，15页左，影印文渊阁《四库全书》第159册，344页上。

作《春秋》正是在此基础上展开的。上述直书、变文、笔削、特笔，除直书外，后三种实际都是由更改鲁史文辞以实现对事实的呈现，而直书鲁史文辞在本质上亦是因其能准确反映事实。可见，吴澄对“实”的理解在朱子的基础上又有所深化。对于朱子而言，“据实直书”只是一个一般性的指导原则，其对“实”的理解亦往往指向作为文本的鲁史，所谓“《春秋》只是旧史录在这里”“夫子直书史家之辞”。[1] 而在吴澄，“实”在本质上是指孔子所理解的事实，而作为文本的鲁史只是呈现孔子所理解之事实的一个基本参照。上述四种直书形式所针对的亦是作为文本的鲁史，目的在于呈现孔子所理解的事实。依此而言，随着吴澄对“实”之内涵的理解的转换，“直书”的对象亦从鲁史旧文转换为孔子所理解的事实。

## 四、结　语

综上所述，吴澄在继承朱子“圣人”观念及其据实直书说的同时，通过引入《春秋》常事不书的观念，扬弃朱说，以实现对其理论困境的克服，并据以重构“例”学。由上分析可见，其“例”既非《公》《穀》之文辞褒贬凡例，亦非左氏家之史例，而是针对不同事件提出的直书方法，而直书、变文、笔削、特笔皆指向孔子所认定之“实”的呈现，以求达到述事明义的诠释效果。就此而言，作为记事规则的例，在此被吴澄改造为将圣人之意贯注于事实的方式，从而构成其《春秋》诠释体系的义理骨架与纲维。换言之，在吴澄所建立的《春秋》诠释体系中，圣人之意与事、义之间的关系可表述为：圣人之意→事→义。即由圣人之意决定经文所书之事，而义由事见，“例”则是贯注圣人之意于事件的阶梯。

[1]《朱子语类》卷 83，《朱子全书》第 17 册，2855 页。

# The saint is above board to record unusual things

## ——Wu Cheng's reconstruction of the interpretation system of the Chun Qiu

Zhang Lien

**Abstract:** Because of the views of Qing dynasty,academia did not attach importance to the thought of Chun Qiu of Yuan dynasty.But its internal logic hadn`t been substantially broken because of the Song and Yuan dynasty regime change:Because Cheng Yi and Chu Hsi didn't annotate the Chun Qiu integrallty, the scholars of Yuan on the Chun Qiu Annals followed them–especially Chu Hsi–took the reconstruction of the interpretation system of Chun Qiu as their primary task.Because of the theoretical dilemma of Chu Hsi's view on Chun Qiu,they must first solve this problem in order to rebuild the Chun Qiu Annals.Wu Cheng inherited Chu Hsi's idea of "sage" and true record, he introduced an idea which Chun Qiu "recorded the unusual events" to overcome the dilemma of Chu Hsi's concept and reconstructed the "notes on the use". It was neither Gong Yang and Gu Liang`s "notes on the use"of the words nor Zuo Zhuan's "notes on the use"of the historiography, it was the writing rule which to describe the facts that Confucius understood.The core element was recording the truth,the realization ways were describing the facts by recording the truth,changing the recording words,deleting the words and using the special writing style.

**Keywords:** Chu Hsi; Wu Cheng; Chun Qiu

# 生命与心知的调理

## ——唐君毅论《庄子》

王天雨*

**摘要：**唐君毅把《庄子》的宗旨归结为“生命和心知的调理”。他对“生命”的诠释不同于一般学者所注重的自由意识，而偏向于一种责任意识。“心知”则是偏重从“用心”的意义上来把握知识的价值。唐君毅从生生流行的角度进入《庄子》，以心作为生命的主体，既向外敞开而有所知，又保持内在的虚灵，以化除生命流行历程中心知可能带来的负面影响，进而成就理想的人生境界。从唐君毅的诠释中，可以明显看出他是本于儒家的立场来解读《庄子》的。

**关键词：**唐君毅；《庄子》；生命；心知；调理

## 一、引　言

在《生命存在与心灵境界》一书中，唐君毅提出了仙境、神境、佛境、圣境四种境界，分别对应道家、一神教、佛家、儒家所推崇的最高境界，其中仙境尤以庄子的生活境界为代表。[1]作为新儒家的代表人物之一，唐君毅不仅对儒家思想有创造性的发挥，而且对佛家、道家思想都有独特的诠释。这种创造性和独特性，原于唐君毅具有自己的哲学体系。在他的哲学视域中，不同学派的思想以一定的原则和方法被理解和安排，围绕一个核心观念渐次展开，相互区别又相互关联。从唐君毅对庄子学说的诠释中，可以对唐君毅哲学的核心观念有更加清晰的把握。

---

* 作者简介：王天雨，武汉大学哲学院中国哲学专业博士研究生，研究方向为现代新儒家。E-mail：1844432662@qq.com。

[1] 唐君毅：《生命存在与心灵境界》，中国社会科学出版社 2006 年版，第 321 页。

关于唐君毅对《庄子》的解读，学者研究并不丰富，一般都在论述某一更具综合性的问题中涉及，受限于篇幅而未能较为清晰地展开。[1]虽然以唐君毅《庄子》研究为个案的较为少见，但是与唐君毅解读《庄子》之中心问题相关的《庄子》研究则相对较多。唐君毅认为，"《庄子》之学之中心问题，亦即人之如何自调理其生命与心知之关系之问题"[2]，也即是说，唐君毅对《庄子》的理解，集中在"生命""心知"以及两者的关系上。其他学者对《庄子》的解读，也有许多从生命和知的角度进行，可以和唐君毅的解读合观，这样既可以较为全面地把握《庄子》文本的意涵，又可以突显出唐君毅的独特之处。

在具体阐述唐君毅对《庄子》中"生命"和"心知"的分疏前，必须明确唐君毅对《庄子》文本的整体把握。首先，唐君毅把《庄子》内七篇和外杂篇分开论述，认为它们的中心有所分别。内篇主要论述人自身的道德，而外杂篇多论及自然或天地万物的道德[3]；并且内篇很少讨论人之道和人性的关系，外杂篇则经常结合"性"讨论道[4]。在讨论生命和心知时，主要以人为主体，因此也以内篇为主。其次，唐君毅认为《庄子》内七篇是一个整体，都围绕如何成理想之人这一真实问题作出说明。所谓"理想之人"，可以认为是通过调理生命和心知从而达到某种境界的人。因此内七篇所涉及的工夫和境界，都可以与生命和心知相联系，并不限定于《养生主》中有涯之生与无涯之知两者之间的矛盾。最后，调理生命和心知是唐君毅从对《庄子·天下》中"其于本也，弘大而辟，深闳而肆；其于宗也，可谓稠适而上遂矣"[5]的解读而来，"稠适"即"调适"，意为调理生命和心知，"上遂"即通达生命和心知的本原。用"调适上遂"来归纳《庄子》的宗旨，本于文本又超出文本。

---

[1] 参见孙琪《台港新儒学阐释下的"中国艺术精神"》（暨南大学2006年博士论文）、朱哲《唐、牟、徐道家思想比观》（《中华文化论坛》1995年第2期，第78—85页）等文，但是张华勇在《港台现代新儒家的庄子哲学研究》（武汉大学2016年博士论文）中有专门论述唐君毅《庄子》哲学的篇章，可以视为个案研究。
[2] 唐君毅：《中国哲学原论 原道篇》，中国社会科学出版社2006年版，第219页。
[3] 唐君毅：《中国哲学原论 原道篇》，中国社会科学出版社2006年版，第220页。
[4] 唐君毅：《中国哲学原论 原性篇》，中国社会科学出版社2006年版，第22页。
[5] 陈鼓应：《庄子今注今译》，商务印书馆2016年版，第1016页。

下文将分为三个部分，分别阐明唐君毅对生命、心知、调适上遂的诠释，每一部分都将先简述其他学者对此三者的观点作为对照。通过这三个部分的陈述，可以得出，唐君毅用以解读《庄子》的核心观念是“生生”，所谓的调理就是使心知内在于生命而与生命俱流行，所谓的上遂，就是返本原以开新流。

## 二、唐君毅对“生命”的诠释

对于“生命”的内涵，有学者将其分为三个层次：生物学意义上肉身、社会学意义上的群体、哲学意义上的精神。前两者属于形而下，最后者属于形而上，《庄子》所言的生命则是这三者的有机统一。[1] 对于《庄子》中所体现的生命观，大多数学者都偏向从精神层面进行探讨，主要包括本真的生命情态[2]、自由的生命意识[3]、“游世”的生存方式[4]等。也有学者将精神的生命进一步区分为“个体生命”和“本体生命”，个体生命体现了人的精神生命之伟大，本体生命体现了宇宙万物的精神生命之神奇，这两者又可以交融成为“天人合一”的生命境界[5]，但这仍然没有脱离自然、自由、自得的讨论范围。

唐君毅对“生命”解释为：

> 生命之**生**，乃指由未生而生，**命**则指既生而向于更生，遂有寿命之命。寿命乃生之自命其生，亦境之许其生，命其生……今合“**生命**”为一名，要在言生命之为一生而更生之一次序历程。[6]

其中，“生”与“命”都作动词来解释，“生”是从无到有的天生，

---

[1] 胡伟力：《〈庄子〉生命观探析》，《湖北社会科学》2016 年第 11 期，第 86—92 页。
[2] 孙亦平：《从幸福观的角度解读〈庄子〉的生命哲学》，《南京社会科学》2012 年第 6 期，第 33—38 页。
[3] 孙殿玲：《〈庄子〉生命意识的审美蕴含》，《辽宁大学学报（哲学社会科学版）》2007 年第 1 期，第 42—45 页。
[4] 王玉彬：《“无用”与“游世”——〈庄子〉哲学中的生存方式之论析》，《哲学研究》2014 年第 4 期，第 60—66 页。
[5] 李勇：《〈庄子〉哲学的生命情调》，《宁夏社会科学》2013 年第 7 期，第 115—120 页。
[6] 唐君毅：《生命存在与心灵境界》，中国社会科学出版社 2006 年版，导论第 1 页。

“命”是有而更有的自命。因此“生命”成为一个动态的生生历程，就像不息的流水，“生”指向本原，“命”则指向流行。从唐君毅的解释可以看出，生命本身具有自主的内涵，这一内涵承接自然而来，是一种内在的主体自觉。这种“生命”的解释，出现在《生命存在与心灵境界》的导论中，可以说是唐氏哲学体系中对生命的定义。在解读《庄子》时，唐君毅直接使用了“生命之流行”这一说法，但从《庄子》的文本中，难以对“生命”直接得出这种解释，因此需要作出过渡的说明。

在唐君毅的视域中，所谓“流行”，就是生生不已的历程，这一历程同时也是“气”生生化化的历程，这一理解更加符合先秦思想家以“气”的观念说明生命的特色，比用物质和精神来说明生命更加贴切。唐君毅依据中国宇宙论思想，将“气”解释为一种无形无质的“动态的有”，是万物的形体及其组成物质毁灭之后仍然余留的存在，是位于形式和质料上一层次的概念，[1]有气然后有生命的形质和精神。“气”这一概念在《庄子》内外篇中都有出现，其中有不少和生命直接有关的表述，如：

> 阴阳之**气**有沴，其心闲而无事。[2]
>
> 乡吾示之以太冲莫胜。是殆见吾衡**气**机也。[3]
>
> 人之生，**气**之聚也；聚则为生，散则为死。[4]
>
> 察其始而本无生，非徒无生也而本无形，非徒无形也而本无气。杂乎芒芴之间，变而有**气**，**气**变而有形，形变而有生，今又变而之死，是相与为春秋冬夏四时行也。[5]

从外篇的《知北游》和《至乐》可以明显看出，生命由气而来，气处于变化之中，并且气的变化导致生命的出现与消亡。相较外篇而言，内篇则并不明显，《大宗师》中指由于气的不协调而产生了不寻常的躯体，可以从气生成形质上来讲。《应帝王》中的“气机”可以理解为气变化的征

[1] 唐君毅:《中国哲学原论 导论篇》，中国社会科学出版社 2006 年版，第 287—288 页。
[2]《庄子 · 大宗师》，陈鼓应《庄子今注今译》，商务印书馆 2016 年版，第 222 页。
[3]《庄子 · 应帝王》，陈鼓应《庄子今注今译》，第 257 页。
[4]《庄子 · 知北游》，陈鼓应《庄子今注今译》，第 646 页。
[5]《庄子 · 至乐》，陈鼓应《庄子今注今译》，第 524 页。

兆，“衡气机”[1]就是使气的变化处于平衡的状态，既不生又不死。从《至乐》中还可以看出，作为流行的存在，“气”并不是本原或终极的存在。有形而后有生，有气而后有形，然本来是没有气的，气只是流，而不是原，原是“道”，“有情有信”“无为无形”“生天生地”，是圆满的实体。在唐君毅看来，“道”同样是形而上的圆满存在，因为它必须具有生出无限生命的功能，或者说“生生”就是“道”，就是“理”。因为生命能自命，所以“道”内在于生命之中，并且又不限于所有生命而超越在上，这就和《庄子》以“无乎逃物”回答东郭子问道在何处相通[2]。

可以认为，气是生生之流，道是生生之源，正是在这一意义下，唐君毅以生而更生的历程来定义生命，并用之以诠释《庄子》。但是此处有一点疑问，即在唐君毅看来，气并不是常有常存的，而只能是在生生历程中或流行历程中的气。[3]因此生生是生而化、又新生而又化的历程，从这个历程上的任何一点来看，都是新生。这种新生不仅是外境允许的，而且是主体自命的，因此“命”有了创生的内涵，生命具有积极的价值和意义。“生”是从无到有，“化”则是从有到无，新生继故化而来，化就是为将要生者提供生机，[4]也即是说“化”或者死亡的意义依托生而有。然而，在《庄子》中，生死都是一个自然而然的过程，两者具有同等的意义，甚至死犹有解脱的意义，而生却是负累，如《大宗师》明言：

> 彼以生为附赘县疣，以死为决溃痈，夫若然者，又恶知死生先后之所在！[5]

生命意味着劳苦，而死亡则得到安息。同时，“命”在《庄子》处，一般理解为不可避免的意思，主体对于命只有接受和顺任，知不可奈何而

[1] 陈鼓应把“衡气机”理解为“气度持平的征兆”，笔者认为，壶子对神巫展示的顺序应该是死之征兆（杜德机）、生之征兆（善者机）、不生不死之征兆（衡气机）、无生无死之无征兆（未始出吾宗）。把“气机”理解为气变动的征兆更符合上下文。此外，唐君毅先生对此处理解为“不偏有、不偏无，非生非死”。

[2] 详见《庄子·知北游》，陈鼓应《庄子今注今译》，第 662 页。东郭子问道何在，庄子答道无所不在，东郭子继续追问，庄子则每答愈下。

[3] 唐君毅：《中国哲学原论 导论篇》，中国社会科学出版社 2006 年版，第 288 页。

[4] 唐君毅：《生命存在与心灵境界》，中国社会科学出版社 2006 年版，第 496 页。

[5] 陈鼓应：《庄子今注今译》，商务印书馆 2016 年版，第 227 页。

安之若命。

对此疑惑的解答，仍然要回归唐君毅哲学的视域中。首先，唐君毅并不反对死亡而得安息的意义，并且从“大哉死乎，君子息焉，小人休焉”作出了同样的解读，[1]“化”对新生的价值是从生命之间的相继关系而言。其次，唐君毅也不否认生命中有苦痛的出现，但是他认为这些苦痛并不来源于生命本身，气的生化并不带有痛苦的内容，苦痛来源于心知对生命流行的摧损，这也因此导向调理生命和心知这一宗旨。最后，唐君毅对《庄子》“命”的理解是“不可避免所以直下承担”，他把《庄子》中的“不得已”理解为同于“儒者所言之心性之所出者”，[2]即等同于孟子所说的“不容已”。可以认为，唐君毅是本于儒家立场而展开其视域的，他对于生命的定义具有一种立命事天的儒家品性，这就导向一种责任意识，而非其他研究《庄子》的学者所认为的自由意识。这种责任意识，可以从《庄子》所表现的“悲悯与庄严之感”[3]中推出，从而不止于顺适轻灵之旨，可以向上拔起而进入更高的境界。

需要进一步说明的是，唐君毅认为一切哲学的中心问题，都是生命价值观念的问题。在他看来，儒道都讲生化，只是儒家长于讲生，偏重相继的意义，道家长于讲化，偏重转变的意义，两者都是关于生命的哲学。他从阴阳两方面总结儒家的生命哲学：

> 祭先吊古，使死入于生，为生人之阴道。承先启后，彰往察来，唯以生生死，不以死死生，为阳道，此则必面对当前之世界，依理裁成变化，以日进于美善。[4]

阴之道偏化，而阳之道偏生，因为阳道含有生生相继之义。从成就理想之人的角度而言，显然唐君毅更注重于阳道的实践，即从生生流行的意义上说生命。

---

[1] 唐君毅:《生命存在与心灵境界》，中国社会科学出版社 2006 年版，第 495 页。
[2] 唐君毅:《中国哲学原论 原道篇》，中国社会科学出版社 2006 年版，第 198 页。
[3] 唐君毅:《中国哲学原论 原道篇》，中国社会科学出版社 2006 年版，第 563 页。
[4] 唐君毅:《生命存在与心灵境界》，中国社会科学出版社 2006 年版，第 632 页。

## 三、唐君毅对“心知”的诠释

生命和心知的矛盾，在《庄子》文本中直接呈现是在《养生主》“吾生也有涯，而知也无涯。以有涯随无涯，殆已”[1]一段，意为以有限的生命去追逐无限的知识是很危险的事情。相对于内篇这种温和的说法，外篇《胠箧》和《在宥》则明确提出绝圣弃知的观点，因此一般学者都认为知识在《庄子》处具有消极的意义。与此同时，《大宗师》中还指出了认知的极致，即“知天之所为，知人之所为”[2]，但即便极致的认知不能达到“真知”的程度，从而带来风险。《庄子》提出“真知”，似乎表明“知”有不同的层次，下层是无涯之知，上层是真知。这种划分并没有取消无涯之知的负面意义，即只要存在下层之知，生命和心知的矛盾就不可化解，因此为了保全生命的积极意义，必须放弃追求无尽的知识。但弃知是否就能上升到真知的层面，《庄子》并未给出明确的说明，他只给出了“真人”的解释，认为达到真人才可能获得真知。

对于《庄子》“知”的研究，许多学者往往以“无涯”和“真”相对来讨论，即认为知之所以相对生命来说是无涯的，根源在于人所得到的认知是有限的，这一有限性体现在两个方面，一是程度上的，即不准确所以非真，一是范围上的，即不全面所以非真。在一个认知情景中，认知主体既受限于自身的认知能力和认识结构，又受限于认知对象的状态变化，[3]因此不能准确和全面地认知对象，通过与对象的关系所获得的知识不具有客观性和确定性，不可能是普遍的真理。与这种观点和研究方向不同的是，有学者通过对“知”与“不知”的辨析，认为《应帝王》中啮缺与王倪的问答暗含了知的四重境界，主体在知与不知的辩证关系中可以由人道上达天道。人道始于对外境有结构化的认知，其次达到反身性的自知之明，再通

[1] 陈鼓应：《庄子今注今译》，第 113 页。
[2] 陈鼓应：《庄子今注今译》，第 199 页。
[3] 参见陈鼓应《〈庄子〉认识系统的特色》(《安徽师大学报（哲学社会科学版）》1985 年第 2 期，第 19—26 页），杨锋刚《论〈庄子〉哲学中的“知”》(《中国哲学史》2013 年第 3 期，第 44—51 页），以及姜哲基《〈庄子〉的“真知”研究》(山东大学 2017 年博士论文）。

过开放心灵达到物我并知，最后通过艰深的工夫到达生命的最里层，即神明的层次。而生命的最里层就是“生机”[1]，所谓的“神明”就是对生机的领悟和把握。

在上述的两种研究方向中，前者少有涉及作为认知主体的生命所具有的内涵，并且只确定了知的非真，并没有试图使生命和心知两者相适而并存。后者直接从“知”中延伸出“道”的层面，并通过最高层次的知连接生命的内涵，与唐君毅对“心知”的理解更加亲和。但是它首先设定了物我之间的互斥性，认为需要通过去主体性来消解认知对象对认知主体的排斥以达到物我并照的层次，因此达到最高层次的工夫就是一种非主体性的工夫，这就与唐君毅的诠释在旨归上有所不同。

唐君毅认为，在先哲的话语中，“知”与“智”通用，指“一切心觉有所向而有所注入”之义，通常与行为和意志情感相通。具体来说，“知”可分为四种：1. 指道德上的辨别善恶，如孟子的“是非之心，智之端也”；2. 指智谋智巧，与求成去败、趋利避害的功利心相连；3. 指事实上的辨别真假，名实相应；4. 超道德、超功利、超实然层面的“大知”，如《庄子》所说。[2]可以看出，在唐君毅的视域中，“知”并不是纯然的认知活动而与意志情感相连，意志和情感都是“心”所感发的，所以他以“心知”连用。用心决定所知的类别，如道德心决定第一种知，功利心决定第二种知，因此唐君毅对《庄子》“知”的诠释实际上是从心上展开的。与《庄子》中蕴藏了两层知相对应，他认为《庄子》兼说正反两方面的心，即一般人心与常心或灵台心。[3]一般人心，所重者在人心之情识，是扰动生命的原因，前三种知所对应的心都可归入一般人心。人暂停向外在感应事物而向内反省便能对人心有所察觉，能够察觉到人心并止息它对生命的扰动，就可以使人心纯化为灵台心。此时的灵台心，由于消除了负面的情识，所以只是一虚灵明觉的心，本身没有任何其他的内容，这种状态下的

---

[1] 陈赟：《“不知之知”与天地人三才之道的贯通——对〈庄子·应帝王〉开端的理解》，《齐鲁学刊》2014 年第 6 期，第 5—15 页。

[2] 唐君毅：《哲学概论》，中国社会科学出版社 2006 年版，第 159 页。在这一段文本中，唐君毅首先从字源及发展上解释了“知”与“识”，最后导出他对知的分类。

[3] 唐君毅：《中国哲学原论 导论篇》，中国社会科学出版社 2006 年版，第 67—80 页。

明觉，就是“大知”的境界。对于这种虚灵明觉，《人间世》中有言：

> 瞻彼阕者，虚室生白，吉祥止止。夫且不止，是之谓坐驰，夫徇耳目内通而外于心知，鬼神将来舍，而况人乎！[1]

这里的“心知”指具有陷溺于情识中的人心，而“虚室生白”，就是指摒除情识烦扰后的灵台心，呈现出虚明的特征。

在《庄子》中，并没有出现“情识”这一概念，它是唐君毅借用的佛家概念，与情识相关或者说最接近的概念，是“成心”。“成心”依照成玄英的解释，是“域情滞著，执一家之偏见”[2]，唐君毅将之理解为“人之以其一时之某心知或生命活动之所知所是，概括另一时之另一心知或生命活动之所知所是者而起”。[3] 两种解释的不同之处，在于成玄英指向的是自我与他人的认知偏差，从而引发的人我矛盾，而唐君毅指向的是当下的认知对象与过去所知的偏差，从而引发的物我矛盾。物我矛盾会带来一个误解，即依照以往的认知，期望或认定现在会出现预料的事物，由这一“期必”又会生起智谋机心。因此每当有所认知，就会再引发新的认知，并使旧有的认知相互勾连，由此产生无穷之知。

对于这一由误解而产生无穷之知的诠释，有两点需要说明。其一，为何这种期必是误解。当唐君毅以气的流行和生生相继的历程来定义生命时，认知主体和认知对象都处在流变之中，这种流变虽然是前后相继的，但每一次生都是纯粹的新生，都有所创造而非仅仅延续旧有的内容，因此今昔不能相混。以往的认知对于现在只是虚妄，不足以作为凭借而有所期望。必须注意的是，唐君毅的这种解释并不意味着所有的知识都是虚妄，因为每一次生都是真实的，当下的认知也都是真实的，只是不能把当下的所知作为未来所知的原因，加以运用。唐君毅否定的是成心的运用，而并非否定知识的真实性。一旦否定认知的真实性，生命将无法认知真

[1] 陈鼓应：《庄子今注今译》，第 139 页。
[2] 陈鼓应：《庄子今注今译》，商务印书馆 2016 年版，第 63 页。陈鼓应同样认为“成心”是《庄子》中非常重要的一个概念，它“引发无数主观是是非非的争执，产生武断的态度与排他的现象”，这一理解是对成注的展开。
[3] 唐君毅：《中国哲学原论 原道篇》，中国社会科学出版社 2006 年版，第 205 页。

实，也就无法确定真理与道。其二，这种期必如何摧损生命。首先，期必和认知相互增盛，会使生命被裹挟在无穷的欲望和对新知的追求之中，使生命封闭在功利的层次，不能追求更高的境界。其次，即便是出于道德心的期望，对未来的道德情景和行为有一预判，也将会使道德成为外在化的道德，即以“今日之我，斩断我之未来之道的心情之当机的创发性”[1]。所谓创发性，就是主体的自新自命。这可以诠释孟子所说的“必有事焉而勿正”，事是必须当下创发之事，不能预期；也可以诠释《庄子》所说的“不以心捐道，不以人助天”，心是人之成心，天是生生之道，而生生之道又内在于生命的流行中。

唐君毅从“情识”诠释成心之知，并不意味着情识就是心或知，他强调的是成心之知总是和情识相连，所知十分容易引发期必和欲望，并因之阻碍生的流行和命的创发。

## 四、唐君毅对“调适上遂”的诠释

《庄子》中对“知”的阐发所涉及的，并不是关于“何为知识”的反省，而是与生命相关联，说明知识和成就理想之人的关系。在有涯之生和无涯之知的对照下，《庄子》认为追求无限的知识对生命会产生负面的影响，即会对追求理想境界造成阻碍。许多学者也正是从这一角度出发，先论述知识的无限性，再论述消除知识的工夫，最后归至“真人”“至人”“神人”的人生境界。或者把知识与其他妨害理想境界的因素并列，再全部加以剥离消解，只剩下纯粹的神，达到物我两忘、浑然不分的境界。[2]在这种论述中，容易产生一种混淆，即把对知识的追求等同于知识本身，而把两者同时加以消解。这种论述实际上是混淆了用心和所知，因为追求知识必然有所用心，但当人无所用心时，也会有所知，这就是《庄子》中多处提到的“无用之用”，此时所知也就是唐君毅所区分的第四种知。这

[1] 唐君毅:《中国哲学原论 原性篇》，中国社会科学出版社 2006 年版，第 27 页。
[2] 郑笠:《剥离与消解系统中成就的审美境界——从庄子“美学”到“庄子”美学》，《安徽大学学报（哲学社会科学版）》2008 年第 7 期，第 23—28 页。

种知可以认为是一种直观或直觉，一般认为《庄子》所描绘的理想境界就是直观中的审美心境，唐君毅先生也持这一观点。在这样的一种审美境界中，直觉所知是不可消泯的，否则就不可能达到原天地之美而达万物之理的圣人境界。从这一角度来说，所知不必然对生命有消极的影响，甚至是追求理想人生所不可缺少的，也正因为这一点，生命和心知才有调适的可能和必要。

唐君毅所谓对生命和心知的“调适”，首先是从内外上来讲的。当唐君毅“心知”连用的时候，必须先把心和知区别开来，可以认为心是体，体发用而能有所知。“成心”就是心在被既定的认知和期望所限定的情形下发用，而既定的认知是指从外在回看生命的流行过程而对往昔的认知把捉不放。这里的“外”，是指心脱离当下情景而回忆以往的情景，今昔情景不同而互外。相对应的，唐君毅指出如果将心收归于“内”，即仅就当下情景而用心，心就不再是成心。向内用心，则心随感随应，当机自命，所知与生命一同向前流行无碍，两者不再有内外的冲突。这种具有创造性并能不断运用的心，将不再是封闭的成心，而是一种无限心。对于常人来说，要想自然而然地向内用心是很困难的，必须经过工夫才能到达。这些工夫在《庄子》中主要体现为“心斋”“坐忘”：

> 堕肢体，黜聪明，离形去知，同于大通，此谓**坐忘**。[1]
>
> 若一志，无听之以耳而听之以心，无听之以心而听之以气！听止于耳，心止于符。气也者，虚而待物者也。唯道集虚。虚者，**心斋**也。[2]

“忘”正是不去回忆的工夫，所谓“大通”就是生生的流行，“聪明”就是因欲望而发出的知巧心机，所去之知就是成心之知。“听之以气”可以直接等同于“虚而待物”，“虚”就是不要滞留过去的认知，“一志”就是用心只向内，而不存在内外两向的对反。这里的“气”仍然可以理解为“动态的有”，因为“气”无形无质却可以形成形质，并且一直处于有无的

[1]《庄子 · 大宗师》，陈鼓应《庄子今注今译》，第 240 页。
[2]《庄子 · 人间世》，陈鼓应《庄子今注今译》，第 139 页。

转变之中，这是生生的特质，是生命流行的表现。总而言之，这一层次上的调适，就是运用工夫保证向内用心，消除生命向前和心知向后的对反。

除了通过向内用心使生命和心知同向流行之外，唐君毅还从另一种意义上的内外讲调适，即从源流上疏通生命和心知。作为体的“心”，实际上就是“生命”。唐君毅以“生而更生之一次序历程”定义“生命”，同时以“包涵昔所已有者于内，更有今之所在”定义“存在”，以“主于内”且“虚灵而能通外”定义“心灵”，他认为：

> 凡所以说生命或存在或心灵者，皆可互说，而此三名所表者，亦可说为一实。[1]

生命作为生而更生的历程，具有内在的能生之性和外在的所生之相，能生之性是天生就具有而恒常不变的，所生之相是自命所成就而不断相继的。心主宰着这种能生之性，命就是由心发出，依据外物流变而当机立断，所以心居内通外以合内外。如果心是无限的，生命也将是无限的而非封闭的，内在的无限可能创造出外在的无穷相继，正像活水与源泉。可以认为，向内用心是在流上做工夫，尚未能达源。虽然成心是由于对过往认知的错误运用，导致过往所知和当下所知的错乱混杂，但是过往和当下的认知本来不相冲突，两者具有同样的本原。从这一本原上看，没有任何知流出，只是一片混沌而和平的无知，所有向内用心所得之知，都是从这一混沌中涌现。但是对于这一原本身，我们不能有任何内容上的认知，对于从原发出的认知，我们也不能有所期必，这就是唐君毅对《庄子》的“知”与“不知”作出的诠释。我们所知的只是“具有创生性的源存在”这一真实，也仅仅需要确立对这一认知的信心，就能“以其知之所知以养其知之所不知”。在这一层面上的调适，即是上溯生命和心知的本原，体认并且存养，可以用“上遂”来说。

唐君毅并没有止步于存养本原，在他的视域中，《庄子》所说的“不以人助天”还有积极层面的意义，即“自开其原，以更成其流之不竭”。这种开放性，他认为在“真人息之以踵”一语中有所表现：

---

[1] 唐君毅：《生命存在与心灵境界》，中国社会科学出版社 2006 年版，导论第 2 页。

然真人之息，方更吐出其当吐之气，则其生命如为天之气之所通过贯彻后，方更使其生命中之气吐出，以还入于天。然后其生命乃为此内外之气往来不息之一中枢。……依《庄子》之言，人于天地万物境相，大可不必惧其有所知，唯当惧“其知之不深，而未能摄入之”。果能摄入之，如随意息而至于踵，更透过此踵而出，以还之天地万物，则无异境相之自然吐出，亦自无心知留滞陷溺，而亦恒在以超境相、忘境相之境。[1]

“中枢”具有开放通达的含义。所谓的内外往来之气，就是作为流行的对象与主体相遇而互相通过，由于生命主体的心具有“虚”的特征，所以可以完全接纳对象的流行通过而没有任何滞留。对象遇而入于内就是来而吸，对象过而出于外就是往而呼，呼吸都是不需要人用心的事情，凡用心呼吸都不可能是连绵不绝的。在对象流经主体时，由于心又具有“灵”的特征，所以对所流经的气有所知，这种知就是对事物的“纯意义”的知，随事物来而有，随事物往而无，超出现象之外，也不留存在心中。能够达到“息之以踵”的境界，就是真人，所知就是“真知”，生命和心知也就得到了最彻底的调适。

## 五、结　语

在唐君毅的视域中，“生命”是生而更生的历程，是气的流行不息，“心知”是不同用心下所获得的认知对象的意义。以此为基础，他把《庄子》的核心要义归结为对生命和心知的调理，即纯化用心，保持心的虚灵，使心知内在于当下生命中，当机而用，从而避免不纯粹的用心所产生的期待和欲望阻碍生命的流行。这种虚灵的心具有无限创新的可能，本质上等同于生命的内在之性。对这种生生之性的源头进行反省，就可以知道生命和心知的本原是无限且真实的存在，所有生和知的内容都从中流出。但是对于原，只能知其存在，而不能更有所知，因此成就理想人生境界的工夫在根本上是存养这一本原，并开放自身心灵与生命。

这种“调理生命和心知”的诠释很容易导向儒家的宗旨。他以生生定

[1] 唐君毅:《中国哲学原论　原道篇》，中国社会科学出版社 2006 年版，第 209 页。

义生命，又以生生为阳道，所谓阳道即是乾道，具有“天行健，君子自强不息”的含义。但是在《庄子》中，这种积极有为的精神并不明显，如《应帝王》中混沌被凿七窍而死的寓言，似乎并不预示人要自开其源，而取顺其自然的意思。这和他以“不得已”等同于“不容已”同出一辙，都把儒家积极有为的精神安放入《庄子》内部。

这一诠释理路，和他的境界说有所关联。在唐君毅构建的哲学体系中，有九重境界的划分，越往上则境界越高，其中《庄子》所代表的哲学，处于第五层临虚观照境。所谓“虚”和“照”在《庄子》中都有出现，“虚”如前文所述，是消除成心后的纯粹状态；照可以取用《齐物论》中“圣人不由而照之于天”一句，通于《应帝王》中“至人用心若境”之意，指心止于当前所知，不和其他心理活动相连。在他看来，这一境界既可通往上层境界，又可滑落到下层境界：

> 人之在此境中之生活者，其心灵之升降进退无常，故吾人于此境，唯视为九境中之中间之**过渡境**。此境之为前所说之四境之上一层位之境，虽可依原则以决定，然人之有见于此境者，亦不保证其能安住此境，而不降至更卑之境。[1]

也即是说，《庄子》所处的临虚观照境本身具有不稳定的特征，对于常人来说，则更加难以保持在这一境界中，因此对于工夫十分依赖。然而，如果人能持之以恒地做工夫，又会自然升进到更高的境界，如儒家所处的天德流行境。因为在这一境中，临虚观照所得虽然为事物的纯意义，但事物的真实存在也会进入敞开的心灵，而一旦对事物的存在有真实的感知，就会形成求继续实现这一意义于现实世界的道德理想，即从超出现实而又回归现实。因此，在唐君毅的视域中，理想的境界并不是方外的逍遥，而是于方内成就天地万物的生生不息。

[1] 唐君毅:《生命存在与心灵境界》，中国社会科学出版社 2006 年版，第 321—322 页。

# Coordinating Life and Knowledge——Tang junyi's View on Zhuangzi

Wang Tianyu

**Abstract:** Tang junyi attributed the purpose of Zhuangzi to "coordinating life and knowledge ". His interpretation of "life" is different from the sense of freedom that ordinary scholars pay attention to, but tends to a sense of responsibility. "Knowledge" is to focus on the meaning of "mind" to grasp the value of knowledge. Tang junyi entered Zhuangzi from the perspective of birth and popularity, he took the mind as the subject of life, which not only opens to the outside and gets information, but also keeps the inside spacious, so as to eliminate the negative influence that the information may bring about in the process of life popularity, and then achieved the ideal realm of life. According to the interpretation of Tang junyi, it is obvious that he interpreted Zhuangzi from the Confucian standpoint.

**Keywords:** Tang Junyi; Zhuang Zi; life; mind; coordinating

# 佛学研究专题

# 论宏智正觉“默照禅”的禅学思想

朱新亮*

**摘要：**宋代禅宗史上的文字禅、看话禅、默照禅争论向来是学界关注焦点，考察宏智正觉禅学思想可知：一、正觉“默照禅”并非文字禅的对立形式，其颂古拈古、开示说法、诗语偈语皆具备文字禅性质。二、宗杲批判“默照禅”原因在于宗杲以悟为极则并在行住坐卧中体道而默照禅执方便为究竟、离世觅菩提。三、正觉“默照禅”的佛理依据在于其属于“真常唯心论”而迥别于宗杲的“性空唯名论”，正觉与达摩、神会、宗密、玄觉等禅师禅法相通之处正在于他们都受真常思想影响，正觉禅法进路在离析根尘以脱生死而非如宗杲般以悟为极则。二人禅学思想的分歧导致了看话禅、默照禅的分流，但二者皆以了生死为目的。

**关键词：**宏智正觉；大慧宗杲；文字禅；默照禅；看话禅

南宋初年，临济宗杨歧派大慧宗杲（1089—1163）“看话禅”与曹洞宗宏智正觉（1091—1157）“默照禅”禅法相继提出、确立，历经明清，传续至今。大慧宗杲禅法峻切直截、语言明了；宏智正觉禅法绵密宛转、学理性强。宗杲禅法是丛林参禅悟道之主流方式，学界也对宗杲禅法研究青睐有加。宏智正觉禅法研究相对较少，大陆主要有魏道儒、伍先林、张云江、刁细平等人从正觉禅学思想角度考察默照禅，皮朝纲、刘方等学者则关注默照禅与美学之关联。台湾阳力、杨惠南、陈荣波、黄青萍、张宽如、郑珍熙，日本武田忠、关口真大、新野光亮、石附胜龙、石井修道等

* 作者简介：朱新亮，四川师范大学四川文化教育高等研究院助理研究员，博士。E-mail：1024162460@qq.com。

人也对默照禅作了相关研究。相较而言，大陆学者研究方法视点呈现多元化特色，台湾、日本学者则集中讨论正觉禅学思想，日本学者特别注重宏智正觉曹洞禅的性质。然而学界关于宏智正觉禅法的研究众说纷纭、莫衷一是，故对正觉默照禅的禅学思想还有再探讨的必要。

## 一、“默照禅”与“文字禅”之关系

汾阳善昭（947—1024）《公案代别百则》《诘问百则》《颂古百则》以文字解说古人公案，推动了临济宗的兴起和文字禅的流行。雪窦重显（980—1052）、圆悟克勤（1063—1135）继而起之，将宋代文字禅推向顶峰。物极必反，文字禅的盛行造成一批“学语之流”掇拾古人言句，不重亲修实证，引起元丰以后禅宗界对文字禅的反省批评。[1] 大慧宗杲遂有火烧《碧岩录》之举，宏智正觉则主张默照静坐禅法。学界从大慧宗杲、宏智正觉反对文字禅的行为、语录材料出发，认为宗杲看话禅、正觉默照禅是与文字禅对立的禅学思想，如周裕锴指出“‘文字禅’是作为‘哑禅、魔禅、暗证禅’的对立面而出现的，主张禅教合一，研读佛经，反对纯粹的‘枯骨观’、‘四禅八定’和‘默照禅’”[2]，这其实是对正觉禅学思想的曲解误读。

首先，正觉禅师并没有抛弃文字禅的语言形式。《宏智禅师广录》卷二收录正觉禅师颂古一百则，卷三收录拈古一百则，这是正觉禅师受文字禅影响的直接证明。正觉禅师多关注前辈禅师拈颂过的公案，如颂古第二则：

> 举梁武帝问达磨大师：“如何是圣谛第一义。”磨云：“廓然无圣。”帝云：“对朕者谁？”磨云不识。帝不契，遂渡江至少林，面壁九年，颂曰：“廓然无圣，来机径挺。得非犯鼻而挥斤，失不回头而

[1] 惠洪指出：“禅宗学者，自元丰以来，师法大坏，诸方以拨去文字为禅，以口耳受授为妙。”（《石门文字禅》卷 26，文渊阁四库全书本）惠洪站在维护文字禅的立场上批判“口耳受授”的禅法，但从这则材料中可知元丰之后禅学界有“拨去文字为禅”的思想倾向。

[2] 周裕锴：《文字禅与宋代诗学》，高等教育出版社 1998 年版，第 31 页。

> 堕甑。寥寥冷坐少林，默默全提正令。秋清月转霜轮，河淡斗垂夜柄。绳绳衣钵付儿孙，从此人天成药病。”[1]

这则公案即雪窦重显《颂古百则》的首则公案，是禅宗拈颂必举公案，重显颂古做得非常好，直指人心原本具足的佛性。相形之下倒显得正觉颂古稀松平常。正觉颂古影响力虽不及重显，但评唱注解者亦不少，凳绝老人（生卒年不详）作《凳绝老人天奇直注天童觉和尚颂古》，元代万松行秀（1166—1246）曾作《万松老人评唱天童觉和尚颂古从容庵录》《万松老人评唱天童觉和尚拈古请益录》，行秀《寄湛然居士书》云：“吾宗有雪窦、天童，犹孔门之有游、夏，二师之颂古，犹诗坛之李杜。”[2]雪窦重显、天童正觉被视为诗坛李白、杜甫，可见正觉禅师颂古广为流传、浸泽深远，正觉颂古、拈古正以文字禅形式给后世禅人佛理启悟。

其次，正觉禅师开坛说法、小参开示里提举、解说公案具有文字禅性质。如：

> 复举赵州问僧：“曾到此间么？”僧云曾到。州云：“吃茶去。”又问僧：“曾到此间么？”僧云不曾到。州云：“吃茶去。”师云：“到与不到，吃茶一样。不着机关，殊无伎俩。且非平展家风，岂是随波逐浪。唯嫌拣择没分疏，识得赵州老和尚。”[3]

雪窦重显曾颂赵州禅师开示“至道无难，惟嫌拣择”公案，圆悟克勤《碧岩录》指出这句话出自三祖僧璨《信心铭》并依此解释这则公案。[4]正觉禅师云“唯嫌拣择没分疏，识得赵州老和尚”，将赵州禅师（778—897）开示“至道无难，惟嫌拣择”公案、“吃茶去”公案熔于一炉，以“唯嫌拣择没分疏”解释赵州禅师“吃茶去”的禅学内蕴，可知他深受雪窦重显颂古影响。正觉解说此公案的语言文字整齐，句尾使用韵字，实质与颂古无异。

---

[1] 宏智正觉：《宏智禅师广录》卷2，《大正新修大藏经》第48册，第18页下。
[2] 万松行秀：《万松老人评唱天童觉和尚颂古从容庵录》序，《大正新修大藏经》第48册，第226页下。
[3] 宏智正觉：《宏智禅师广录》卷1，《大正新修大藏经》第48册，第2页上。
[4] 佛果圆悟：《佛果圆悟禅师碧岩录》卷1，《大正新修大藏经》第48册，第140页上。

再次，正觉禅师喜用诗语、偈语说法开示。如：

上堂云："孤筇长作水云游，底事而今放下休。一点破幽明历历，十分合体冷湫湫。暗中须透金针穴，转处还藏玉线头。劫外家风兹日辨，渠侬真与我侬俦。"

上堂云："菩提无树镜非台，虚净光明不受埃。照处易分雪里粉，转时难辨墨中煤。鸟归无影树头宿，华在不萌枝上开。际会风云底时节，寒梭出蛰一声雷。参！"[1]

两首诗偈完全符合平仄格律，"一点破幽明历历，十分合体冷湫湫"，数字、叠字各自相对，金针穴与玉线头、雪里粉与墨中煤都对得很工巧。正觉禅师以诗歌韵语开示的类似记载不胜枚举。此外，《宏智禅师广录》第七、八、九卷专收赞颂诗偈皆表明禅宗和语言在正觉禅师处并非截然对立。可见，即便是提倡"默照禅"的宏智正觉也是不排除文字语言的，诚如小川隆所说"用文字禅进行表达，是南宋以来的总趋势"。[2]

正觉禅师思想上并不排斥文字禅，那他默默无言、休去歇去的默照禅法是否与文字禅冲突抵牾呢？实际上，文字禅、默照禅分属文字般若、观照般若两个层面，分隶闻思与修证两个阶段，二者不能放在一个层面进行非此即彼的比较。文字禅是佛理悟入，[3]默照禅是实证修行，闻思为修证之助缘，修证为闻思之归趋，二者并行不悖而非扞格难入。文字经典起着指导、印证作用，真修实证才能真正证入，故而正觉禅师不会将文字禅与默照禅对立。

## 二、宗杲批判"默照禅"的佛法理据

大慧宗杲曾斥默照禅为落空亡底外道、魂不散底死人、黑山下鬼家活

[1] 宏智正觉：《宏智禅师广录》卷 4，《大正新修大藏经》第 48 册，第 36 页中、37 页下。
[2] 小川隆：《语录的思想史》，复旦大学出版社 2015 年版，第 189 页。
[3] 惠空法师云："禅宗理论、祖师的语录著作绝少如论典般的系统思想，但在问答之际仍不脱理论义涵，仔细披寻，仍可看出一些蛛丝马迹。"（慧空法师：《禅宗心要》，台中：慈光寺·慈光禅学院，2013 年 6 月第 2 版，第 3 页）

计，[1] 指责默照禅“一向闭眉合眼，做死模样，谓之静坐、观心默照，更以此邪见，诱引无识庸流曰：‘静得一日，便是一日工夫。’苦哉！殊不知尽是鬼家活计”。[2] 宗杲对默照禅的批评是与其参学经历和佛法领悟分不开的，宗杲曾跟随曹洞宗芙蓉道楷（1043—1118）弟子瑞州微和尚（生卒年不详）参学且接受过曹洞宗默照禅法，他在《答富枢密》里说：

> 既未到这个田地，切不可被邪师辈胡说乱道引入鬼窟里，闭眉合眼作妄想。迩来祖道衰微，此流如麻似粟，真是‘一盲引众盲，相牵入火坑。’深可怜愍……宗杲亦尝为此流所误，后来若不遇真善知识，几致空过一生。每每思量，直是叵耐！以故不惜口业，力救此弊。今稍有知非者，若要径截理会，须得这一念子曝地一破，方了得生死，方名悟入。[3]

在宗杲看来，曹洞宗默照禅法虽暂时拘束住身体，心识却纷飞如野马，纵然心识暂停，如石压草而不觉又生，很难真正得到无上菩提、究竟安乐。而且宗杲个性鲜明、直截利落，不喜微和尚将曹洞宗“功勋五位、偏正回互、五王子之类许多家事来传”，认为这种细密绵绵的教授方法违背了佛祖自证自悟之道，故宗杲“始从曹洞诸老宿游，既得其说，叹曰：‘是果佛祖意耶？去之谒准湛堂。’”[4] 转投湛堂文准（1061—1115）、圆悟克勤处参学并因圆悟克勤提举公案而悟入。由此可见，宗杲批判默照禅是在他曾经出入曹洞宗的经验基础上发展起来的，从更高角度来看是临济宗

[1] 目前也有人如台湾惠空法师曾怀疑宗杲所批评的默照禅并非针对正觉。此外，闫梦祥《论大慧宗杲批评默照禅的真相》(《河北大学学报》2006 年第 5 期）指出宗杲批评的“默照禅”与真歇、宏智的“默照禅”有根本不同，宗杲所批评的乃是类于“二乘寂灭”“空亡外道”的一种“禅病”；张云江《南宋禅宗史上的“默照禅公案”探究》(《宗教学研究》2010 年增刊）也从不同角度考证宗杲的批评与宏智正觉的禅法不相对应，宗杲所批评的实是古今禅修者最容易走上的一条错误路径。但宗杲口口声声骂“邪师说默照禅”“默照邪师辈”，不能不说跟正觉无关，当然，这很可能是宗杲对默照禅缺乏正确理解造成的结果，却不能说宗杲所指责的不是正觉“默照禅”。

[2] 大慧宗杲：《示真如道人》,《大慧普觉禅师语录》卷 20,《大正新修大藏经》第 47 册，第 895 页中。

[3] 大慧宗杲：《答富枢密》,《大慧普觉禅师语录》卷 26,《大正新修大藏经》第 47 册，第 921 页中。

[4] 大慧宗杲：《大慧普觉禅师塔铭》,《大慧普觉禅师语录》卷 6,《大正新修大藏经》第 47 册，第 836 页下。

对曹洞宗的批判。[1] 当然，宗杲批判默照禅并非仅因宗派偏见，而是寓含着更为深刻的佛学依据：

首先，宗杲禅法以悟为极则，批评默照禅则执方便为究竟。他说：

> 而今默照邪师辈，只以无言无说为极则，唤作“威音那畔事”，亦唤作“空劫已前事”，不信有悟门，以悟为诳，以悟为第二头，以悟为方便语，以悟为接引之辞。如此之徒，谩人自谩，误人自误。[2]
>
> 昨接来诲，私虑左右必已耽着静胜三昧。及询直阁公，乃知果如所料。大凡涉世有余之士，久胶于尘劳中，忽然得人指令，向静默处做工夫，乍得胸中无事，便认著，以为究竟安乐。殊不知，似石压草，虽暂觉绝消息，奈何根株犹在，宁有证彻寂灭之期？要得真正寂灭现前，必须于炽然生灭之中，蓦地一跳跳出，不动一丝毫，便搅长河为酥酪，变大地作黄金，临机纵夺，杀活自由，利他自利，无施不可，先圣唤作无尽藏陀罗尼门，无尽藏神通游戏门，无尽藏如意解脱门，岂非真大丈夫之能事也！[3]

宗杲指出，默照禅法只能暂时使胸中无事，却像石头压草，纵然草暂时不能生长，根株还在，并非证彻寂灭。默照禅执静坐方便为究竟、以无言无说为极则、著空滞寂、不求妙悟遂断灭了自心本妙明性，难以开发无漏智慧并实现究竟安乐、如实清净。宗杲认为必须通过悟关才能临机纵夺、杀活自由并得到究竟安乐，故指出“学道无他术，以悟为则”，今生修行最终鹄的就是开悟，不以悟为目的的修行皆不究竟。宗杲认为通过参话头可以实现悟入，其《答陈少卿》云：

> 今稍有知非者，愿公只向疑情不破处参，行住坐卧不得放舍——

---

[1] 日本学者武田忠也关注到这个问题，他在《看話禪と默照禪についての一考察—大慧と宏智の立場》(《宗教研究》第 36 卷第 3 辑，1963 年)、《大慧の默照禪批評と曹洞禪》(《宗教研究》第 38 卷第 2 辑，1965 年) 两篇文章中对大慧宗杲批评曹洞禅进行了考察。

[2] 大慧宗杲：《答宗直阁》，《大慧普觉禅师语录》卷 28，《大正新修大藏经》第 47 册，第 933 页下。

[3] 大慧宗杲：《答富枢密》，《大慧普觉禅师语录》卷 26，《大正新修大藏经》第 47 册，第 921 页下。

僧问赵州：“狗子还有佛性也无？”州云：“无。”这一字子，便是个破生死疑心底刀子也。这刀子杷柄，只在当人手中；教别人下手不得，须是自家下手始得。若舍得性命，方肯自下手。若舍性命不得，且只管在疑不破处崖将去，蓦然自肯舍命，一下便了；那时方信静时便是闹时底，闹时便是静时底，语时便是默时底，默时便是语时底。[1]

悟入别无他法，只能自家下手，等到悟入之时，静闹一如、语默一如、生死心绝，无佛见法见，无众生烦恼，无迷悟、生死、有无等对立分别，无有挂碍。宗杲认为悟入不需要做静中工夫：

若要真个静，须是生死心破，不著做工夫。生死心破，则自静也。先圣所说“寂静方便”，正为此也。[2]

宗杲的悟入指破生死心，生死心破就能得到真正的寂静，默照禅正因不以悟为极则，生死心不破，故静坐所得寂静只能维持一时而无法长久。

其次，宗杲认为默照禅离世觅菩提、落入净边。宗杲继承慧能禅学思想，认为世间法即是佛法，佛法即世间法，佛法不可离开世间而寻觅到，若专主静坐、远离世间则是坏世间相而求实相，其《答刘通判》云：

杜撰长老辈，教左右静坐，等作佛，岂非虚妄之本乎？又言，静处无失，闹处有失，岂非坏世间相而求实相乎？若如此修行，如何契得懒融所谓“今说无心处，不与有心殊”？……众生狂乱是病，佛以寂静波罗蜜药治之。病去药存，其病愈甚；拈一放一，何时是了？生死到来，静闹两边，都用一点不得。[3]

寂静只是对治众生狂乱之病的药，病去药去、舍筏登岸。若执着静坐则落入净边，依旧没有破除二分对立的模式。离开日用、别有趣向犹如离波求水、离器求金，即自身而求自身，只会愈骛愈远。宗杲认为禅不在静

---

[1] 大慧宗杲：《答陈少卿》，《大慧普觉禅师语录》卷26，《大正新修大藏经》第47册，第923页上。

[2] 大慧宗杲：《答富枢密》，《大慧普觉禅师语录》卷26，《大正新修大藏经》第47册，第922页上。

[3] 大慧宗杲：《答刘通判》，《大慧普觉禅师语录》卷27，《大正新修大藏经》第47册，第926页中。

处、不在闹处、不在思量分别处、不在日用应缘处，却不能舍却静处、闹处、日用应缘处、思量分别处参禅，盖大道真体不离声色言语，他甚至说：

> 正在闹中，不得忘却竹椅、蒲团上事。平昔留心静胜处，正要闹中用；若闹中不得力，却似不曾在静中做工夫一般……若以静处为是，闹处为非，则是坏世间相而求实相，离生灭而求寂灭。好静恶闹时，正好着力，蓦然闹里撞翻静时消息，其力能胜竹椅蒲团上千万亿倍……[1]

但宗杲只对曾侍郎这样久做静中工夫的人说这些话，只有久做静中工夫才有资格谈闹中工夫。对于初学来说，做静中工夫还是很必要的。

无心是学道的特点，宗杲认为默照禅仅在表面上做到了无心，他说："所谓无心者，非如土木瓦石顽然无知，谓触境遇缘，心定不动，不取著诸法，一切处荡然无障无碍，无所染污，亦不住在无染污处。观身观心如梦如幻，亦不住在梦幻虚无之境。到得如此境界，方始谓之真无心，且非口头说底无心。"[2]无心并非如默照禅那样休去歇去、落在净边，真正的无心并不离开日用生活而需在触境遇缘时心定不动、不黏着诸法、无所染污，正如《金刚经》所云"应无所住而生其心"。宗杲认为若心识寂灭、无一动念处即是正觉，拥有正觉则二六时中行住坐卧、语默动静无不湛然清净。宗杲又说：

> 今时有一种杜撰汉，自己脚跟下不实，只管教人摄心静坐，坐教绝气息。此辈名为真可怜愍。请公只恁么做工夫。山野虽然如此指示公，真不得已耳。若实有恁么做工夫底事，即是污染公矣。此心无有实体，如何硬收摄得住？拟收摄，向甚处安著？既无安著处，则无时无节，无古无今，无凡无圣，无得无失，无静无乱，无生无死，亦无湛然之名，亦无湛然之体，亦无湛然之用，亦无恁么说湛然者，亦无

[1] 大慧宗杲：《答曾侍郎》，《大慧普觉禅师语录》卷 25，《大正新修大藏经》第 47 册，第 918 页下。
[2] 大慧宗杲：《示清净居士》，《大慧普觉禅师语录》卷 19，《大正新修大藏经》第 47 册，第 890 页下。

恁么受湛然说者。[1]

心无实体故无对立、无差别，也无收摄、无安著。宗杲认为默照禅执着于离世间相求实相，违背了慧能所说“佛法在世间，不离世间觉。离世觅菩提，恰如求兔角”的教理，这是宗杲批判默照禅的第二个理据。

尽管宗杲批判默照禅，但其实宗杲、正觉禅法还是有不少相同之处。其一，按下妄想之心是宗杲、正觉禅法共同的入手工夫。宗杲《示廓然居士》云：

> 心意识乃思量分别之窟宅也。决欲荷担此段大事因缘，请猛著精彩，把这个来为先锋、去为殿后底生死魔根一刀斫断，便是彻头时节。正当恁么时，方用得口议心思著。何以故？第八识既除，则生死魔无处栖泊。生死魔无栖泊处，则思量分别底浑是般若妙智，更无毫发许为我作障。[2]

众生从本以来念念相续、未曾离念，正是心意识的思量分别造成人的生死轮回，故必须斩断心意识才能将妄念转化成般若妙智。斩断心意识的最好方法是照看话头，以“一念话头”替代万念妄想，从而集中一念直到最后打破话头上的疑情、顿悟本来面目。其二，宗杲并不反对坐禅。客观说来，坐禅是摄心的最好法门，宗杲认为初学尤其应该多静坐，只是不能执静坐方便为究竟。其《示清净居士》云：

> 学道人，十二时中，心意识常要寂静。无事亦须静坐，令心不放逸，身不动摇，久久习熟，自然身心宁怗，于道有趣向分。寂静波罗蜜，定众生散乱妄觉耳；若执寂静处便为究竟，则被默照邪禅之所摄持矣。[3]

坐禅能够令心不放逸、身不动摇，久习能使身心宁怗、收摄散乱妄觉，但

[1] 大慧宗杲:《答许司理》,《大慧普觉禅师语录》卷 26,《大正新修大藏经》第 47 册，第 924 页下。
[2] 大慧宗杲:《示廓然居士》,《大慧普觉禅师语录》卷 20,《大正新修大藏经》第 47 册，第 896 页上。
[3] 大慧宗杲:《示清净居士》,《大慧普觉禅师语录》卷 19,《大正新修大藏经》第 47 册，第 891 页中。

坐禅不过是对治散乱妄觉的药而已，病去药除，一切扫迹。

## 三、宏智正觉“默照禅”的佛法理据

学术界对正觉禅师“默照禅”的理解繁多歧异、不相统一。方立天认为默照禅“渊源于菩提达摩的壁观安心法门，以及神秀的长坐不卧禅法，是对菩提达摩和神秀（606—706）坐禅法门的回归。但是在观照的对象与内容方面，默照禅与神秀的禅法又有很大的差别”。[1] 伍先林认为“正觉的禅法在理论上继承了曹洞宗综合慧能（　—713）南宗与神秀北宗的传统，并与神会、宗密（780—841）一系菏泽宗的灵知说有一定的渊源关系，但在具体的宗教实践上，默照禅则进一步退向神秀北宗的禅法”。[2] 魏道儒认为默照禅是“吸取《庄子》入禅的结果”。[3] 日本学者关口真大认为牛头宗的鹤林玄素才是默照禅实际上的先驱[4]……

宏智正觉默照禅自有其禅法渊源。石头希迁弟子大颠禅师（766—779）“应机随照，泠泠自用，穷其用处，了不可得，唤作妙用，乃是本心”[5] 即着重突出“照”的作用；正觉初参的法成禅师（1071—1128）极为注重坐禅，世称“枯木法成”；正觉之师丹霞子淳（1064—1117）云：“把今时事放尽去，向枯木堂中冷坐去，切须死一遍去，却从死里建立来，一切处谩你不得，一切处转你不得，一切处得自在去。所以道：悬崖撒手，自肯承当。绝后再苏，相欺不得”[6]，皆注重休歇妄念、冷坐禅堂的修行方式。曹洞宗枯木死灰般的坐禅传统是正觉默照禅的思想近源，若远溯佛理即可推知正觉默照禅的学理依据及与宗杲禅法相异原因。

首先，默照禅属于“真常唯心论”，与宗杲偏向“性空唯名论”的禅学倾向异途。印顺法师（1906—2005）认为佛教适应众生机感而对“诸行无常，诸法无我，涅槃寂静”三法印加以解释发挥，不同发挥各有侧重

[1] 方立天：《论文字禅、看话禅、默照禅与念佛禅》，《中国禅学》第 1 卷，2002 年。
[2] 伍先林：《正觉的默照禅思想》，《佛学研究》，2000 年。
[3] 杜继文、魏道儒：《中国禅宗通史》，江苏人民出版社 2007 年第 1 版，第 472 页。
[4] 关口真大：《公案禪と印度禪》，《印度学佛教学研究》第 16 卷，1968 年。
[5] 大慧宗杲：《正法眼藏》卷 3，《卍续藏经》第 118 册，第 131 页下。
[6] 丹霞子淳：《丹霞子淳禅师语录》卷 1，《卍续藏经》第 124 册，第 487 页下。

从而使佛教分成“虚妄唯识论”“性空唯名论”“真常唯心论”三个不同体系。[1]大慧宗杲秉承慧能“本来无一物”的一派思想，立足诸法性空，宣说一切但有假名，不安立任何自性有或自相有，故应归入“性空唯名论”。正觉禅师则明显受到《大乘起信论》影响而应判归“真常唯心论”。《大乘起信论》提出“真如缘起”说，认为一切世间、出世间法皆是一心所造，真如之性具有生灭、不生不灭两种属性，自性清净的真如随无明风动而生起现象界的生灭变化，故真如亦空亦不空。正如大珠慧海所云：“真如之性，亦空亦不空，何以故？真如妙体，无形无相，不可得也，是名亦空；然于空无相体中，具足恒沙之用，即无事不应，是名亦不空。”[2]真如又具有觉与不觉两种属性，能够觉照真如自体，真如的寂性与觉性正是默照禅照寂相即的佛理依据。正觉禅师说：

> 生不为有，动与寂随；灭不为无，处与智共。所以道，如镜照像，像非外缘；如珠发光，光还自照。[3]

现象是生灭的，本质为空，故生不为有而常与寂随；真如却非断灭，而具觉性，可以自照真如本体，故灭不为无而处与智共。修行需要先空一切外象，在寂寂中觉照本心、觉照空劫以前含空纳有的真如实相。正觉禅师又说：

> 尔但只管放，教心地下一切皆空，一切皆尽，个是本来时节。所以道，一切皆从心地生，除去一切生底，还是本来心地。这个心地平等普遍，普遍无有不在，无有不满。既心地上生相，尽十方三世，无有一毫自外而来，俱从个里发现。便知道万法是心光，诸缘唯性晓。本无迷悟人，只要今日了。心无形影，对缘即照，所以假虚空为森罗万象之体，假森罗万象为虚空之用。一切诸法皆是心地上妄想缘影。[4]

心地放空、一切扫相之后才露出本来风光，这个心地平等周遍、生出

---

[1] 参看印顺法师《印度佛教思想史》(中华书局2010年第1版)第四、七、八章，《华雨集》(下)(中华书局2011年第1版)。
[2] 大珠慧海：《顿悟入道要门论》，《卍续藏经》第110册，第850页上。
[3] 宏智正觉：《宏智禅师广录》卷4，《大正新修大藏经》第48册，第47页中。
[4] 宏智正觉：《宏智禅师广录》卷5，《大正新修大藏经》第48册，第60页中。

万法。默照禅的目的就在于体认本性清净、具足万法。默照禅不同于不净观、数息观等观法，也不同于宗杲看话禅，而是“只管放，教心地下一切皆空，一切皆尽”，“未休休去，未歇歇去。尔若歇得尽、休得稳，千圣不可携。不可携处，是尔自己”。[1] 即只管静坐，放空身心，不观心看净，也不涉缘对物，所谓“净不涉缘，照不对物。用无去来之相，混无彼我之心”[2]，其实相当于天台宗的制心止。默照禅法归根究底是与真如的寂性、觉性相应的。

学术界虽对默照禅的思想渊源提出了不同看法，却没有注意到达摩、圭峰宗密、菏泽神会、永嘉玄觉（665—713）其实都受真常思想浸泽。达摩以《楞伽经》印心，《楞伽经》的“如来藏藏识心”却融合了真常清净（如来藏）心与虚妄生灭（阿赖耶）心，是在如来藏我的基石上融摄唯识学的“真常唯心论”。[3] 菏泽神会受《大乘起信论》影响而强调灵知之性，认为“知之一字，众妙之源”，又将本心分为真如之体、真如之相以分别对应《起信论》的心真如门、心生灭门。宗密“禅遇南宗，教逢圆觉”[4]，《圆觉经》属真常一系，故宗密说：“源者，是一切众生本觉真性，亦名佛性，亦名心地……况此真性，非唯是禅门之源，亦是万法之源，故名法性。亦是众生迷悟之源，故名如来藏藏识。亦是诸佛万德之源，故名佛性。亦是菩萨万行之源，故名心地。”[5] 宗密对本觉真性、如来藏藏识的强调可看出思想渊源所自。永嘉玄觉对禅学的解释更接近默照禅，他在奢摩他颂中说：“必先息缘虑，令心寂寂。次当惺惺，不致昏沉，令心历历……寂寂是药，惺惺亦药。寂寂破乱想，惺惺治无记。寂寂生无记，惺惺生乱想。寂寂虽能治乱想，而复还生无记。惺惺虽能治无记，而复还生乱想。故曰：惺惺寂寂是，无记寂寂非。寂寂惺惺是，乱想惺惺非。”[6] 无记是指坐禅过程中的昏沉、发愣状态，需要惺惺治住。若有妄想则需要寂

---

[1] 宏智正觉：《宏智禅师广录》卷 5，《大正新修大藏经》第 48 册，第 60 页中。
[2] 宏智正觉：《宏智禅师广录》卷 4，《大正新修大藏经》第 48 册，第 51 页中。
[3] 参看印顺：《印度佛教思想史》（中华书局 2010 年第 1 版）第八章。
[4] [宋] 普济著，苏渊雷点校：《五灯会元》，中华书局 1984 年第 1 版，第 105 页。
[5] [宋] 普济著，苏渊雷点校：《五灯会元》，中华书局 1984 年第 1 版，第 106 页。
[6] 永嘉玄觉：《永嘉禅宗集注》卷 2，《卍续藏经》第 111 册，第 456 页上。

寂治住，寂寂、惺惺即止观、定慧，二者等持、灵活运用才能有效对治禅病、助长开悟。永嘉玄觉对止观之描述与正觉默照禅佛理相通，默、照也即寂寂、惺惺，也即止观双运、定慧等持。由此可知真常思想才是默照禅与如上禅师禅法相通的佛理依据。

其次，默照禅以离析根尘了脱生死，不同于宗杲以悟入离生死。宗杲禅法进路在于通过话头破生死心，故批评默照禅有导引禅人耽于四禅八定的世间禅定倾向，与大乘禅法了脱生死毫不相干，其实这是对默照禅的误解。正觉说：

> 参禅一段事，其实要脱生死。若脱生死不得，唤什么作禅。且道，作么生生？作么生死？作么生脱？若一念迷本随情，牵在一切处，纷纷纭纭，胶胶扰扰，既从不自由处生，还从不自由处死。若是分晓汉，本无所从来。明白恁么用，便于一切时一切处脱彻无依，万象中出一头地。[1]

从这段材料可知正觉禅法也以了脱生死为目的，生死不是别的，一念迷本随情、牵在一切处即是生死。了生死即是明白本无所从来，断尽心念，便能于一切时一切处脱彻无依、虚静圆明。宗杲看话禅注重禅人自证自悟，并不保证每个禅人悉数开悟、彻见本来面目，故宗杲每宽慰学人即使此世不能开悟也于心地上种下般若种子，后世再出来参禅就能迅速契证本来。正觉默照禅的佛法理据在于只需认清根随尘转造成人的生死轮回，那么离析根尘、能所双亡便能够彻照本源、了脱生死，禅人只需放空一切、照寂相即，即可体证真如本体。故而正觉禅师说：

> 心是根，法是尘，两种犹如镜上痕，尘垢尽时光始现，心法双忘性即真。到恁么时，一切脱落去始得。正脱落时，彼我俱不着处所。所以道，周遍十方心，不在一切处。个时不是一切心，个时不是一切法，所以遍一切处。[2]

[1] 宏智正觉：《宏智禅师广录》卷5，《大正新修大藏经》第48册，第60页中。
[2] 宏智正觉：《宏智禅师广录》卷5，《大正新修大藏经》第48册，第65页上。

尘垢尽尽，根尘离析，心法双忘，便能体会到灵明廓彻、广大虚寂的本来面目，即是成佛作祖之时。

最后，默照禅工夫、功用贯于日用，并非如宗杲所说的离世觅菩提、引人坐在黑山鬼窟里。默照禅虽然偏重坐禅却并非不在日常生活中用功，正觉禅师说：

> 佛法也无如许多般，只要诸人一切时中放教身心空索索地，条丝不挂，廓落无依，本地灵明，毫发不昧。若恁么履践得到，自然一切时合，一切时应，了无纤尘许作尔障碍处。便能转千圣，向自己背后，方唤作衲僧。[1]

所谓“一切时中”即非仅指座上工夫，也包括座下工夫，只有一切时中放教身心空索索地廓落无依才能不昧灵明本性。真正的修行是“也无万行可修，也无三界可出，也无万法可了”[2]，是本来光明的透出遍彻。正觉又提到默照禅的功用贯于日常生活之中，他说：

> 六户不掩，从教万法通同。四衢无踪，祇么一尘不受。所以道眼见色与盲等，耳闻声与响等，便能声色里睡眠，声色里坐卧。[3]

修行人心无挂碍，远离妄念，身之所处是一个无差别世界，便能不对色、声起心，便能于声色里睡眠坐卧。如此，修行默照禅的功用就能遍于日常生活。

## 结　语

文字禅是文字般若，属于闻思阶段；看话禅、默照禅是观照般若，属于修证阶段，二者相辅相成、并不相悖。宗杲、正觉批评文字禅是为破除禅人过分耽溺语言文字、不重真修实证的偏执。二人禅法皆以了脱生死为目的、皆是究竟的，但宗杲更偏向慧能“本来无一物”的“性空唯

[1] 宏智正觉：《宏智禅师广录》卷 4，《大正新修大藏经》第 48 册，第 35 页上。
[2] 宏智正觉：《宏智禅师广录》卷 1，《大正新修大藏经》第 48 册，第 17 页下。
[3] 宏智正觉：《宏智禅师广录》卷 1，《大正新修大藏经》第 48 册，第 11 页上。

名论”，偏向慧能及洪州宗在行住坐卧中体道的禅学思想，故更看重日常生活中的修行；正觉更偏向“真常唯心论”，继承曹洞宗盛行的坐禅传统，偏向在静坐中体验照体独立、灵知之性。宗杲并不废弃坐禅，正觉也主张在日常生活中修行。看话禅与默照禅皆只是方便法门，意在待机说法以接引学人。

## Some Discuss about Hongzhi Zhengjue' Zen Thought

Zhu Xinliang

**Abstract:** The debate between Text Zen, Kanhua Zen and MozhaoZen in the history of Song Zen Buddhism has always been the focus of attention, By study the Zen thought of Hongzhi Zhengjue we can know that: First,Hongzhi Zhengjue Mozhao Zen isn't opposition to Language Zen. His Songgu,Niangu and teaching all have the nature of language Zen. Second, Zong Gao critic Mozhao Zen for the reason that Zong Gao pursue enlightenment, pay attention to life,but Mozhao Zen don't seek enlightenment and don't pay attention to life. Third, Which made Mozhao Zen and Dharma, Shenhui, Zongmi, Xuanjue similar is they all influenced by Zhenchang thought. Zen from Xuanjue in common is that they are often subject to true ideological influence,Zhengjue's Zen approach is not insight, but in order to isolate Gen and Chen to transcend life and death.

**Keywords:** Hongzhi Zhengjue; Dahui Zonggao;Language Zen; Mozhao Zen; Kanhua Zen

# 知识史视角下的近代中国佛学转型

## ——以"科学"观念为中心

易中亚*

**摘要**：在"科学"观念下，近代中国佛学的知识意义得以彰显，并在知识领域、知识体系、知识性质上发生了转变，呈现出新的面貌。在以佛学回应科学的同时，近代中国佛学逐渐走向公共空间，实现了知识领域的变迁；在以科学洗礼佛学之后，近代中国佛学完成了学术化、学科化建构，实现了知识体系的转变。随着近代中国佛学的学术化、学科化，佛学知识的性质引起了教内外的争论，教内人士坚持信仰的先验性，教外人士则与之相反，由此形成了教界与学界佛学的分殊。而"科学"观念对近代中国佛学产生影响的过程也证明了，一种新观念要真正融入中国文化系统，不仅需要通过思想层面的融通来实现，更需要通过知识与制度层面的融通来实现。

**关键词**：近代中国佛学转型；知识史；"科学"观念

从知识史的视角来看，我们今天所讨论的佛学与传统佛学有着明显的差异，这种差异主要来自于近代中国佛学的知识转型。关于近代中国佛学的相关问题，学界或以人物身份立场的分别、或以现代性的解释框架来展开研究，这些研究范式虽都有一定道理，但也有一定局限。[1] 近年来已有学者从知识史的视角对近代中国佛学研究进行了反思，并尝试开拓出新的

---

* 作者简介：易中亚，女，南京大学哲学系博士研究生，研究方向：近现代中国佛教，儒释道三教关系。E-mail：82774319@qq.com。基金项目：本文系国家社科基金重点项目"近现代佛教入世转型研究"（编号 16AZJ003）的阶段性成果。

[1] 参见拙文《论近代佛学研究范式的建立》，《宏德学刊》第九辑，商务印书馆 2018 年版，第 56—67 页。

研究视域。[1]金观涛教授曾指出，一些观念作为思想体系的基本要素，在历史的变迁中仍能保持相对的稳定，它们作为遗留下来的历史思想碎片，可以成为我们研究近代的重要视角。[2]近代是一个中西、新旧观念交杂碰撞的特殊时期，在这千头万绪中，从观念切入到近代中国佛学知识转型的研究，不失为一良策。

在近代众多的观念中，“科学”无疑是对中国历史进程和思想格局影响最大的观念之一。从词汇史来说，“科学”一词来自近代日本人对“science”的翻译，意为“分科之学”；但从内涵来说，“科学”一词还有另一个来源——“格致”，原是明末西方传教士对西方哲学、科技、自然科学的通称。清末，二者在词汇上虽走向统一（科学取代格致），但在内涵上却都有所保留，并在之后沿着这两个方向生出更多的歧变来。从“格致”到“科学”再到“科学主义”，“科学”观念在近代中国传播、发展的过程，也是中国传统思想、知识、制度等“科学化”的过程。这种“科学化”不仅意味着“科学”成为了知识的理想形态，更意味着“科学”成为了一种价值—信仰体系。[3]因此，在近代中国佛学知识转型的过程中，“科学”观念必然起过至关重要的作用。

## 一、走向公共空间：近代中国佛学知识领域的变迁

佛学在于以智慧内明，故自称“内学”，同时又将其他世俗学问称为“外学”，以便与己学相区别。欧阳竟无曾解释说：“内学之谓内，有三义：一，无漏为内，有漏为外也。二，现证为内，推度为外也。三，究竟为内，不究竟为外。”[4]教内人士对佛学性质与范围的明确规定，体现了佛学超脱出世的性格，也说明了佛学主要是作为一种内证之学而非世用之学传

[1] 以龚隽教授的《作为“知识”的近代中国佛学史论：在东亚视阈内的知识史论述》一书及其系列论文为代表。

[2] 金观涛、刘青峰：《观念史研究》，法律出版社 2009 年版，第 2—3 页。

[3] 杨国荣：《科学的形上之维——中国近代科学主义的形成与衍化》，华东师范大学出版社 2009 年版，第 92—126 页。

[4] 欧阳竟无：《谈内学研究》，《欧阳竟无内外学》，商务印书馆 2015 年版，第 603—604 页。

播的。而中国的传统学问既讲求“经世致用”又注重“夷夏之别”，所以在以儒家经学为中心的一元知识体系中，佛学始终处于附庸和边缘位置，不但官学中从未有过佛学的身影，在历代正史中也鲜有对佛学客观全面的记载，即便是清代集大成的丛书《四库全书》也只是收录了部分佛学典籍于子部。如此一来，佛学的传承就被局限在了教内。一些士大夫虽也学佛，却仅将其视为一种修养个人心性的私学。

到了近代，佛学开始在新学家们那里出现所谓的“入世”转型，它先是作为沟通西方的媒介得到复兴，接着是作为经世思想资源被运用到政治、社会、思想、文化的改造中，后又作为学术研究对象从经学的统治中独立出来。这意味着佛学的知识领域发生了变迁，它逐渐从一种教内的、私人的话语，转变为了一种公共的知识。而这一转变的发生是与新学家们“科学”观念的生成和变化紧密相关的。

首先，新学家们对佛学的兴趣始于他们对佛学与科学相通性的认同，此种认同促使他们以佛学去解释科学，佛学在这个过程中逐渐成为了一种沟通西方的媒介。孙宝瑄在 1896 年的日记中曾写道：“八月十四日，宴复生（谭嗣同）、卓如、穰卿、燕生（宋恕）诸子于一品香，纵谈近日格致之学多暗合佛理，人始尊重佛书，而格致遂与佛教并行于世。”[1] 这则日记不仅揭示了近代中国佛学复兴的重要原因，还揭示了新学家们对佛学的真实态度，[2] 即试图在佛学与科学的某些相通处上，以佛学来回应科学。佛学在中国传承千年，虽不为显学，但早已作为中国传统文化的重要部分为中国人所熟知；科学则是个外来概念，虽自明末起就有“格致之学”流传，但“格致”作为对西学的通称，其内涵始终有些含糊不清，直到戊戌前后，“科学”一词才通过日本被译介到中国，但“格致”一词仍在被继

---

[1] 孙宝瑄：《日益斋日记》（佚），引自丁文江、赵丰田编《梁启超年谱长编》，上海人民出版社 2009 年版，第 38 页。

[2] 梁启超先生认为“晚清所谓新学家者，殆无一不与佛学有关系”。（梁启超：《清代学术概论》，上海古籍出版社 1998 年版，第 99 页）

续使用，[1]所以在清末的一段时间内国人对科学的认知是模糊的。新学家们既然认为佛学与科学有相通处，那么佛学便成为了他们解释科学最好的工具，至于如何解释，则与他们对科学的具体认知有关。

甲午战争前后，新学家们主要认为“格致”（科学）就是物理学、天文学、地理学、生物学等自然科学。孙宝瑄以《所缘缘论》中的极微义比作物理学中的质点，[2]以《华严经》中的“风轮”比作地理学中的大气。[3]宋恕也认为佛教对三千大千世界的描述与地理学、天文学最相契合。[4]谭嗣同则将唯识学中的“八识”与人脑的结构一一对应。[5]将“格致”理解为自然科学虽最符合“science”的本义，但这一类佛学与科学的格义，却停留在现象的比附上，二者之间的相通性大多来自新学家们自己的想象。

在康有为的《日本书目志》译介了“科学”一词之后，新学家们对“科学”的理解出现了两种倾向：一种来自“科学”的日文翻译——“分科之学”，认为“科学”就是有系统的知识、分门别类的方法等等；另一种来自对自然科学学术本质及学科体系的抽象总结，认为“科学”就是用实证方法探究现象规律的客观之学。在科学的性质、原则、方法被抽象出来之后，梁启超发现心理学与唯识学的“心识之相”说极其相似，“五蕴”就是佛教对心理表象的总结，色即客观性的事物，受即感觉，想即记忆，行即作意及行为，识即心理活动之统一状态。[6]章太炎更是指出科学缜密的分析方法与唯识学有异曲同工之妙。[7]这一类佛学与科学的格义，

---

[1] 张帆教授认为：“在1902年之前使用‘科学’一词的中国人并不多。他们大部分是在国内接受教育，却受到了日本学术或多或少的影响。1902年以后，随着清末新政逐渐深入，‘科学’被更广泛地传播运用。”（张帆：《从“格致”到“科学”——晚清学术体系的过渡与别择》，《学术研究》2009年第12期）

[2] 孙宝瑄：《忘山庐日记》，上海古籍出版社1983年版，第147页。

[3] 孙宝瑄：《忘山庐日记》，上海古籍出版社1983年版，第185页。

[4] 宋恕：《宋恕集》（上），中华书局1993年版，第85页。

[5] 谭嗣同：《仁学》，蔡尚思编《谭嗣同全集》（增订本下），中华书局1981年版，第364页。

[6] 梁启超：《佛教心理学浅测》，《佛学研究十八篇》，上海古籍出版社2011年版，第393—411页。

[7] 章太炎说：“逮科学萌芽，而用心益复缜密矣。是故法相之学，于明代则不宜，于近代则甚适，由学术所趋然也。”（章太炎：《答铁铮》，《章太炎全集》（太炎文录初编），上海人民出版社2014年版，第387页）

是“理”上的互诠，二者之间的相通点逐渐向形而上层面靠拢。从想象到理诠，中国与西方的沟通因为佛学变得越来越合理，佛学在整个知识体系中的地位也因此得到了极大的提升。

其次，佛学之所以能成为经世思想资源，在一定程度上与近代一些学人对科学局限性的认识有关系。戊戌前后的新学家们以佛学为经世思想资源，一者是鉴于佛学与科学的相通性，二者是出于民族主义心理，三者或许还有些信仰的成分，但他们的理想仍是科学。从严复的“西学格致救国”，[1] 到康有为的“物质救国”，[2] 再到陈独秀及其之后的“唯科学主义”，在近代中国始终存在着以科学为一切事物变革源头和契机的声音。

然而，戊戌变法的失败和科学观念的不断深化，使一些学人敏锐地察觉到了科学的局限性。章太炎率先对严复所译的《天演论》进行了反思，他认为“今自微生以至人类，进化惟在智识，而道德乃日见其反。张进化愈甚，好胜之心愈甚，而杀亦愈甚”。[3] 接着，欧游归来后的梁启超也指出，一战的爆发极有可能是将进化论的“优胜劣汰”理论运用到社会后的结果，所以科学只是对物质有益，对精神却有损害。[4] 科学在道德、精神领域的局限，使玄学得到了复兴，随即发生了新文化运动和“科玄之争”。佛学在此时顺势而起，成为一种超越科学的经世思想资源。梁启超认为佛教对增进国民道德和完善社会治理有着重要的作用，因为佛教信仰乃智信而非迷信、乃兼善而非独善、乃人世而非厌世、乃无量而非有限、乃平等而非差别、乃自力而非他力，[5] 因此，佛学既与科学原则不相违背，又能在道德、政治上拥有科学不可替代的功用。章太炎也有相似的看法，他说：“佛教的理论，使上智人不能不信；佛教的戒律，使下愚人不能不信。通

[1] 严复:《救亡决论》，王栻编《严复集》第 1 册，中华书局 1986 年版，第 45 页。
[2] 康有为:《物质救国论》，《康有为全集》第八集，人民大学出版社 2007 年版，第 61—101 页。
[3] 章太炎:《五无论》，《章太炎全集》(太炎文录初编)，上海人民出版社 2014 年版，第 453—468 页。
[4] 梁启超:《欧游心影录》，《饮冰室合集》(专集之二十三)，中华书局 1989 年版。
[5] 梁启超:《论佛教与群治之关系》，《饮冰室合集》(文集之十)，中华书局 1989 年版，第 45—51 页。

彻上下，这是最可用的。”[1]他先是从唯识学“种子说”出发，指出善恶俱进，愈文明作恶的能力越强，以此来批评建立在科学之上的西方文明；[2]后又从“无自性”的角度，指出佛教为无神的、智信的宗教，[3]最宜用来发起国民信心，增进国民道德。在这里，佛学已经由一种解释资源，转变为了一种批判和建构资源，在真正意义上作为“独立”的经世思想资源走进了公共空间。

最后，佛学之所以能作为学术研究对象获得学科独立，与近代中国学人对“科学”两重内涵的延伸有关。

其一，“科学”的含义从“分科之学”向“分科设学”转移。日人铃木修次指出，福泽谕吉在1872年的《劝学篇》中就已有“一科一学”的说法，后来西周在孔德（Auguste Comte）“科学分类”的影响下正式以“分科之学”作为“科学”一词的内涵，用来指示西方学说的专业化和系统化，并在此基础上逐步建立了分科学制。[4]近代中国的改革多仿照日本，1898年康有为就上书清廷，建议以日本分科教育制度为蓝本，“宏开校舍，教义科学，俟学校尽开，徐废科举”，[5]分科制的新式学堂在清廷的新政下得到迅速推广。佛教界人士因为受到“庙产兴学”政策的影响，也加入到了近代中国教育的改革中。近代中国的僧众们为保护寺产，自1903年起就开始在各地创办新僧学堂。随着居士群体的加入，和对科学认识的加深，教界兴学的动机渐渐由保护寺产向革新佛教教育转变，建立起一批面向僧俗传播佛学知识的佛教教育机构。佛学在这一过程中产生了学术化的倾向，并于1918年后正式走进大学课堂。[6]

---

[1] 章太炎：《在东京留学生欢迎会上之演讲》，章念驰编《章太炎全集》（演讲集上），上海人民出版社2015年版，第4页。

[2] 章太炎：《俱分进化论》，《章太炎全集》（太炎文录初编），上海人民出版社2014年版，第404—413页。

[3] 章太炎：《无神论》，《章太炎全集》（太炎文录初编），上海人民出版社2014年版，第414—423页。

[4] 转引自金观涛：《“科举”和“科学”重大社会事件和观念转化的案例研究》，《科学文化评论》2005年第3期。

[5] 康有为：《请废八股试帖楷法试士改用策论折》，《康有为全集》第四集，人民大学出版社2007年版，第80页。

[6] 1917年担任教育部参事的蒋维乔建议北大哲学系开设唯识学课程，1918年这一建议被采纳，之后各地大学争相效仿。

其二，“科学”的含义从“自然科学”向“科学主义”泛化。[1]早在严复、王国维时，科学有“专门之用”、[2]“科学所明者公例，公例必无时而不诚”、[3]科学为有“系统之智识者”[4]等内涵就已明确，在这些自然科学的特征被揭示之后，西方现代学术的理性、实证、系统等原则，迅速受到了中国学界的推崇，并演化为“科学主义”，开始向各个领域渗透，由此造成了传统学术和知识的分化，出现了各种学科。1902 年梁启超掀起了一场关于中国是否“有学”的论争，[5]在以西方学术标准审视中国传统学问后，他认为“今日泰西通行诸学科中，为中国所固有者，惟史学”，[6]随即发起了史学革命。在梁氏以科学原则构建史学新知的过程中，佛教史学受到了极大的关注，佛学由此成为了学术研究的对象。到了 1919 年，对中国传统学问的检讨，在胡适引领的“整理国故”运动中被全面推向高潮，中国传统学问开始整体性的科学化、学术化，佛学自然也在之列。

在分科设学和科学主义的影响下，经学因未找到明确的学科定位而走向瓦解，科学则取代经学建立起了知识领域的霸权。而过去笼罩在经学之下的佛学知识在“转投科学怀抱”（成为科学研究对象）的过程中，不仅受到了科学精神和方法的洗礼，还建立起了实体性的学术机构。在这双重条件下，近代中国佛学真正走进了公共空间，实现了知识领域的变迁。

## 二、学科化的建构：近代中国佛学知识体系的转变

佛学在近代中国被作为沟通中西的媒介、“经世”思想资源、学术研

[1]“科学泛化”的相关论述可参见杨国荣教授《科学的形上之维——中国近代科学主义的形成与衍化》（华东师范大学出版社 2009 年版）一书。

[2] 严复：《西学门径功用》，王栻编《严复集》第 1 册，中华书局 1986 年版，第 92 页。

[3] 严复：《译斯氏〈计学〉例言》，王栻编《严复集》第 1 册，中华书局 1986 年版，第 100 页。

[4] 王国维：《东洋史要 · 序》，姚淦铭、王燕编《王国维文集》第四卷，中国文史出版社 1997 年版，第 381 页。

[5] 1902 年梁启超在《新民丛报》发表了《论中国学术思想变迁之大势》一文，认为中国古代虽有学术，但因缺乏机缘未能如西方学术一般不断进化，所以至近代，已是无学的状态。

[6] 梁启超：《新史学》，《饮冰室合集》（文集之九），中华书局 1989 年版，第 1 页。

究对象，都反映了“科学”观念对佛学的影响，但能够改变整个佛学知识体系，并延续至今的，唯有佛学的学术化。佛学成为学术研究的对象，意味着研究者需要站在第三者的立场，用科学的精神和方法来研究关于佛教的教理、历史、文献、艺术等方面的问题。这些研究成果所构成的近代意义上的佛学，与传统意义上的佛学在内涵、范围、结构上都有一定差距。按照印顺的说法，传统佛学“是理智的德行的宗教，是以身心的笃行为主而达到深奥与究竟的。从来都称为佛法，近代才有称为佛学的”；近代佛学则是“佛法流行于人间，可能作为有条理、有系统的说明，使他学术化”，[1]根本上是一种知识。若以近代知识学的眼光来审视传统佛学，其中仍存在有价值的知识。传统佛学知识即是被记载在佛典里的内容，是依靠语言、文字等方便传承的佛陀的教法，也包括了佛弟子们根据佛陀的教法所衍生出来的以修证为中心的知识。佛典的内容主要由经、律、论三藏构成，对应着定、戒、慧三学；佛教传入中国后，在此基础上又产生了佛教史学、目录学等。可以说，中国的佛教史学、目录学、判教论及历代藏经的编纂已经通过对佛法内容的记录整理，构建了一个相对完整且闭合的知识体系。但因为这个知识体系基于信仰，服务于修证，所以其核心结构仍是经律论三藏。而近代中国佛学知识，在内容上不仅旁摄诸外学，还囊括了佛教的方方面面，在结构上也不再偏重于三藏经典，在研究方法上更是趋于客观化和多元化，显然在朝一门现代学科发展。而这种佛学知识体系的转变，既是欧洲、日本佛教学影响下的产物，更是近代中国教内外学人践行“科学”观念的结果，具体体现在以下几个方面。

第一，对西方自然、社会科学等具体学科的引进，更新了教界对外学的认识，同时使科学进入了近代中国佛教教育的范围，从而丰富了佛学知识体系。佛教虽以内学自居，但对于外学并非全然排斥。《瑜伽师地论》云：“彼诸菩萨求正法时，当何所求？云何而求？何义故求？谓诸菩萨以要言之，当求一切菩萨藏法、声闻藏法、一切外论、一切世间工业处论。……如是一切明处所摄有五明处：一内明处，二因明处，三声明处，

[1] 印顺：《佛法概论・自序》，中华书局 2010 年版，第 2 页。

四医方明处，五工业明处。”[1] 在古代印度，论辩之术、语言文字学、医药学以及日常生活技艺等外学都是囊括在佛学知识体系之内的。而在古代中国，儒、道思想构成了最主要的外学，印度佛学先是借助二者的格义植根中土，后又在与二者的争论、融合中形成了中国化的佛教宗派。在早期的中国佛学知识体系中，儒、道思想是不可或缺的一部分。但随着主张“不立文字，教外别传”的禅宗的兴起与独盛，中国佛学逐渐向着重觉悟、轻知识的方向发展，经论中的知识尚且被视为“明心见性”的障碍，何况是外学呢？所以自五代起，外学就逐渐被排斥于传统佛教教育之外，直到晚明四大高僧共倡“三教同源”，儒、道思想才再次受到教界的重视。到了近代，科学不仅变革了传统知识观念，还取代儒家经学建立起了知识领域的“霸权”。于是，佛教界重兴了知识兴趣，科学作为当时最主要的外学，也被列为了佛教教育的重要内容。杨仁山最初在构想释氏学堂时，就希望“内班以学佛为本，兼习普通学，如印度古诗学五明之例”，[2] 后来祇洹精舍开设的普通学课程中，就包括了理史学、地理、算法、国文、梵文、英文等。[3] 在欧阳竟无的支那内学院，历史、地理、数学、宗教学、哲学、英文等也都是必修课程。[4] 在太虚的武昌佛学院，外学课程更是多元，有地理学、生物学等自然科学，也有哲学、心理学、宗教学等社会科学，且占有三分一的课程量。[5] 可见，当时的佛学院都“于研穷佛典外，并讲儒学，兼习史地，旁及外国语文，以补诸学僧幼时学科之未逮。如是以求真俗融通者何哉”。[6] 外学的内容虽随时而易，却足以反映佛学势力的盛衰和知识体系的变化。佛学势盛，自可专注于自身理论以独立发展；佛学势衰，则不得不借助外学来发展，从而在一定程度上表现出世俗化的倾向，近代

[1] [唐] 玄奘译：《瑜伽师地论》，《大正藏》第 30 卷，第 500 页下。
[2] 杨仁山：《支那佛教振兴策一》，《杨仁山全集》，黄山书社 2000 年版，第 332 页。
[3] 杨仁山：《释氏学堂内班课程刍议》《释氏学堂内班课程》，《杨仁山全集》，黄山书社 2000 年版，第 333、334—336 页。
[4]《支那内学院简章》，引自田光烈《玄奘哲学研究》，齐鲁书社 1986 年版，第 215—220 页。
[5]《武昌佛学院成立之经过·佛学院章程》，《海潮音》1922 年第 5 期，载黄夏年编：《民国佛教期刊文献集成》第 153 卷，中国书店 2008 年版，第 308—309 页。
[6] 周秉清：《中国佛教学院讲习世典文字之宗旨》，《佛学月刊》1941 年第 1 期，载黄夏年编《民国佛教期刊文献集成》第 95 卷，中国书店 2008 年版，第 8 页。

中国佛教教育中科学课程的设置正是这一倾向的体现。科学通过教育成为近代学僧们所掌握的基础知识，意味着它成为了一种广泛意义上的佛学知识，这个“广泛意义”虽是在俗、用的层面上来说的，但真俗融通、明体达用本就是佛学的宗旨，所以我们仍可说它丰富了中国佛学知识体系。

第二，受分科设学的影响，佛学内部科目的设置发生了相应改变，从而完成了近代中国佛学的学科建制。根据吕澂先生的说法，印度佛学在那烂陀寺时期就有了因明、对法、戒律、中观、瑜伽五科之分，[1]但这一分科系统在玄奘之前并未完整传入汉地。从汉译佛典成立的历史可知，最先被译介到中国的是“禅数”与“般若”，戒律于法显西行后方备，俱舍、中观、瑜伽则在南北朝时逐渐演化为涅槃、成实、地论、摄论等学派，这些学派多以一经一论的方式讲学，到隋朝时寺学中出现了按照涅槃、地论、大论、讲律、禅门等设立的“众学处”，[2]但是在分科上大体还是按经、律、论三分的。而印度佛学的五科体系虽在玄奘唯识宗中得到传承，但不久后便随着唯识宗的消亡而消失了。及至近代，在官学分科设学的影响下，佛学分科观念也发生了改变。首先是教内人士不再执一经一论和门户之见，更注重对全体佛学知识的整合。他们整合佛学知识大致有两种方式：一是仿照近代日本各宗大学的宗派分科模式，如杨仁山的祇洹精舍就分十宗授学。二是借鉴印度佛学的五科分科模式，欧阳渐的支那内学院院学即分为毗昙、般若、瑜伽、涅槃、戒律五科。其次是教外人士试图在既定的大学学科下开掘佛学价值、找寻佛学定位，从而使佛学分科发生了根本性的转变。1917 年北京大学哲学系开设了印度哲学课程，一些学者认为佛学的思辨性极高，也属于印度哲学的一部分，理应列入哲学系课程。同年，周作人在北大开设了佛教文学课程。1920 年钢和泰受邀到北大哲学系教授梵文和印度佛教史，奠定了佛教文献学和佛教史学的基础。在以现代学术分科体系考察佛学之后，佛学与现代学科内容相契的部分被筛选出来，安置于

[1] 吕澂：《奘净两法师所传的五科佛学》，《现代佛学》1956 年第 1 期。
[2]《续高僧传》云：“开皇伊始，广树仁祠，有僧行处皆为立寺，……其中高第自为等级，故二十五众峙列帝城。”（道宣：《续高僧传・义解篇后论》，《大正藏》第 50 册，第 548 页上）又云：“开皇十二年，有敕令搜简三学业者，……敕城内创置五众，各使一人，晓夜教习。”（道宣：《续高僧传・法应传》，《大正藏》第 50 册，第 548 页上）

既定的学科之下，逐渐形成了佛教哲学、佛教史学、佛教文献学、佛教文学等现代分科系统。

第三，在落实佛学现代分科系统的同时，近代学人佛学论著中组织佛学知识的方式也发生了改变。方广錩教授认为“印度佛教虽然在理论上有‘菩萨藏’、‘声闻藏’的说法，但在实际上并没有形成网罗所有典籍的示范性的大藏经，而是各宗各派分别传习自己的经典”。[1] 佛教传入中国后，始有对佛学知识的系统整理，陆续出现了经录、史传、大藏经等。这些传统佛教文献中所体现的佛学知识组织方式虽不尽相同，但皆是以修道、传教为中心，所以并未打破经、律、论三分的原始结构。而在现代学术分科体系下形成的佛学新分科系统，是以科学原则重新组织佛学知识的结果。首先，根据知识性质与形态的不同，教理与教史被区别开来，当时盛行的佛学概论和佛教通史就是这一观念下的产物。其次，根据知识内涵与范围的不同，佛学知识在现代学科体系下被分类总结，如谢无量的《佛学大纲》以佛教论理学、佛教心理学、佛教伦理学来组织教理，[2] 周叔迦的《中国佛教史》从政治、经济、文化艺术等方面阐述了教史。[3] 最后，在这个过程中逐渐形成了固定的研究对象与相应的研究方法，吕澂的《佛教研究法》就分经藏、佛传、教史、教理四个部分来讨论不同的佛学研究方法。[4]

总之，在“科学”观念下，近代中国佛学不仅扩展了知识范围，还逐步建立起了现代分科系统，并在这一系统下产生了现代佛学论著。在近代中国佛学朝现代学科方向发展的同时，它也实现了自身知识体系的转变。

## 三、非科学知识往何处去：近代中国佛学知识性质的讨论

近代中国佛学的学术化、学科化，实际上是以科学原则和方法筛选、重塑传统佛学的结果。那么，在符合科学的部分佛学知识被筛选出来之后，那些非科学的部分，例如轮回、地狱、神异等说法，以及建立在信仰

[1] 方广錩：《佛教大藏经史》，中国社会科学出版社 1991 年版，第 7 页。
[2] 谢无量：《佛学大纲》，广陵书社 2008 年版。
[3] 周叔迦：《中国佛教史》，《周叔迦佛学论著全集》第一册，中华书局 2006 年版。
[4] 吕澂：《佛教研究法》，江苏广陵古籍刻印社 1991 年版。

上的修证经验和直观体悟等，该如何处理呢？在以既定学科建立新的佛学知识体系之后，佛学作为一个学科，在现代学术体系中又该如何安置呢？针对这两个问题，近代教内外学人发表了不同的见解。

关于佛学知识的性质问题，在20世纪初，僧俗两界曾就佛学与科学、哲学、宗教的关系问题展开过一系列的讨论。最先也最常提到的是佛学与科学的关系问题，从早期的新学家到太虚，再到王小徐、尤智表等，都有过“佛学是科学”的说法，但需要指出的是，科学在近代国人心目中不仅是一门学科，它还是整个西方文化的代表，所以当他们提到“佛学是科学”的时候，更多的是强调佛学与科学的相通性，或者说是强调中国文化与西方文化之间的相通性，而不是学科上的隶属。真正从学科属性上来判定佛学的，是对佛学与哲学、宗教关系问题的探究。章太炎认为佛教信仰不能成为我们判定其学科归属的唯一标准，从佛法的“理论极成”与“圣智内证”上来说，佛学应是“哲学之实证者”而非宗教。[1]熊十力等新儒家也力主佛学的哲学化。主张佛学是宗教的，有两种立场：一种是以佛学为迷信而提倡清除的，如陈独秀就认为佛学中的“阿弥陀佛”等都是无用的骗人的偶像，应该破坏掉；[2]另一种是站在现代学术立场对佛教进行科学研究的，如汤用彤的佛教史研究。相对于教外人士以既定的学科来归置佛学，教内人士更倾向于保持佛学的完整性，其中也有两种倾向。欧阳竟无从宗教的神灵、圣经、戒约、信仰四个方面证明了佛法的非宗教性，又从哲学的真理、知识、宇宙三个方面证明了佛法的非哲学性，从而提出“佛法非宗教非哲学”的观点，[3]倾向于突出佛学的独立性。太虚则认为佛教在本质、特征、作用等因素上与宗教是相符的，但佛教并没有一般宗教的鬼神崇拜，可见宗教也是有不同的等级，大乘佛教作为“正觉教”是最高的宗教；[4]同时佛学在探究“宇宙真相本体”及其思辨方式上与哲学也十

[1] 章太炎：《佛学演讲》，章念驰编《章太炎全集》(演讲集上)，上海人民出版社2015年版，第147—159页。原题为《论佛法与宗教、哲学以及现实之关系》，《中国哲学》第6辑，三联书店1981年版。
[2] 陈独秀：《偶像破坏论》，《新青年》1918年第2期。
[3] 欧阳竟无：《佛法非宗教非哲学而为今时所必须》，《欧阳竟无内外学》，商务印书馆2015年版，第572—585页。
[4] 太虚：《我之宗教观》，《太虚大师全书》(电子版)，中华佛典宝库2008年制。

分相近，但佛学“从觉化迷”“反观自心”的方式比哲学要高明，所以佛学的“真如”说也比一般哲学的一元、多元、无元说更接近宇宙人生之真相，因此太虚提出“佛法亦宗教亦哲学”的观点，[1]强调佛学的包容性与超越性。

那么佛学知识的性质问题为什么会纠缠在科学、哲学、宗教之间呢？首先，在“科学”一词传译之初，就包含了孔德的“科学分类”观念，他按照实证阶段的次序来排列各种学科，将社会学、哲学等也归入了“科学”的范畴，所以“哲学”一词虽然与“科学”同时传入，但是在中国早期的学科界定中，哲学是属于科学（社会科学）范畴的，这也是为什么晚清学人先以科学而非哲学来比附佛学的原因之一。其次，随着西学东渐的深化，近代中国学人对西方各学科内涵及外延的认识逐渐清晰，对科学的理解慢慢回归到自然科学的畛域，对哲学的理解也更细致，佛学与哲学在思维方式上的共通性越来越为人们所重视，于是有了“佛学是哲学”的说法。最后，佛学是宗教，本是无可争议之事，但在“科学”日益演化为“主义”的近代中国，宗教一度被视为迷信，与此同时，在中西政治文化冲激下，国人对基督教等外来宗教极其反感，于是在全国范围内掀起了一股反宗教思潮。一些以佛学为中国文化代表者和以佛学为信仰者，不得不起而为佛学辩护。适时，麦克斯 · 缪勒（Max Mueller）所创立的现代“宗教学”（Science of Religion）理论虽已经由其学生南条文雄与杨文会的交往传播到中国，却未被系统翻译，因此并不被广泛知晓，这点从欧阳竟无与太虚对宗教的模糊论述中即可知，[2]所以他们只能选择一种模棱两可的方式来为佛学辩护，而这一问题直到汤用彤等旅外学人回国后才逐渐消歇。

在佛教知识性质及学科归属问题上，教外学者基于学术立场在意的是佛学如何能进入现代学术体系，教内僧人、居士基于信仰立场则极力维护佛学的完整性与教化功能，但在近代中国以科学为主导价值的时代环境下，对传统佛学进行祛魅，即对佛学中的非科学知识进行理性研究，是二

---

[1] 太虚：《佛法与哲学》，《太虚大师全书》（电子版），中华佛典宝库 2008 年制。
[2] 圣凯：《“佛法非宗教非哲学”之辨》，《法源》（中国佛学院学报）总第 19 期，2001 年，第 312 页。

者的共同目标。主要体现在这样几个方面：一是与佛教相关的各种宗教活动被当作历史文化现象来研究。其中不属于佛教的部分得到了澄清，如谈玄就指出烧纸钱、烧锡箔等行为，皆为中国民族之习惯，与佛教毫不相关；[1]属于佛教的部分则得到了历史性的说明，如谈玄、周叔迦、林子青等就曾对浴佛、水陆法会、忏法、盂兰盆会、焰口等仪轨的经典依据和历史流变进行过研究。[2]二是传统佛教史书中有关神异现象的描述被剔除。《高僧传》设有“神异”一类，用大量笔墨来描述一些高僧的异能，如佛图澄就“善诵神咒，能役使鬼物”，[3]但在汤用彤的叙述中，佛图澄的异能以“据《高僧传》所载”的形式一笔带过，而他在政治及教育上的贡献则被凸显出来；[4]又在论及菩提达摩时，周叔迦明确指出“一苇渡江、面壁九年、只履西归等传说，都是后人附会之谈”。[5]三是以理性、科学的态度和方法对轮回、禅定等理论作重新解释。关于“轮回”，周叔迦从物质与心灵的能力不灭来说明了人的生死是相续的演变而无穷止的；[6]关于“禅定”，蒋维乔从心理、生理两个方面来证明了静坐法的科学性。[7]四是将佛教信仰的教化功能导向人生和社会。太虚一生都致力于倡导人生佛教、人间佛教，他指出佛陀的本怀就是服务人生和社会，所以从现实意义上说，佛陀可视作“为人类完成自由本性之导师”，[8]菩萨则可视作“改良社会的道德家”。[9]这一理念由后学们继续推广，并一直延续到了今天。

---

[1] 谈玄：《烧纸钱考》，《海潮音》1940 年第 8 期，载黄夏年编《民国佛教期刊文献集成》第 200 卷，中国书店 2008 年版，第 153 页。
[2] 谈玄：《瑜伽焰口考》，《海潮音》1940 年第 10 期，载黄夏年编《民国佛教期刊文献集成》第 200 卷，中国书店 2008 年版，第 205 页。周叔迦的《盂兰盆会》《焰口》，林子青的《浴佛》《水陆法会》《忏法》等文，参见中国佛教协会编《中国佛教》第二辑，东方出版中心 1981 年版，第 370—397 页。
[3] [梁] 慧皎：《高僧传 · 竺佛图澄》，《大正藏》第 50 卷，第 383 页中。
[4] 汤用彤：《汉魏两晋南北朝佛教史》，上海人民出版社 2015 年版，第 135 页。
[5] 周叔迦：《中国佛教史》，《周叔迦佛学论著全集》第一册，中华书局 2006 年版，第 151 页。
[6] 周叔迦：《轮回与因果》，《周叔迦佛学论著全集》第三册，中华书局 2006 年版，第 1221—1223 页。
[7] 蒋维乔：《因是子静坐法》，新世界出版社 2016 年版。
[8] 太虚：《自由史观》，《太虚大师全书》（电子版），中华佛典宝库 2008 年制。
[9] 太虚：《怎样来建设人间佛教》，《太虚大师全书》（电子版），中华佛典宝库 2008 年制。

由上述可知，所谓传统佛学中的非科学知识其实包含着两种内容，一种确是迷信、附会，另一种则是基于信仰所产生的知识。对于前者，自当澄清；对于后者，却值得分说一番。一般人视宗教为信仰，视科学为理性。但早在章太炎时就已洞悉了信仰的“普遍性”，[1]从本质上说，信仰是追求最高价值的信念，当人们以理性为科学、以科学为“主义”时，理性和科学本身就变成了一种信仰。理性与信仰的矛盾之处，其实在于信仰对“神圣事物”及仪轨、信条的无条件盲目信奉。所以近代中国教内外人士对非科学知识的转化并不意味着信仰的消解，而是以理性的方式对信仰进行验证。但需要指出的是，这种对信仰的理性验证，教内外仍有着不可消除的差异，教内人士坚持信仰的先验性，欧阳竟无就指出：“一切佛法研究，皆是结论后之研究，非研究而得结论”，[2]教外人士则与之相反。这种差异正是今日教界与学界佛学分殊之所在。

## 结 语

我们不得不承认，在“科学”观念下，佛学的知识意义才得以彰显。“科学”观念中所蕴含的理性、实证、系统等原则，无不影响着近代中国佛学的知识形态，使其呈现出入世化、学术化、学科化等特征，传统中国佛学中趋于分离的知识系统与终极关怀也由此得到了整合，呈现出新的面貌。而“科学”观念对近代中国佛学产生影响的过程也证明了，一种新观念要真正融入中国文化系统，不仅需要通过思想层面的融通来实现，更需要通过知识与制度层面的融通来实现。

[1] 章太炎说：“假如说有所信仰，就称宗教，那么各种学问，除了怀疑论以外，没有一项不是宗教。”[章太炎：《佛学演讲》，章念驰编《章太炎全集》(演讲集上)，上海人民出版社 2015 年版，第 147 页]

[2] 欧阳竟无：《今日之佛法研究》，《欧阳竟无内外学》，商务印书馆 2015 年版，第 600 页。

# The Transformation of Buddhism in Modern China in the Perspective of the Knowledge History
## ——Centenrning on the Idea of 'Science'

Yi Zhongya

**Abstract:** Under the influence of the idea of 'science', the knowledge significance of modern Buddhism was highlighted. The knowledge of Buddhism has transformed on the knowledge domain, knowledge system and knowledge nature, showing a new look. While modern Chinese scholars responded to western science with Buddhism, Buddhism moved towards public space and realized the changes in domain of Buddhism. After transforming Buddhism with science, Buddhism completed the construction of academisation and disciplinization, , and established a new knowledge system. With the academisation and disciplinization of Buddhism, the nature of Buddhist knowledge has aroused the controversy among monks, lay Buddhist and scholars. Monks and lay Buddhist insisted on the transcendentality of religious belief while scholars doubt on the transcendentality of religious belief. So they divided two factions. The process of the influence of the idea of 'science' on Buddhism in modern China also proves that a new concept want to be integrated into the Chinese cultural system, not only through the integration of ideology, but also through the integration of knowledge and system.

**Keywords:** the transformation of Buddhism in modern China; the history of knowledge; the idea of 'science'

# 霍布斯研究专题

## 霍布斯的伦理学说

A. E. 泰勒 / 文　毛兴贵 / 译 *

**摘要：** 霍布斯面前有两个不同的问题。一个问题是，我为什么**应该**像一个好公民那样行为；另一个问题是，可以给我何种诱因以促使我这样去做。霍布斯对这两个问题给出的是非常不同的回答。霍布斯的伦理学说准确地说是与一种利己主义心理学脱节的，而且它与这种心理学没有任何逻辑上必然的联系。他的伦理学说准确地说是一种非常严格的道义论。传统的解释面临一些无法克服的困难。霍布斯始终把自然法的条款说成是指令，这种措辞意味着它们具有命令特征。对自然法的义务不是由主权者所创立的。主权者和其臣民一样受制于一种严格的道德义务法则。"自然法"是上帝的命令，之所以必须遵守，**因为**它是上帝的命令。

**关键词：** 霍布斯；自然法；义务；主权者；命令

### 一、传统解释

在我们伟大的英国哲学家当中，霍布斯在很多方面都是最有趣的一个。对于他的道德学说，我认为，人们通常是从一个错误的视角来看待的，这个视角已经严重地遮蔽了它真正具有的吸引力。毫无疑问，这在很

---

* 本文原题为 The Ethical Doctrine of Hobbes, 发表于 *Philosophy*, vol. 13, No. 52 ( Oct.,1938 ), pp. 406–424，后来收录于 *Hobbes Studies*, ed. K. C. Brown ( Oxford: Basil Blackwell, 1965 )。本文第一部分的番号及本文所有小标题均为译者所加。基金项目：本译文系译者主持的国家社科基金项目"霍布斯政治哲学著作翻译与研究"( 18BZX090 ) 的阶段性成果。
作者简介：A. E. 泰勒 ( 1869—1945 )，曾任教于牛津大学与爱丁堡大学等，代表作有《柏拉图：生平及其著作》《苏格拉底》《霍布斯》等。
译者简介：毛兴贵，西南大学哲学系教授，西南大学西方马克思主义研究所研究员，主要研究西方政治哲学与道德哲学。

大程度上是由于大多数现代读者研究霍布斯的伦理学时都局限于《利维坦》，这是一本充满修辞的书，而且从很多方面来看，这都是一篇非常大众化的“论战檄文”，出版于一场革命的高潮时期，这场革命在当时被看作一场持久的革命。他们没有像关注《利维坦》一样去关注《法的原理》或《论公民》。这两本书对同样的学说进行了更为冷静的陈述，其中《法的原理》在内战爆发前就在流传，而《论公民》（除了1646年第二版附加的解释性注释以外）则创作于人们认为冲突问题已经由“刀剑”来决定之前。为了纠正因只关注《利维坦》而产生的误解，我在本文中援引霍布斯时几乎完全引用《论公民》，不过为了方便起见，我要使用这本书的英文版，即《关于政府与社会的哲学原理》（*Philosophical Rudiments concerning Government and Society*），这个版本出版于1651年，重印于莫斯沃斯（Molesworth）编的《霍布斯英文著作集》第二卷。（我曾提到过这一卷中的一些错误，尤其是，这个版本第245页第16章第16节由于漏掉了原文的一整行，结果完全把霍布斯的意思搞反了。[1]不过除了这些错误以外，就我的目的而言，这个译本已经足够地忠实于原文了。）

我认为，我们可以这样来概括《利维坦》的普通读者所持有的印象而不失公允。（我假定读者真的读过霍布斯的原文，而不仅仅是被这本书的克拉伦登版那篇古怪前言所提出的**恶意**解释带着跑。）**一个好人应该做什么？**答案很简单：他应该服从政治“主权者”，而不能提出任何疑问或制造任何麻烦。至于为什么他应该这样做，理由同样很简单。我们可以表明（就算不是证明，也具有很大的可能性），他本人不这样做就会吃亏，而每个人的欲望的对象“始终是对自己而言的某种好东西”。防止无政府状态的悲惨状况符合我的个人利益；违反任何具体的市民法（civil law）都是在促成无政府状态的重现；因此遵守法律总是符合我的利益。说这符合我

[1] 在这句话的拉丁版原文中，霍布斯说，牧师只有做上帝命令他们去做的事情才是正确的，而国王则不然，每个人对自己拥有的权力，国王对所有人都拥有而不失为正确。在这里，正如我们所料，霍布斯试图证明最高权力——无论是精神权力还是世俗权力——在犹太人的君主制时期都掌握在国王手里。在Molesworth版中，这句话被搞成了一个破坏了霍布斯本意的说法：“对于任何事情，只要每个人对自己做是正确的，牧师对每个人做也就是正确的。”

的利益相当于说这是我的义务；事实上，我的义务就意味着我在冷静状态下所理解的个人利益。人们之所以认为，我们应该普遍承认这是对霍布斯道德学说的准确解释，在一定程度上是有历史原因的。当巴特勒（Butler）着手揭示关于人类行动的“自私”心理学的谬误时，他在霍布斯对“激情”的分析中找到很多极好的例子，他对这些谬误进行了如此彻底的驳斥，以至于可能使得一种观念从他那个时代一直流传至今，即霍布斯的思想中除了这种“自私心理学”以外，什么也没有。其实巴特勒本人非常小心，绝不去提出这种指责。在一定程度上我还认为，霍布斯本人尽管是无意的，但也必须为此负责。《利维坦》是霍布斯最好读也最有趣的著作，它写于革命与动荡不安的时代，试图以说服的方式来终止无益的内乱。就其直接目的而言，作为一部规劝人们选择和平之作，作者尽其所能以最有说服力的方式提出，和平才是其同胞的真正利益，这是正确而恰当的。因此毫不奇怪，这种观点在他这本书中如此突出，以至于给人一种印象：这真的就是他所提出的所有或几乎所有的观点。

然而这并不是霍布斯全部或几乎全部的观点。霍布斯面前其实有两个不同的问题。一个问题是，我为什么**应该**像一个好公民那样行为；另一个问题是，如果我知道自己有义务像一个好公民那样行为，但这种知晓并不足以有效地推动我这样去做，那么可以给我何种诱因以促使我这样去做。根据霍布斯不断重复的说法，有一个心理学事实是确定无疑的：如果我相信，通过违法并破坏和平，我肯定有利可图，我就会这样去做。[1] 因此，他必须主张我这样做绝不会真的有利可图，因为重回“人人相互为战”的状态对我来说是一个不利因素，这个不利因素是任何补偿性的好处都无法

[1] 因此，“不言自明的是，人们的行为出于意志，意志出于希望和畏惧。当他们发现违背法律比遵守法律有可能给自己带来的好处更大或害处更小时，他们就会故意违反法律”。Hobbes, *De Cive*, V, 1。（中译本见霍布斯：《论公民》，冯克利译，贵州人民出版社 2003 年版，第 53 页。本文的引文翻译参照了中译本并略有改动，下文不再说明。——译者注）这样，霍布斯继续主张，因为惩罚不够严厉从而使得臣民违法，其过错不在臣民而在主权者。“因此，如果立法者加在某种罪行上的惩罚太轻了，不足以使我们的畏惧压倒我们的贪欲，那么过多的贪欲压倒了对惩罚的畏惧——正是这样，人才犯下罪行——就应该归咎于立法者，也就是归咎于主权者。” Hobbes, *De Cive*, XIII, 16。

抵消的。但是对于另一个问题，即为什么我应该或有义务成为一个好公民，霍布斯的回答截然不同。这很明显是因为，我已经通过明示或默示的方式用我的言辞承诺了要当一个好公民，违背我的诺言或者拒绝“履行我已经订立的信约”，这是一种不正当（iniquity），本身就不对。[1] 霍布斯的伦理学说准确地说是与一种利己主义心理学脱节的，而且它与这种心理学没有任何逻辑上必然的联系。他的伦理学说准确地说是一种非常严格的道义论，很奇怪的是，它让我们联想到康德所特有的一些命题，尽管也与这些命题有一些有趣的差异。

这一点在《论公民》中的一段话里尤其突出（第 3 章第 5 节），霍布斯在那里解释了行为的正义与人的正义之间的区别。一个正义的**行为**是“与正确相一致的行为”，但是一个做出与正确相一致的行为的人并非本身就是一个正义的**人**。

> 当这些词语用于人时，**正义的**人指乐于做出正义行为的人，他要搞清楚如何做正确的行为，或者尽力在所有事情上都做正义的行为；而**不正义的**人则忽视正确的行为，或者认为正义与否不取决于我的契约，而取决于某种眼下利益。……如果一个人做正义的事是因为法律这样命令，做不正义的事则仅仅是由于自己体弱，那么他就被看作正义的人；一个人做正确的事是因为害怕法律的惩罚，做不正确的事是

[1] 当霍布斯严格地表述时，他区分了不正义（injustice）与不正当（iniquity），不过他并没有始终小心谨慎地坚持这一区分（我认为，他在《论公民》中没有像在《利维坦》中那么小心谨慎地坚持这一区分）。在最严格的意义上，不正义唯有在“政治”状态下才有可能，因为根据定义，不正义就是无视合法的主权者的命令。不正当可以存在于“自然状态”，或者存在于主权者的行为中，主权者由于不受制于他自己的命令，因而严格说来不可能犯下不正义。不正当就是指违背“自然法”，根据霍布斯不断重复的解释，“自然法”又是道德法则。但是由于我服从主权者的义务建立在一个假定的基础之上，即通过生活在其保护之下，我就已经以明示或默示的方式与我所有的邻居“订立信约”，要承认他的命令是生活的规则，因而遵守“信约”的义务先于政治社会的建立，“不正义”之所以是一种道德上的错行，是因为所有的不正义也是不正当，从而也违背了道德法则，但并非所有不正当都是“不正义”。即便在“自然状态”——根据《利维坦》的说法，“自然状态”的一个“结果”就是，没有任何行为是正义或不正义的——肆意违背诺言也是不正当的。（确实，根据霍布斯的心理学，一个人不可避免地会去追求他认为符合自己最大好处的东西，因此，真正肆意违背诺言的行为绝不会发生。违背诺言者总是在基于一个“符合情理的”动机而行动，即希望通过违背诺言而不是遵守诺言来获得更多好处。）

> 因为他内心邪恶，那么就可以恰当地说他是不正义的人。[1]

这恰恰就是康德在仅仅符合法则（law）[2]的行为和出于法则的行为之间所作的区分。不过他们之间也有一个典型的差异，即霍布斯试图把有德之人作为行为依据的法则归结为一条单一的法则，即以恰当的方式许下的诺言必须遵守。而且霍布斯也面临曾经被用来针对康德（无论是否公允）的那条反驳，即一种不意欲任何东西而只意欲符合法则（因为它是法则）的“善良意志”是形式化的、空洞的。

确实，霍布斯实际上走得很远，他试图将所有真正错误的意志都归结为一种非理性的做法，即同时意欲相互矛盾的双方，就此而言，他甚至是康德的先驱。这样，我们就可以读到（霍布斯在其他地方阐述其理论时同样用了这个论证）：

> 日常生活中我们所谓的**侵害**（injury）与经院学派通常所谓的悖谬（absurd）有点类似。如果一个人在论辩中不得不否认自己起初所坚持的主张，他就被说成是走向了悖谬。同样，如果一个人因为心灵软弱而做了他之前通过契约承诺了不做的事情，或没做他之前通过契约承诺了要做的事情，他就是在侵害，所陷入的矛盾并不比在经院学派看来犯下悖谬错误的那个人更少。因为通过就未来某种行为立约，就表明他意欲那样做；而如果他不那样做，就表明他意欲不那样做。这就意味着意欲做一件事的同时又意欲不做那件事，这就是一种矛盾。因此，侵害是一种交往中的悖谬，恰如悖谬是一种辩论中的侵害。[3]

“所有违背信约的行为都涉及一种严格意义上的矛盾，因为订立信约的人意欲在将来做或不做某事。一个人做出的任何行为都是他当下所意欲

[1] 参阅 Hobbes, *De Cive*, IV, 21。“即便一个人所有的行为从外在来看都严格地服从了法律的命令，但他不是因为法律本身的缘故而这样做，而是由于法律的惩罚，或者出于虚荣心，那么他也是不正义的。”
[2] 本文提到的 law 既可以指 moral law 或 natural law，也可以指 civil law，译者根据语境不同分别将它译为“法”“法则”或“法律”。——译者注
[3] Hobbes, *De Cive*, III, 3.

的，而当下是信约所包含的‘将来’的一部分；因此，违背信约的人在同一时间对于同一件事情既意欲做又意欲不做，这是一种显而易见的矛盾。因此，侵害是一种交往中的悖谬，恰如悖谬是一种辩论中的侵害。”

这里的思想说到底与康德的观点并无二致。差异只在于，第一，霍布斯基于自己的理由而把所有“侵害”归结为违背明确的或隐含的承诺；第二，他并不像康德那样，把“一条准则的可普遍化”作为其没有矛盾的标准。不过真正重要的是，霍布斯赞成康德，他也认为道德法则是一种“命令”( imperative )，并主张道德法则是“正确理性”的法则。

霍布斯承认自然法——它也是道德法则——具有命令性，但一个草率的读者看不到这一点，因为他们只看到，霍布斯多次把自然法的内容说成是由我们的理性所发现的“定理”，就像数学定理一样，他甚至还进一步说，这些定理唯有在政治社会才会变成严格意义上的**法**。

这样，

> 我们称之为自然法的那些东西就不是准确意义上的法，因为它们源于自然。它们只不过是理性在什么事情该做什么事情不该做的问题上所得出的一些结论；至于法，恰当而准确地说，它是有权利命令别人做或不做某事的人的言辞。不过，由于自然法是上帝在《圣经》里所宣布的……称之为法也是非常恰当的。[1]

霍布斯还说：

> 理性发出的这些指令（dictates）人们习惯称之为法，但这种说法并不恰当，因为它们只不过是在何种行为有助于自我保存与防卫问题上的一些结论或定理。恰当地说，法是指有权利命令他人的人所说的话。不过，如果我们把这些定理看作是以上帝——上帝有权利命令一切——的话来宣布的，那么称之为法也是恰当的。[2]

因此，在《法的原理》中，“自然法的诫条”仅仅被说成是“这样一

[1] Hobbes, *De Cive*, III, 33.
[2] Hobbes, *Leviathan, ch.* XV.（中译本见霍布斯：《利维坦》，黎思复、黎廷弼译，商务印书馆 1996 年版，第 122 页。——译者注）

些诫条，它们告诉我们在可以实现和平时如何实现和平，在不能实现和平时如何自我防卫”，[1] 这里根本没有提到自然法的命令特征。不过在这本书中，我们后来又读到，它们“也是万能的上帝所颁布的神法”。[2] 一开始，我们可能倾向于认为这些说法的意思是，“自然法”本身仅仅是一些建议，它们向我们指出通常情况下最有助于和平生活的手段，而它们作为严格意义上的法所具有的命令特征完全是间接获得的；唯有当主权者赋予自然法以命令特征并以惩罚性的“制裁”来强化这一特征时，自然法的命令特征才在政治社会中出现。因此，在一个对违背契约加以惩罚的政治社会之外，“人应该履行其信约”这条“法”仅仅意指这样一个命题，即在大多数情况下，也许在所有情况下，一个人会发现遵守诺言要比违背诺言更划算。在政治社会，就法律所考虑的契约而言，这一事实陈述被主权者转换为一条命令，他使得违背信约的行为可以在他的法庭里被起诉，从而把“你应当”引入到了这个事实陈述中去。我认为，霍布斯的大多数读者通常就是这样来理解他的。

但是在我看来，这种解释面临一些无法克服的困难。

## 二、作为命令的自然法与义务

要注意的是，从一开始，甚至当霍布斯在谈论他想象的“自然状态”下的情况时，他始终把自然法的条款说成是指令，而从来没有说成是建议，这种措辞意味着它们具有命令特征。（很多欧洲国家的居民今天正在以惨痛的代价发现，“指令”是某种与建议非常不同的东西。）因此，霍布斯谈到自然法时也经常说，它是一种“定理”，该定理**禁止**某些行为，而且霍布斯在表述自然法时也使用的是命令或半命令性的语言。这样，自然法在《论公民》中被界定为“正确理性的指令，正确的理性熟知，为了持续的自我保存，要做什么事情而不要做什么事情”。[3] 在《利维坦》中，霍

[1] Hobbes, *Elements of Law*, XV, 2.
[2] Hobbes, *Elements of Law*, XVIII, 1.
[3] Hobbes, *De Cive*, II, 1.

布斯说："一条自然法就是由理性所发现的一种诫条或一般性规则，它禁止一个人去做会损毁自己生命的事情，或者会剥夺保存自己生命的手段的事情；也禁止他不去做他认为最有利于保存生命的事情。"一条"基本的自然法""命令人们力求和平"。[1]这样，自然法的命令特征就与它不可分离。即便在"自然状态"下，"基本的自然法"也不是"人应该尽可能活着，而不愿意放弃生命"，而是"我**要**去做在我看来能保存我生命的事情，**不要**去做我认为会危及生命的事情"。（自杀看来完全被排除了，即便身处"自然状态"下所有的痛苦当中也不能自杀。）

霍布斯在谈论自然法时始终认为，对自然法的**义务**不是在主权者发布以威胁或惩罚为后盾的命令时由主权者所创立的。这一点与承认自然法的命令性完全相符。服从自然法的道德义务先于立法者与政治社会的存在；甚至在"自然状态"下，自然法也"在内心"约束着我们，尽管霍布斯又小心地补充说，"就外在而言"，它并不**总是**如此。这并非仅仅是无意义的文字游戏。霍布斯原本可以把自己的意思表达得更加清楚明确的，可惜他对下述观点强调得不够：那条基本的自然法与道德法则在他看来是一条关于**相互性**（reciprocal）义务的法则，也就是说，它命令的是，与别人和平相处，只要别人也愿意与我和平相处的话。用霍布斯的话说："**在可以求得和平的地方**就要寻求和平"，"每个人**只要**有获得和平的希望，都应该力求和平"。毕竟，霍布斯那个附加说明——即"自然法在内心约束着我们……但是就外在而言，就是说，把它们付诸行动时，则并非总是如此"——仅仅旨在提醒我们，这些法则创设的义务具有相互性，在没有共同权力作为保护者而行动的地方，一个人不得不自行判断当他想要与我和平相处时我是否也有同样的想法。这个附加说明还有一个更完整的含义，霍布斯的批评者并没有总是公允地将这一点记在心里。尽管市民法（civil law）只能被公开的言辞或行动所违反，但一个不恰当的想法或目的就会违背道德法则。

[1] Hobbes, *Leviathan, ch*, XIV.（中译本见霍布斯：《利维坦》，黎思复、黎廷弼译，商务印书馆1996年版，第97、98页。——译者注）

> 任何在内心有约束力的法则，不仅可能被一个与之相悖的事实违反，也可能被一个与之相符的事实违反，比如，如果人们的行为虽然事实上符合这种法则，但在行动时他们却认为并不符合，那么这种行为也违反了这种法则。因为在这种情况下，尽管行为符合法则，但行为者的目的违背了法则，当义务是就内心而言的义务时，这就是在违背法则。[1]
>
> 约束良心的法则既可能被一种与之相悖的行为违反，也可能被一种与之相符的行为违反。如果一个人在做出一种符合这种法则的行为时认为这种行为并不符合法则，这个行为实际上也违反了法则。因为尽管这个行为本身符合法则，但他的良心是违背法则的。[2]

因此，当霍布斯提出下述主张时他完全是前后一致的：自然法（不同于市民法）是

> **不变且永恒的**，它们（“即自然法”）所禁止的绝不会成为合法的（lawful），它们所命令的也绝不会成为不合法的。因为，骄傲、忘恩负义、违约（或侵害）、残忍和侮辱，当被作为心灵的倾向时，也就是说，当我们在良心的法庭——在那里，唯有它们有约束力，也唯有它们是法——面前考虑它们时，它们绝不会是合法的，相反的德性也绝不会是不合法的。[3]

最后这段话的意思只不过是说，一个外在的行为本来展现了骄傲或者违背了契约从而违反了道德法则，而在特定的地点与时间，根据市民法的规定，这个行为也可能被定性为另一种行为。这样，一个普通人要求别人尊敬，这是一种骄傲；而一个大使或法官因为要维护其主权者及其法庭的尊严而这样做，就是一种恰当的做法，这与个人十足谦逊并不矛盾。如果法庭已经宣布一项契约非法并禁止我履约，那么不再履约并不表明我是一

---

[1] Hobbes, *Leviathan, ch,* XV.（中译本见霍布斯：《利维坦》，黎思复、黎廷弼译，商务印书馆 1996 年版，第 121 页。——译者注）
[2] Hobbes, *De Cive*, III，28, 7.
[3] Hobbes, *De Cive*, III，29.

个不遵守诺言和不讲信用的人，而是证明我是一个好公民。作为朋友指定的遗嘱执行人，不交付法律已经宣布为非法的遗产，这就是我的义务。诸如此类。

要想完全公正地对待霍布斯，我们还必须记住，政治状态下的个人除了通过服从市民法的所有命令与禁令来“遵守他的信约”以外，还有其他义务。有大量的行为“主权者”没有下达任何具体的命令，霍布斯认为，在这些领域，我受自然法的约束有义务表现出“正当”(equity)。而对于正当，他用传统箴言“己所不欲，勿施于人”来总结。“正义”并不是一个公民的全部义务，而且很自然的是，鉴于查理一世的统治以及整个国家在政治上混乱无序，在霍布斯眼里，服从一个既定权威就非常重要，以至于这成为了他最关心的问题。我们很容易忘记一点：他还教导说，我们有一种“永恒的义务”践行正当，它要求我们怜悯、仁慈、感恩，而且我们有“永恒的义务”因为自然法要求正当便去践行正当。

由于霍布斯从一条作为“理性指令”的“自然法”推出所有的义务，包括以严格服从主权者的方式来尊重我的“信约”的义务，他确实可以避免卡德沃斯(Cudworth)的一条指责。卡德沃斯说，霍布斯使得，“单凭意志”就可以创立道德区分。确实，根据霍布斯的观点，有一种区分是主权者“单凭意志”就可以创立的，即**正义**与**不正义**之间的区分。根据定义，**不正义**意指市民法所禁止的，而**正义**意指市民法所允许的。但是主权者**并不能**以这种方式创立**正当**与**不正当**之间的区分，这种区分之前就存在，而且更为重要。如果我们承诺过要服从主权者，那么拒绝服从就是不正当的，这也不取决于主权者的意志。在阐述主权者确实创立了正义与不正义之间的区分这个观点时，霍布斯已经对它有很大程度的削弱，以至于它那些看上去让人不安之处大多数都消失了。这样我们便知道，主权者并没有创立遵守“信约”的义务；他无非是规定履行某些“信约”是非法的，并规定究竟以何种形式表示自己的意图会被他的法庭看作是在订立契约。这样，我们被告知，并不是他规定通奸不对，在此之前，通奸根据

“自然法”就不对；他只是判定“何种性行为”要被看作通奸。[1] 我认为这意味着，在任何情况下，我们可以不考虑任何市民法的权威而规定，与一个开化共同体的存续不相容的任何性关系都是不对的，应该禁止。但是如果我自己擅自认定何种性关系与开化共同体不相容，那我就太看重自己了。如果我是一个忠诚的公民，我应该认为这要由市民法来为我确定。当然，法律也可能犯错误，正如霍布斯本人所说，一个君主也可能会发动不正当的战争。但是在提到这一点时霍布斯指出，战争的不正当不是臣民之过，臣民只是受命拿起武器上战场，作为一个好臣民，他的任务就是服从自己主权者的命令，他已经“订立了信约”要忠诚于主权者，因此，如果他不想违背“信约”应得遵守这条自然法的命令，就必须服从。这样，他也就尽到了自己的良心。如果命令本身不正当，这种不正当只关系到发出命令的主权者，而他在霍布斯看来必须在上帝面前对此作出解释。如果臣民自认为其合法主权者向他发出的命令不正当，从而违背了自己订立的“信约”，没有服从他的合法主权者，那么抗命之不正当就落在了他本人头上。当然，这恰恰就是一个为人熟知的说法：“他们的职责不在于追问为什么，而在于奉命行事，死而后已。”对于这条原则，或许我们很少有人会像霍布斯那样不加限制地运用，但要是根本不承认这条原则，一切需要

[1] 比如，Hobbes, *De Cive*, XIV, 10.“尽管自然法禁止偷盗、通奸等行为，然而，如果市民法命令我们去占取某物，那么这种占取就不是偷盗或通奸。因为当古代斯巴达人通过某种法律允许他们的年轻人拿走别人的东西时，他们说这些东西不应该被看作别人的，而应该看作拿取者自己的，因而这样的行为不是偷盗。同样，不同性别的异教徒之间的性行为根据他们的法律也是合法的婚姻。”

协作的人类事务都将变得不再可能。[1]

然而必须记住，对主权者的这种绝对顺从在霍布斯看来并不仅仅是一条关于安全的建议，而是一种严格的道德义务；这种义务源自一旦许诺就要信守承诺这条“永恒的”自然法，它先于政治社会的创立。他的观点并不是说，在政治社会，自然法（或道德法则）被另外一种法取代了，而是说，由于他认为政治社会是由每一个成员与其他成员订立的一份“信约”所创立，他们约定把主权者的命令看作生活的规则，即便我不赞成某项具体的命令，我也受到一个“先在义务”的严格约束去服从这项命令，一旦违背了这种义务就必然是不守信用，这就像一个法官受到自己职责的约束，必须根据法律来判决，即便他个人认为现存的法律是恶法。

如果我们承认霍布斯所谓政治社会依赖于“信约”的断言，承认他对“信约”本身的特点的断言，那么服从市民法（即便我个人认为它不正当）的义务自然就作为一种一以贯之的道义论的一部分而出现了。接受他的利己主义道德心理学，这在他的思想体系中并不是逻辑上必要的。即便我们完全拒绝这种心理学，只要我们承认两个前提，首先，政治社会依赖于一份“信约”，该“信约”规定，要服从任何被立为“国法”的规则；其次，违背信约总是在违背义务，那么就可以得出他想要的结论，即只有当市民法认为可以让我自由时，我才能自由地基于何为正当问题上的个人意见来行动。

---

[1] Hobbes, *De Cive*, XII, 3. “任何人做的任何违背自己良心的事情都是一种罪恶，因为这样做的人藐视法。但是我们必须做出区分。如果我在犯下一种罪恶时我确实相信这是我的罪恶，那么这就真的是我的罪恶；但是如果我认为是另一个人的罪恶，那么有时候我做了那件事自己也没有犯下任何罪恶。因为如果一个人命令我去做一件事，而那件事又是他自己的罪恶，那么要是我做了，而命令我的那个人本来又是我的领主，那么我就没有任何罪恶。……对于那些没有注意到这一区分的人来说，只要命令他们去做的事情在他们看来是不合法的或似乎不合法，他们就必然会陷入罪恶。因为如果他们服从命令，他们就违背了自己的良心而犯下罪恶；如果他们不服从命令，他们就违背了主权者的权利而犯下罪恶。……因此，如果要由我们自己来判断善与恶，那么无论我们服从还是不服从主权者的命令，我们都会犯下罪恶。”（此处作者有误，原文出现于《论公民》第 12 章第 2 节。——译者注）显然，霍布斯会赞成把索福克勒斯笔下的安提戈涅反抗克雷翁的行为看作完全是犯罪。这种学说如果不加以限定可能会有危险，但是在 17 世纪中叶，有必要警告许多“臣民”，让他们知道，对于一个合法权威的命令，他们不能一旦认为不符合自己的个人判断就加以违抗。

## 三、主权者的义务

我们还可以从霍布斯的另一个观点得出其思想具有严格的道义论特征，那个观点对他的论证来说至关重要。根据那个观点，主权者本人虽然显而易见不可能受制于自己法庭的判决，而是事先就（用霍布斯的话说）“被授权”可以自行发布命令或禁令，但是他却和其臣民一样受制于一种严格的道德义务法则。他有义务要正当，也就是要严格服从自然法（或道德法则），这实际上意味着他在发布命令和禁令时必须始终着眼于共同体的善（因此，正如霍布斯小心作出的解释一样，他必须始终着眼于践行正义的判断、人道、怜悯以及仁慈）。霍布斯宣称的是这样一个观点，即尽管没有任何人类的法庭可以在这个问题上审理主权者的缺点，但他始终必须向上帝作出交代，而上帝对所有人都一视同仁。[1]一位《利维坦》的草率读者（尽管他总是一个草率的读者）可能以为霍布斯的主权者具有广泛的权利，却没有任何相应的义务。读一读《论公民》第 13 章就可以纠正这种印象，那一章的标题是“论统治者的义务”，我特别建议阅读一下这一章结论部分（第 15—17 节），这几节讨论的是，如果“君主”不恰当地以很多不必要的法律来限制臣民“无害的自由”，施加不恰当的惩罚从而使得法律变得可笑，实施不必要的严刑酷罚从而让法律变得可憎，纵容法官收受贿赂和礼品等腐败行为从而败坏自己的统治，他就会违背自己的义务。霍布斯一再把“君主”犯下的所有这些渎职称为**不正当与罪恶**。

霍布斯还试图把所有的**不正当**最终都归结为违背一份明确的或隐含的契约；而众所周知，他也特别强调，用来创立政治社会的原初契约的各方并不是“主权者”和“臣民”（他们只有通过契约才得以产生），而是“一群放荡不羁的人”当中的个体，他们还不是一个社会，也没有法律人格。有鉴于此，我们可以在这里发现一个困难。如果必须加以遵守的原初契约没有为未来主权者任意运用发布命令与禁令的权力设定任何条件，那么，要是他决定发布一系列非常纵容的命令，以残酷的方式执行命令，或者完

[1] 此处原文为“is no accepter of persons”，在 *Hobbes Studies* 第 45 页则为“is no excepter of persons”。——译者注

全不在意命令的执行，或者纵容法官受贿，我们又怎能说他犯有**不正当**之过呢？他从未与自己的臣民订立信约，承诺自己不会做这些事情。因此，如果他做了这些事情，他并没有违背“信约”，如果不正当与违背契约是一回事的话，他也就不可能不正当。因此，人们很自然地以为，霍布斯在谈论主权者的“义务”时，他的意思无非就是说，一个以他谴责的方式行动的主权者有可能会给自己招来不愉快的后果。不过我认为，我们一定能感觉到，霍布斯在写作《论公民》关于“统治者”义务这一章时是很真诚的，他的意思确实是，在遵守他列出的这些规则时，统治者只不过是在偿还“债务”，而霍布斯率先主张，我们不能恰当地说一个人欠自己一笔债。必须记住的是，他总是非常小心地坚持一个观点：主权者统治的时候一心一意着眼于公共善，这只不过是在履行“自然法”为他规定的**义务**。而在霍布斯的术语系统里，遵循**建议**和服从**法**有本质区别。

> **建议**是这样一种**诫条**，我服从它的理由在于**所建议之事本身**当中；但**命令**却是另外一种**诫条**，我服从的原因在于命令者的**意志**。因为说“**我意欲某事因而我命令你做某事**”是不恰当的，除非我的意志本身就构成了一条你服从的理由。当服从法的时候，我们不是因为所命令之事而服从，而是由于建议者的意志而服从，因此法不是一种**建议**，而是一种**命令**。因此，我们可以这样来定义法：**法就是人的命令，这里所谓的人既可以指一个人，也可以指法庭，其诫条本身就包含了服从的理由。**……法出自一个对建议对象拥有权力的人；而**建议**则出自对建议对象没有权力的人。遵循**法**的规定是**义务**；遵循**建议**的规定则是**自由意志**。[1]

这样，要是霍布斯的意思是，做了各种霍布斯谴责之事的主权者只是在以一种**不听劝告**的方式行动，只是在做他后来可能会后悔的事情，仅此而已，那么根据霍布斯自己的定义，他就应该把《论公民》第13章那些“诫条”叫作建议而非义务。如果可以把统治者也说成是有义务，那么他本人就必定受制于一种法，也就是说，受制于一种命令，这种命令出自

[1] Hobbes, *De Cive*, XIV, 1.

“一些人，其诫条本身就包含了服从的理由”。(在这里，我们又一次看到霍布斯先于康德而提出的观点，尽管也有差异。霍布斯的意思是说，“建议”恰恰就是康德所谓的**分析性**命令；它采取的形式是：“如果或者由于你想要那种东西，就这样做，这是实现那种东西的手段。”但是一种义务行为是服从法的行为，而且这种服从的动机仅仅在于法是法，用康德挑选得不太好的术语来说，法实际上就是一种**综合性**命令。）如果认为霍布斯并没有自相矛盾，我们就必须解释，根据他的理论，主权者为什么会犯下失信之过，以及为什么这种失信行为是在违背一种命令，这种命令是霍布斯意义上的“人”(person)的命令，“本身就包含了服从的理由”。

关于第一点，有个问题需要考虑，霍布斯本来应该强调那个问题却几乎没有这样做。在霍布斯看来，主权者产生于权利的自愿转让，在这一转让过程中，他未来的臣民把“自然状态”下原本属于自己个人权利的东西转让给了他。通过这一转让行为，我们每个人转让给主权者一种权利，即自行规定我们应该做什么不应该做什么的权利。但是这一转让的目的在于促进我们每个人的安全和舒适生活。当我们放弃自行判断如何实现安全与舒适生活的权利时，我们并没有放弃对安全与舒适生活本身的权利。这种“放弃”并不是通过以主权者为“一方”以“人民”为另一方的契约来进行的，而是通过每一个人与其他人之间的契约来进行的，其中，主权者是受益人但并不是契约的一方。尽管如此，霍布斯却非常明确地说过，要想让这一转让行为得以完成，受益人就必须**接受**所提议的权利转让行为。“权利的转让既要有转让者的意志，也要有接受者的意志，缺了任何一个，权利都无法转让。”[1] 因此，尽管霍布斯并没有就这一点说很多，但这里**确实存在**一种协议(bargain)，在政治社会建立时，主权者**确实是**协议的一方。霍布斯特别说明，他并不是你我之间那种协议的一方，根据那种协议，我们放弃了自己大多数的“自然权利”，唯有他没有放弃任何自然权利。但他是那种协议的受益人，你我所放弃的权利都转让给他了，他**接受**了这种转让，而一旦接受，我们就可以认为他理解并接受了一个条件，即要以我

[1] Hobbes, *De Cive*, II, 5.

们所有人的保存和利益为目的来运用转让给他的权力。这并不影响霍布斯最想要得出的那个结论：你我罢免主权者或向他问责的行为都不可能是正当的，因为我们已经一致赞成事先就授权主权者发布任何命令，只要他自己认为那种命令很好。我们不能因为**我们**认为他的命令无助于权利转让的目的就加以反抗，因为我们已经明确地赞成，要由**他**来判断什么事情有助于这个目的。但是这已经足以表明这里真的有一种协议，主权者通过接受主权就成为了其中的一方，根据该协议，主权者在使用臣民转让的权利时，必须真诚地相信可以促进权利转让的目的。这就足以解释，即便假定所有“不正当”都可归结为违背契约（我们很难说霍布斯完全成功地把这一假定坚持到底了），为什么仍然可以说主权者有可能“不正当”，要受制于自然法，并且负有各种沉重的义务。通过接受主权，他实际上就已经订立了契约，不能把自己的命令交给任何委员会或部长会议来评判，而且只有当他凭自己的良知认为自己的命令是为了共同的安全与幸福时才能发出命令。因此，他所犯下的不正当即便不是任何法庭可以审理的罪行，但如果有必要也可以看作是违背了那条重要的自然法：“信约一旦订立，就应该履行”，这丝毫不偏离霍布斯思想的主要观点。

## 四、自然法作为上帝的命令

还有一个进一步的问题要考虑。霍布斯告诉我们说，主权者负有义务。义务的意思是“遵循法的规定”，而法又是“人的命令，……其诫条本身就包含了服从的理由”。

如果遵守自然法是主权者的一种义务，这就意味着自然法是一种**命令**，而对于命令来说，服从的理由就在于，它是有**权利**发布命令的“人”的诫条。这是一个什么“人”呢？他的命令竟然仅仅因为是**他的**命令便对君主们也有约束力。显然不是任何一个“自然人”，因为霍布斯否认存在着一个全世界共同的君主；也不是一个由很多“自然人”构成的“法庭”，因为没有一个“法庭”有权管辖世界上那些独立的君主。要想使得霍布斯的说法相互一致，我只能认为，他的意思确实就是他通常提到的那个说法，即“自然法”是上帝的命令，之所以必须遵守，**因为**它是上帝的命令。自然法的各种条款都是“定理”，因为只要独立地作出清晰而理性的思考，就可以发现它们。但如果它们也是命令的话，那么根据霍布斯的原则，它们就属于一个意志施加给另一个意志的命令。正如霍布斯所说，没有人能够背负对自己的义务，因为他同时作为承担义务的一方与施加义务的一方，可以随意地免除自己的义务。“一个人背负对自己的义务，这是没有意义的，因为只要乐意，他就可以解除自己的义务，而一个可以这样做的人实际上已经是自由的了。”[1]“没有人能够背负义务，除非背负的是对另一个人的义务。”[2]这似乎意味着，如果我们只知道自然“正当”的规则是理性以正确的方式所发现的结论，它们就不可能是命令或法，因而遵循它们就不是**义务**。要把它们看作**法**的话，我们还必须知道它们是上帝的命令，因为霍布斯教导说，一种在内心有约束力的法，要是人们并不真的打算把它当作法来服从，其实就不会得到遵守，因此，如果我们不是因为神的命令是神的命令而服从它，我们其实也就并没有达到正当的要求。

至于我们怎么知道霍布斯文本中出现的“定理”**确实是**上帝的命令，我认为根据不同的解释有不同的回答。从我之前引自《法的原理》的那段话来看，似乎这些“定理”由于在《圣经》中被当作命令加以规定，从而获得了作为神法这一更为完整的特征。如果是这样，为了保持一致，应该补充一句：在“凭信约建立的上帝之国”之外的任何地方，它们都不是法，而仍然只是真正的“定理”，也就是说，只有对于承认了霍布斯所诉诸的《圣经》的权威的犹太教徒和基督徒来说，它们才是**法**。然而在《论公民》第 15 章第 4—5 节，我们又看到了另外一种理论。霍布斯在那里告诉我们，上帝的王国包含两个部分。“其一是**自然的部分**，在那里，他用正确理性的指令来统治；这部分是普遍王国，所有凭借人们共同的理性本质而承认了神的权力的人，都包括在这一部分当中。”“其二是**预言的部分**，在那里，他用预言来统治；这部分是**特殊王国**，因为他并没有为所有人，而只是为特别的人以及某些被他拣选的人，制定了实在法。”然后他又补

[1] Hobbes, *De Cive*, VI, 14.
[2] Hobbes, *De Cive*, XII, 4.

充说，在**自然的**王国，上帝的统治权利完全建立在他“**不可抗拒的**力量”基础之上（而在**预言的**王国，上帝凌驾于“被拣选者”的至上权威依赖于**信约**，对此，《论公民》和《利维坦》讨论宗教的章节都有详细解释）。这似乎意味着，根据这种观点，自然法是除无神论者以外的所有人的**法**（而不仅仅是正确定理的集合），当霍布斯对无神论者持下述看法时就是这样：他们不是上帝的臣民中不顺从者，而是上帝之国以外的外邦人。[1]

为了保持前后一致，我们不得不假定，就算有人不熟悉犹太教与基督教的《圣经》，也可以得知自然法是上帝的命令。我并不知道是否有办法调和许多不同的段落，也不知道如果采纳了《论公民》的观点，霍布斯怎么会认为不熟悉《圣经》的人也会发现自然法**确实是**上帝的命令。但是我认为我们必须相信，当他把自然法叫作上帝的命令时，他的意思就是他所说的那样。我们没有别的办法使得他在**义务、命令**与**法**这些概念之间的联系问题上所持的各种明确的观点相互一致。[2]霍布斯的理论要想有效，某种有神论是绝对必要的。

19世纪的人们往往提出一些理由来主张，这些有神论话语是一种不真诚的多余的话，但是我们并不会因为那些人提出了这些理由，就称赞他们的知识或智力。实际上，这些理由相当于说，霍布斯始终坚定地认为，神性是不可理解的，我们不可能对上帝有任何“观念”，他还特别指出了神人同形同性论（anthropomorphism）的危险，即认为神也有智力与意志。（根据霍布斯的观点，这里的困难在于，在我们身上，意志是一种**欲望**，“慎思中的最后一个欲望”，而且智力活动起源于“感觉”；但是显而易见，我们不可能说无限的不可抗拒的存在者也有欲望与“感觉”。）这些

[1] 在这里，我承认我发现了一个真正的困难，我无法理解霍布斯怎么能够主张，单纯的不可抗拒力量竟然能够作为一种道德义务的基础。为了保持严格的一致性，难道他不应该这样主张吗：服从自然法（自然法也是神法）的义务只涉及过去的以色列人和现在的基督徒，他们要么因为一份“信约”而成为了上帝的臣民，通过这份“信约”，他们发誓要“信仰和服从”上帝，要么由于自己的弱点而犯错后通过忏悔而成为上帝的臣民？作为全能的万物之主，也可以说上帝也是野兽的王，而我们并不能认为野兽对上帝“不可抗拒的力量”的屈服产生了任何义务。上帝也只是在这种意义上是“异教徒”的王。

[2] 原文此处用的“inherent”，疑为“coherent”之误。在文集 *Hobbes Studies* 中，此处为 coherent。——译者注

说法未必是无神论的表达，实际上它们是正统基督教经院学派很常见的说法。如果霍布斯说我们对上帝没有任何观念，那么这其实是一个很普遍的经院学派学说，即上帝的**本质**是我们今生无法获知的；尽管我们可以回答上帝是否存在这个问题，但我们不得不把上帝是什么这个问题留到一个更好的世界中去解决。根据最伟大的经院哲学家的看法，无论是意志还是智力，或者其他什么东西，都不能**毫无歧义地**用来谈论上帝以及任何一种造物。对于世界在时间上的开端所作的哲学论证是否有价值，霍布斯在《论物体》中进行了质疑，不过当他这样做时，他只不过是在重复很久以前已经由圣托马斯以更充分的理由所主张过的观点。他说，我们只能把两种谓词用于上帝，一种是否定性谓词，它否认上帝具有任何标志着有限性的特征；一种是最高级的修饰词，从这种最高级形式来看，这些修饰词表明，上帝与其造物根本没有可比性，对于其造物，我们是用这些修饰词的原级形式来表述的。不过这些话也被用来支持“无神论”的主张。当霍布斯这样说时，他有意或无意地在重复狄奥尼修斯——圣托马斯曾经以同情的立场阐释过这位作者——《论圣名》中的措辞与教义。显然，这些论证如果是有效的，就会证明包括天使博士在内的大多数经院哲学家都持一种无神论立场。因此，它们并不能证明霍布斯持一种无神论立场。另一方面，他**似乎**总是在字面上承认一个主张，即宇宙（也即物体的汇总）必定有一个原因，而且，因为根据他自己对因果性的定义，没有任何事物以自身为原因，这意味着，首先，“宇宙的原因既不是它自身”（“物体的汇总”），也不是它的任何组成部分；其次，如果像霍布斯所说的那样，除了物体以外，没有任何东西是我们能够想象的，那么尽管根据因果论证我们确实知道这种原因存在着，但我们却无法理解它。这种学说的内在一致性在我看来最好不过地证明了霍布斯是真心实意地坚持这种学说。（一方面，根据霍布斯关于原因和结果的定义，原因总是在时间上先于其结果；另一方面，他在《论物体》中又质疑了为世界在时间上的开端给出的理由的有效性。他的因果定义与他的这种质疑之间或许存在着某种不一致。[1] 但是我认为，这充其量只能证明，霍布斯到最后也没有仔细思考这个问题究竟意味着些什么。他遭到人们的嘲笑，因为他让这个问题悬而未决，直到主权者以其权威来决定为止。不过他在这里也是和圣托马斯一致的，他们都把这个问题上最后的决定权交给《圣经》的权威解释者。他们之间唯一的区别在于，在圣托马斯看来，权威解释者即教权，而教会已经作出了自己的决定；但在霍布斯那里，解释者即世俗权力，在"刀剑"没有最终确定谁是英格兰的世俗主权者之前，这种决定是不可能为人知道的。）

说上帝"不可为人理解"，这与自然法是神的命令这一命题根本不矛盾，实际上还有助于消除对这一命题的一个反驳。如果上帝是可以为人理解的，我们就可以想象到，关于上帝本质的确切知识可能会证明，我们不能把上帝的本质看作约束人的命令之源。但是如果上帝的本质高深莫测且很神秘，那么这就使得我们不可以把不能理解上帝**如何**命令我们作为一条理由，用来反对上帝确实这样命令我们这一事实，只要这一事实看上去得

---

[1] 相关的事实如下：

（1）霍布斯明确地说（在这里，他完全赞成圣托马斯），对于为什么世界应该有一个开端，我们无法给出任何好的理由。（*De Corpore*, IV, 26, 1）"因此，我不可能称赞那些自吹已经借助于取自自然事物的理由来证明了世界有一个开端的人。……那些以这种方式取消世界永恒性的人，难道没有以同样的方式取消世界创造者的永恒性吗？"（我引自1668年的拉丁文版。）

（2）根据霍布斯在这本书中对原因和结果的定义（*De Corpore*, II, 9, 3），一个完整的原因（entire cause）"是施动者的偶性（无论有多少种）与受动者的偶性的总和，当我们认为这些偶性全部出现时，我们必然认为结果同时产生了；要是缺少了任何一种偶性，我们必然认为结果没有产生"。随后我们又被告知："每当原因是完整的，结果就会同时产生。"这样，"完整的原因"（它包括了"存在于受动者当中的"必要条件）与结果就是同时出现的。（这句话的原文为：Thus the "entire cause," including the requisite conditions "is the patient," and the effect are simultaneous。在文集 *Hobbes Studies* 中，这句话为：Thus the "entire cause," including the requisite conditions "is the patient," and the effects are simultaneous。二者的差异只在于"effect"有没有加"s"。这两个版本可能都有误，"is"似乎应该为"in"。——译者注）但是，霍布斯又从"原因以及结果的产生存在于某种连续的过程当中"这个命题进行推论，而这似乎意味着"施动者"（如果不是"受动者"的话）也在时间上先于"结果"而存在。如果可以把这一原则扩展到世界产生的原因，这将意味着，世界不是永恒的。然而我认为，由于霍布斯主张哲学只关心有"渊源"的事物，因此他可以毫不矛盾地说，这一原则作为一条哲学原则一定不能用于上帝，如果世界是"永恒的"，也不能用于"世界"，因而这个问题对于哲学家来说仍然是开放的，只不过作为好臣民，我们必须默许主权者的判决，只要他认为在这个问题上发表意见是合适的。

到了充分的证实。如果一个人通过见证我们对命令性义务本身的理解，或者在“正确理性”的“定理”与《圣经》的规定之间的一致性中，找到了支持这一事实的证据，那么一个霍布斯主义者不能反驳他说，（用现代充满俚语且让人讨厌的措辞来说就是）“终极实在是非道德的（unethical）”，因此**不能**作为道德命令与禁令的来源。因为我们根本不知道“终极实在”是什么（也就是对它不具有任何“观念”），如果我们自称知道它是“非道德的”，我们就是在说一些毫无意义的话。

我个人认为（不一定正确），霍布斯的意思就是他说的那样，自然法是上帝的命令。致使他得出这种信念的，与其说是他大量援引过的《圣经》里的证据，不如说是他自己对道德义务非同寻常的深刻感受。反复研读霍布斯的著作给我留下一种印象：霍布斯从根本上说是一个很诚实的人，用莱尔德（Laird）教授的话说，是一个几乎把义务看得重过一切的人。对这样一个人来说，义务是一种神的命令这样的想法再自然不过了，不这样想几乎都不可能。而且我认为，霍布斯的宗教信仰——不去管德昆西（De Quincy）的玩笑话，因为我确实认为他明显有一种宗教信仰——和康德的一样，几乎完全体现在，把日常道德的义务看作具有超越性约束力的义务来履行。显然，在“笃信宗教”一词任何一种更深层的意义上，他并不“笃信宗教”；发自内心地崇拜上帝显然不合他的品性，而且他的理论事实上使得崇拜者及其神之间直接的个人关系变成了虚幻的东西。但是尽管如此，他的宗教信仰确实让我觉得是一种真正的信仰，和当今很多值得尊敬的人的信仰没有太大的区别，如果这些人被指责为“无神论者”，他们也会打心底里感到震惊。在我看来，如果我们适当地考虑一下 17 世纪中期流行但现在已经过时的思维方式，当霍布斯用耶稣将在巴勒斯坦重现并在世俗幸福中永远统治复兴的信徒这一“信条”来补充这种关于公民义务的宗教时，他比通常所看到的要诚挚得多。如果在当今宣扬这样一种“信条”，它几乎没有机会被当作“好的基督教”而被人接受。但是我认为，一个生活在 1640—1650 年英格兰的人，面对各种各样相互冲突、彼此敌对的流行教义，完全有可能把某种类似于此的事情最终会出现作为简单的“信仰的实质”。[1]

不过，我真正关心的不是霍布斯在这些问题上的个人意见原本应该是什么，我只是通过很随意地反对一个过于轻率的假定来作出上一段那些评论的。这个假定认为，《利维坦》当中大量关于《圣经》的解释，除了在对待神职人员时以其人之道还治其人之身这一点很新颖巧妙之外，都不值一提。其实我真正想提出的观点是，霍布斯的**伦理**理论遭到了普遍的误解和愚蠢的批评，因为人们没有充分认识到，自始至终，它都是一种**义务**学说，一种严格的道义论。诚然，查理二世很有品位，懂得享受与这个哲学家的谈话，复辟时期的白厅里也不太可能找到一个道义论者。但是霍布斯毕竟不是白厅的常客，也不属于复辟时期智囊团的成员。他是克拉伦登（Clarendon）、福克兰（Falkland）、塞尔登（Selden）的同代人，而不是罗切斯特（Rochester）、埃瑟里奇（Etherege）、维利尔斯（Villiers）的同代人。

**附：**

我在正文中没有引用霍布斯关于**义务**的一句或许是最重要的话。为了清楚明确起见，我在这里既给出拉丁文版，也给出英文版。“因此，更清楚地说，我认为，一个人因为他的契约而背负义务，就是说，他由于作出了承诺而应该履行契约；但是法律却通过强迫他而让他背负义务，就是

[1] 我本人当然不认为《利维坦》对《圣经》作出的重要解释基本上只是一种游戏。霍布斯的某些解释即便与他那个时代流行的解释背道而驰，往往也显然是合理的，而另一些解释即便在我们这个更有见识的时代看来不合理，但在17世纪的霍布斯看来似乎也是合理的。只是在少数几个地方，我认为他仅仅是在“照着愚昧人的愚妄回答他”。我们始终要记住，当霍布斯试图把“得救所必需的”信条简化到最少时，他有一个可敬且很实际的目的。在那个偏狭的年代，霍布斯想结束对思想分歧的迫害，而又不想挑战一个为人普遍接受的观点，即“让这种教义与崇拜方式得以传授与践行”是主权者的义务，只要主权者认为它们对其臣民来说“必然有助于永恒的得救”。（*De Cive*, XIII, 5）我们从他的《比希莫斯》看到，他认为，英国内战的最终原因在于，长老派牧师们热衷于在宗教问题上推行自己的所有观点，认为这些观点是“得救所必需的”。他认为，如果主权者不把任何信条看作是基本信条，而只要求大家承认耶稣是未来的弥赛亚王，而且臣民也认为，只要大家都承认耶稣是未来的弥赛亚王，遵循既定的崇拜仪式并不意味着必须在思想观念上具有一致性，那么迫害就会终止。

说，法律迫使他由于害怕法律所规定的惩罚而兑现自己的诺言。”[1]

霍布斯明确地区分了**义务**以及随后通过“惩罚性制裁”来进行的**强迫**，[2]这种区分在边沁的说法“制裁是具有约束力的权力或动机的来源”当中完全被忽视了。这样的区分立刻就能解释为什么霍布斯会主张，即便在政治社会创立之前，“自然法”就在内心约束着我们；在政治社会，在市民法没有发布指令之处，它们继续约束着我们；它们还约束着不受制于市民法的主权者本人。市民法的约束力事实上也完全来自自然法的约束力。如果我们总是要服从市民法，即便我们自己认为它不正当也要服从，那么这是因为我们已经由于自然法本身的缘故而有义务尊重我们“之前的约定”，即听命于主权者的命令。我始终确信，违背这一约定是不正当的，尽管我个人认为主权者命令我去做的事情是不正当的，但这种个人意见在霍布斯看来只是一种猜测。即便我的猜测是正确的，要对所命令的行为之不正当负责的也不是我，而是主权者。

## The Ethical Doctrine of Hobbes

A. E. Taylor, Mao Xinggui

**Abstract:** There are two distinct questions before Hobbes, the question why I ought to behave as a good citizen, and the question what inducement can be given me to do so. Hobbes's answers to these questions are quite different. Hobbes's ethical doctrine proper, disengaged from an egoistic psychology with which it has no logically necessary connection, is a very strict deontology. There are many insuperable difficulties in the way of traditional interpretation. Hobbes always describes the items of the natural law as dictates, and the very use of this language implies their imperative character. That obligation is not created by the sovereign. The sovereign is just as much under a rigid law of moral obligation as his subjects.

---

[1] Hobbes, *Philosophical Rudiments concerning Government and Society*, XIV, 2.（作者分别给出了这段话的拉丁文版和英文版，译者只翻译了英文版。——译者注）

[2] 此处原文似乎有误，将“through”误作了“though”，且多了一个“is”。——译者注

The "natural law" is the command of God, and to be obeyed because it is God's command.

**Keywords:** Hobbes; Natural Law; Obligation; Sovereign; Command

# 再论霍布斯的激情概念

唐学亮*

**摘要：**激情在霍布斯那里，是基于本能或想象，在心脏部位所产生的内在运动意向对生命运动的态度，其可被主要地分为生命激情与动物激情，物体激情与行动激情，正常激情与非正常激情。斟酌是一个认识的过程，经验与理性参与其中，大部分激情是社会化的复杂激情，包含认知属性，意志是包括激情在内的人性的整体构造决定的，理性不是激情的工具或奴隶。激情未必是洪水猛兽，自然状态作为战争状态是自然人交往结构和法权关系共同作用的结果，除此之外，激情对经验、理性亦可以起到正面的促进作用。

**关键词：**霍布斯；激情；斟酌；经验；理性

激情在西方古典政治哲学中并不占据重要位置，在柏拉图的灵魂等级中，理性处于领导，激情居于服从和辅助地位；[1]亚里士多德在灵—肉合成体的视域中，把激情更多地放在感性灵魂的范畴内进行思考，它具有被动性和不可控性，人的规定性不是来自于激情，而是来自于灵魂中具有完善性且接近纯主动的理智能力；[2]尔后，托马斯·阿奎那承继亚氏哲学，把激情置于感性灵魂的范畴，其与肉体密不可分，同样具有被动属性，而理性灵魂则具有主动性。[3]但是到了霍布斯这里，激情似乎发生了某种根本的翻转，理性或理智能力不但不再居于领导或主动地位，其似乎还变成了激

---

* 作者简介：唐学亮，哲学博士，西安交通大学法学院讲师、硕士生导师。本文系国家社科基金项目“现代法治视角下的霍布斯法律思想研究”（17XFX018）的阶段性成果。

[1]［古希腊］柏拉图：《理想国》，王扬译，华夏出版社2012年版，第161页。

[2] See Susan James, *Passion and Action: The Emotions in Seventeenth-Century Philosophy*, New York: Oxford University Press, 1997, pp. 37–46.

[3] See Ibid., pp. 60–64.

情的奴隶或工具，激情确定人生目标，理性负责侦查或实施，这已成为国际霍布斯研究界的主流观点，更是成为我国研究界的不刊之论。

然而，这种观点却是肤浅的、片面的，纵观研究文献，如果说国际霍布斯学界的错误是建立在误读霍布斯的基础上的话，那么，国内学界的错误更多的则是建立在对施特劳斯以讹传讹的研究的基础之上。施特劳斯认为，霍布斯的新的政治科学奠定在一种新的道德态度的基础上，而这种新的道德态度在施氏看来主要就是一种新的激情观，“霍布斯的政治哲学，从《伯罗奔尼撒战争史》译本引言到晚期著作，就论证的本质内容和根本目标而言，始终一脉相承，没有改变。有所改变的，是在方法方面。最初，霍布斯论证的根据，特别来自历史（归纳）；后来论证的根据，直接来自激情研究”。[1]关于霍布斯的激情观，施氏在其名著《霍布斯的政治哲学》中作出了这样几个影响深远的论断。第一，他认为“霍布斯政治哲学赖以作为出发点的，是一个对立；这个对立，一方面是虚荣自负，即自然欲望的根源，另一方面是对暴力造成的死亡的恐惧，唤醒人的理性的那个激情”，[2]前者是非正义的终极原因，而后者则是全部正义和道德的终极原因。第二，他认为在霍布斯那里，“理性本质上软弱无力”，[3]激情决定人的行动和人生规划，[4]激情特别是对暴力死亡的恐惧，倒逼出理性的作用，理性充当激情的工具，[5]等等。施特劳斯的激情论断，[6]在一定程度上左右了中国的霍布斯研究，[7]然而其基础却是相当薄弱的。施氏并没有详细地勘察霍布斯的激情的概念、种类以及其与经验、理性、斟酌、意志等概念间或明或暗的关系。国内霍布斯研究大多只是简单地重复施特劳斯的论断，

[1]［美］列奥·施特劳斯：《霍布斯的政治哲学：基础与起源》，申彤译，译林出版社 2001 年版，第 134 页。
[2] 列奥·施特劳斯：《霍布斯的政治哲学：基础与起源》，第 21 页。
[3] 列奥·施特劳斯：《霍布斯的政治哲学：基础与起源》，第 3 页。
[4] 参见列奥·施特劳斯：《霍布斯的政治哲学：基础与起源》，第 156 页。
[5] 参见列奥·施特劳斯：《霍布斯的政治哲学：基础与起源》，第 10 页。
[6] 施特劳斯虽然在后来的霍布斯研究中，部分放弃其《霍布斯的政治哲学：基础与起源》中的诸如霍布斯政治哲学与其自然科学的关系等方面的观点，但是他关于霍布斯的激情观自始至终基本上一以贯之，因此本文仍以该书为讨论范本。
[7] 在中国的霍布斯研究中，对施特劳斯激情观贯彻最彻底的当属洪琼的研究，参见洪琼：《激情与政治：霍布斯政治哲学新释》，对外经济贸易大学出版社 2015 年版。

非但没有在施氏的基础上推进、深化关于霍布斯的激情研究，更遑论在此基础上对其提出挑战和超越，就是对施氏的研究，我们可能都还没有能力和耐心对其进行“充分消化”。[1]本文的主要目的在于细化和深化对霍布斯激情理论的研究，并在此基础上展开对施特劳斯以及相关研究的批判性反思。

## 一、激情的概念及其分类

### （一）激情的概念

在霍布斯那里，激情概念的逻辑基础在于感觉。在其主要著作中，他对感觉的前后论述基本一致，其中以《论物体》中的阐释最为详细。他认为，当外物作用或者压迫于感觉器官最外部时，这个压力或运动就会推动相连部位发生运动，进而传送至感官的最内部，但由于这一向内发生的运动会遭到认知主体自身内部运动的阻碍，因此，就会出现霍布斯所说的“反作用”（reaction）。他说如果这个反作用是最后的一个感觉行为，无论持续多长，都产生感觉。因此，他这样定义感觉，“感觉是一种由无论持续多久时间的感官的向外的反作用和意向所构成（made by）并由外在客体向内的意向所引起（caused by）的幽灵（phantasm）”。[2]那么，感觉形成后，其与激情是什么关系呢？在这方面，霍布斯不同于笛卡儿，在后者那里，由外物激发的这个内部运动的终端是位于大脑正中央最深处的小的腺体，[3]而在前者那里，这个运动不会只停留在大脑，而是要进一步传输至心脏，一如亚里士多德把激情界定为灵魂的态度，在心脏部位，其产生的运动意向（endeavor）对生命运动的态度，就被霍布斯称为激情。那么，什么是生命运动呢？霍布斯认为在包括人在内的动物那里，存在两种运动，

---

[1] 参见陈建洪：《论霍布斯的恐惧概念》，《世界哲学》2012 年第 5 期，第 160 页。

[2] Thomas Hobbes, *Concerning Body*, ed., William Molesworth, London: John Bohn, 1839, p.391.

[3] 参见［法］勒内·笛卡儿：《论灵魂的激情》，贾江鸿译，商务印书馆 2016 年版，第 21 页。

一是生命运动，二是动物运动，前者始于出生止于死亡，是个本能的、自动的过程，比如血液的循环、脉搏、呼吸、营养等，中间不需要“想象”的介入，而后者是个自愿的过程，需要一个“想象”的前置程序。[1]

运动意向对生命运动的态度无非有三，要不积极，要不消极，要不无动于衷，因此，霍布斯也就相应地把激情分为三种，即加强生命运动的朝向被感物的喜好（appetite），阻碍生命运动的背向被感物的嫌恶（aversion）以及既不加强也不阻碍的对被感物无动于衷的轻视（contempt）。[2] 霍布斯着重阐释的当然是更为常见的喜好和嫌恶。当外物的感觉引起心脏扩展，加速血液循环时，其就被霍布斯称作高兴（delight）、满足或者愉快，引起这种运动的外物就被叫作令人愉快的或高兴的或者某种同等的名称，当指向外物时，这种高兴就被称为爱；当其引起心脏收缩，削弱或者阻止血液循环时，其就被称作痛苦，当指向引起它的外物时，这种痛苦就被称作恨。[3]

## （二）激情的分类

对事物分类是提高认识的重要方法，根据不同的标准，可以对散见于霍布斯著作各处的激情进行相应的分类。

1. 生命激情与动物激情。如前所述，霍布斯把人的运动分为生命运动和动物运动，相应的也就存在生命激情和动物激情。那么，这两种激情分别是什么？各有什么特点？相互之间又有什么关系？霍布斯明确说，生命运动，比如血液的流动、脉搏、呼吸等，持续人的一生而不能中断，生命运动的中断即意味着生命的终结，因此，生命激情也就是身体内部运动倾向对于血液循环、呼吸等的态度。例如当血液循环增快、呼吸加速，好比一位青年在街上遇见一位美丽的异性，如果擦肩而过，他 / 她顿时面红耳赤、呼吸急促，那么，这时他 / 她就是充满生命激情的，态度就是喜好，

[1] See Thomas Hobbes, *Leviathan*, ed., Edwin Curley, Indianapolis: Hackett, 1994, p. 27.
[2] Ibid., p. 28.
[3] See Thomas Hobbes, *Human Nature and De Corpore Politico*, ed., J. C. A. Gaskin, New York: Oxford University Press, 1994, p. 43.

反之则是嫌恶。不同于生命运动的自然性、本能性和持续性，动物运动是意志取向的，它有一个先前之思或想象在里面，因此，动物激情也就是根据思想的意向而形成的身体内部运动对于生命运动的态度，而想象总是指向外在对象的，因此动物激情实际上也就是由于外在对象的激发所引起的思想意向对于生命运动的态度。

第一，生命激情是一种本能的激情，而动物激情是一种思想的激情。由生命运动的特点可知，生命激情是一种本能的、自然的激情，其间无须思想、想象的介入，与之相对，动物激情不是，如果没有思想的介入，根本谈不上对外在对象的激情问题。以上述那个异性相吸的例子为例，当其面红耳赤之际，在自然的生命激情的意义上，彼时充满爱的激情，但是如果再往下考虑，比如要不要对其予以追求以成立家庭时，这就进入思想的或意愿的境界，其未必会对之怀有思想的激情。因此，从这个角度又可以说，生命激情是一种简单的激情，而动物激情因为经过思想和想象的过程，所以其是一种复合的和复杂化的激情，当然两者之间往往并非截然二分。

第二，生命激情是一种内生的激情，而动物激情更多时候是一种外生的激情。如前所述，生命运动内在于生命本身，生命激情也就是内在于生命本身的本能的激情，很多时候不是由于外物的激发而起，我们很难把血液的循环、呼吸等当作外在的客体，因此它基本是一种天生的、无明确对象的激情，“人天生就有一些欲望。这些可被称为是存在于他们身体中的对感觉到的事物的喜好或嫌恶。它们主要是那些人与其他动物共有的东西，比如对食物、排泄的喜好等”。[1] 与之相对，动物激情更多的是一种外生的激情，因为它不仅主要是面对外在客体的激情，而且中间经过思想过程的加工，因此它更经常的是一种后天的、有明确对象的激情。以此观之，施特劳斯关于霍布斯的激情起源的观点就是粗浅的，他说“这两个关于人类欲望的观念，一个是机械论的，另一个是生机活力论（vitalistic），不但在实质内容方面彼此不同，而且在方法上，也不一样。机械论的看

[1] Thomas Hobbes, *Leviathan*, ed., Edwin Curley, Indianapolis: Hackett, 1994, p. 28.

法以机械论对感觉的解释为基础，从而以运动的一般理论为基础；另一方面，那个看上去是生机活力论的看法，不是以任何一般的科学理论为基础，而是以对人类本性的洞察为基础”。[1]实际上从上文中可以看出，这两者间并不矛盾，而是各有不同的起源，“不可能把所有的激情追溯到一个唯一的根源”。[2]如果缺乏“生机活力论”的话，人就完全沦为一般的动物，成为完全被动的、白板式的存在。因此从这个角度说，霍布斯超越了传统上激情主要为被动性的状况，“霍布斯没有用主动性和被动性的语言，去定性此种区别”。[3]

2. 物体激情与行动激情。根据上文可知，激情可分为生命激情和动物激情，但对霍布斯来说，更重要的当然是动物激情，因为人不可能一直或者大部分时间活在本能和直觉的世界中，对人这种动物而言，更多呈现的是作为自愿行为的动物运动，因此动物激情更为重要。为了更加深入地认识霍布斯激情论的内部结构，根据对象的不同，我们可以把动物激情进一步分为物体激情和行动激情。虽然霍布斯以思维严密和定义清晰而闻名，但在激情概念问题上，他并非没有疏忽，这也是国内外学界对其形成误解的主要原因之一。因为在前后几部著作中，他都把激情的逻辑前提设置为感觉，感觉不但具有被动性，而且更是与外物联系在一起，如此一来激情都成为后天的、有外在对象的激情了，实际上不是这样。上文中提到的“生命激情”严格来讲并不符合霍布斯的激情定义，因此，我们只能根据各种激情的内在机理来对其进行区分。严格上讲，霍布斯的激情定义只是这里所说的物体激情，它是感觉器官对外在客体所造成的内部运动在心脏处激起的运动倾向对生命运动的态度，这种激情是典型的动物激情。但是无论根据生活经验，还是诉诸霍布斯的文本，人的自愿行动不可能只是针对某物，人的意志行为更多的对象是行动，而不是具体的外物，比如霍布斯念兹在兹的“虚荣”或“荣耀”，而且他在说明动物运动时，举的走路、

[1] [美] 列奥·施特劳斯：《霍布斯的政治哲学：基础与起源》，申彤译，译林出版社2001年版，第11页。
[2] Arrigo Pacchi, “Hobbes and the Passions” , *Topoi* 6, No.2（1987）, p. 115.
[3] Susan James, *Passion and Action: The Emotions in Seventeenth-Century Philosophy*, New York: Oxford University Press, 1997, p. 135.

说话、移动四肢等例子，其对象显然不是外在的某物。由此观之，行动激情理应与物体激情并列，共同组成人的动物激情。

第一，物体激情是一种略显被动的激情，而行动激情则是一种带有主动性质的激情。虽然上文说过，霍布斯打破了激情被动与主动的界限，使用了一套因果关系链条这种比较中性化的话语，但不可否认的是，物体激情因其感觉的逻辑前提，而感觉在很大程度上具有被动性，因此，物体激情在很多情况下具有较大程度的被动性，这也正是上文中施特劳斯所说的机械论的方式。而行动激情，因其并不是面向具体的外在客体，它是直接基于想象等而由行动主体自觉选择实施，因此，它就具有很大程度的主动性，这也是上文中施特劳斯所说的生机活力论的方式。如果说前者是外生的话，后者就是内生的，所以自愿运动亦有内生的面向。

第二，物体激情是一种当下的激情，而行动的激情更多的属于未来的激情。由于物体激情的感觉论基础，而感觉总是对当下一个个事物的具体的感官反应，因此这就决定了物体激情是一种当下的面对一个个外在客体时所产生的激情。而行动，除了极其特殊的身体受到外在物理限制的不自由的行动之外，作为一个自由自愿的身体动作，其逻辑前提在于先在的想象或思想，“因为走路，说话以及相似的自愿行动总是建立在去哪里，走哪条路以及说什么等先在的思想的基础上，所以很明显想象是所有自愿运动最初的内在开端”。[1] 正因为自愿行动的逻辑前提在于先在的想象，因此，行动激情的结构就是一个面向未来的各行动主体的交互行动空间，霍布斯的自然状态叙事也主要发生在面向未来的自然人互动的空间里，“一个只在指向未来的想象中才存在的‘空间’”。[2]

3. 正常的激情和非正常的激情。激情不但可以根据思想和对象区分为以上四种，其还可根据性质和程度进行区分。在霍布斯那里，激情未必都是洪水猛兽，一如施特劳斯所反复强调的“虚荣自负”那样具有消极破坏的作用，他只是说，激情太寡或太烈，都不利于和平和人性更好的发

[1] Thomas Hobbes, *Leviathan*, ed., Edwin Curley, Indianapolis: Hackett, 1994, p. 27.
[2] 李猛：《自然社会：自然法与现代道德世界的形成》，生活·读书·新知三联书店 2015 年版，第 119 页。

展。“一个人如果对任何的这些事物都没有很大的激情，而是如人们所说的那样无动于衷（indifferent），尽管他可能成为一个不冒犯别人的好人，但他不可能拥有好的想象或许多判断……没有激情就等于死亡，些微激情就是木讷（dullness）”，[1]但如果激情过于激烈和广泛，就变成了癫狂，癫狂就是“在其他人有着常规激情的任何事物上拥有更加强劲和猛烈的激情”，[2]“总而言之，所有产生奇异的和不正常的（unusual）行为的激情都被统称为癫狂”。[3]从上述霍布斯对“木讷”和“癫狂”的阐释中可以看出，在其心目中，从性质和程度上，可以把激情分为正常的，有积极作用的激情以及不正常的，有消极作用的激情。那么现在问题来了，如何区分正常与不正常以及区分的标准是什么？凭什么讲一个木讷的或癫狂的人就是一个不正常的人？因为这一分类及其标准与下文即将讨论的问题紧密关联，所以暂且不表，留待下文一并探讨。

## 二、激情与意志

在上文中，我们比较细致地梳理了霍布斯的激情概念及其分类，本节主要考察激情的性质与功能，激情是不是决定人的行为的主要甚或唯一因素？激情有没有认知属性？它与经验和理性是什么关系？这些问题在霍布斯那里，基本上可以用一个问题囊括，那就是激情与意志的关系问题。那么，什么是霍布斯意义上的意志呢？他说，“在斟酌中，直接导致行动或者不行动的最后一个喜好或者嫌恶就是我们所说的意志，它是意愿（willing）的行为而非能力”。[4]如此一来，意志不就成了以“喜好”或“嫌恶”形式表现出来的激情了吗？这也正是包括施特劳斯在内的多数学者关于霍布斯激情观的论断基础，然而这是不正确的。因为，这个激情已经不是一个简单的、本能化的激情，而是一个经过思想考虑过的复杂化、社会化了的激情。要使我们的这个论断成立，就必须要进一步地考察“斟

[1] Thomas Hobbes, *Leviathan*, ed., Edwin Curley, Indianapolis: Hackett, 1994, p. 41.
[2] Ibid., p. 41.
[3] Ibid., p. 41.
[4] Ibid., p. 33.

酌”这个概念，因此，现在的问题就变成了激情与斟酌的关系问题。

什么是斟酌？霍布斯说所谓斟酌，就是指这样的一个过程，“当关于同一事物的喜好、嫌恶、希望和恐惧交替出现，做或者不做一件事的各种善恶结论轮番闪现，以致有时候我们爱之，有时候恶之，有时候希望去做，有时候不敢或害怕去尝试，直到完成这件事或者其被认为不可能时，这些欲望、嫌恶、希望和恐惧才能停止”。[1] 霍布斯对斟酌过程的解释是比较个性化的，把其视为一个去自由（de-liberate）的过程，但正如斯金纳指出，彼时学界主流通常把其解释成源自“librave”这个拉丁词源，意思是“用天平称量”。[2] 我们认为无论把“斟酌”解释成去自由的过程，还是天平称量的过程，其中都包含着认识的要素，后者的认知性自不用说，前者也必然如此。因为，第一，从上述“意志”和“斟酌”的定义可知，意志虽然是一种激情，但它是最后一个与行动直接相连的激情，这就意味着作为意志的激情的前面还有一个甚至一系列激情，那么为什么前面产生的第一个激情没有决定人的行动呢？如果持一种简单激情观和激情决定论的话，激情甫一出现，其就理应直接转化为行动，也就不会有“同一事物的喜好、嫌恶、希望和恐惧交替出现”了。第二，对同一事物（包括行动）为什么会出现一系列激情交错的情况呢？如果把激情视为自然的、本能的和简单化的，那么对一个事物理应只会出现一个激情才对，而且退一步讲，即使出现了一系列激情，那么为什么最后会有一个激情胜出，与行动相连，成为意志呢？这个胜出的激情不可能仅凭本能决定，若凭本能，理应第一个激情胜出，因此，其必然包含一个激情间称量、评估的认识过程。因此，现在的问题就成了，人性之中，哪些要素具有认识论或能为斟酌过程带来认知属性呢？

为了弄清国家形态下公民与主权者之间的权利义务关系，霍布斯做了一个影响深远的思想实验。首先在意识里把国家予以分解，虽然在他那里，按照理性的运算，国家等于人 + 契约 + 主权，但是因为在终极的意义

---

[1] Thomas Hobbes, *Leviathan*, ed., Edwin Curley, Indianapolis: Hackett, 1994, p. 33.
[2] [英] 昆廷·斯金纳:《霍布斯与共和主义自由》，管可秾译，上海三联书店 2011 年版，第 84 页。

上，国家的“质料和建造者都是人”，[1]因此，国家主要从“人”的维度进行分解。而在《论物体》中，他把人当作“物体”（body）、“有生命的”（animated）和“理性的”三个名称的相加。[2]在此基础上他又把作为“理性的动物”的人分解成4种人性的自然能力和力量，即体力、经验、理性和激情。[3]其次在这4种能力的基础上，综合人与人之间的相互关系模型，提出著名的自然状态理论。在《论公民》中，他认为这4种能力是“以下原理的出发点，接下来的第一步，我们将要研究具有这4种能力的人们彼此相处的方式，并且研究他们是否并依据什么能力来适宜于社会，免于相互的暴力；接着，我们将阐明我们为此目的而给出的建议并且阐明什么是社会或者人类和平的条件；换句话说，也就是什么是基本的自然法”。[4]

既然根据霍布斯的方法论，人性可以分解为体力、经验、理性和激情4种要素，那么，除激情之外，哪种或哪些要素具备认知属性呢？答案只能是经验和理性。所以激情与斟酌的关系现在就变成了激情与经验和理性的关系。

## （一）激情与经验

在霍布斯哲学体系里，激情与经验共享一个前提，那就是感觉，激情与感觉的关系，前文已有交代，现在转向经验与感觉的关系。上文已就感觉的生成机制作过阐释，但生活世界中的人，不可能只有一种单一的观念与感觉，而是各种感觉的生生不息的交替、刷新、衰亡的过程。当一种新的客体作用于人体时，新的感觉诞生，但是上一个感觉不会瞬即消亡，只是进入衰亡的轨道，正如霍布斯所假设的，即使“万物寂灭，他也仍然能

[1] Thomas Hobbes, *Leviathan*, ed., Edwin Curley, Indianapolis: Hackett, 1994, p. 4.
[2] See Thomas Hobbes, *Concerning Body*, ed., William Molesworth, London: John Bohn, 1839, p. 37.
[3] See Thomas Hobbes, *Man and Citizen*, ed., Bernard Gert, Indianapolis: Hackett, 1991, p. 109.
[4] Ibid., pp.109–110.

够保持对它的印象和他过去所看到或者感知到的所有事物的印象”。[1] 他以水波类比感觉，根据观察，秋风骤停，水波并不会立刻消失，感觉也一样，所以霍布斯说，“当外物移开或者眼睛闭合，我们仍然保持所看到的事物的印象，尽管比我们看的时候模糊些”，[2] 这就是想象（imagination），即衰亡中的感觉，其之所以印象变得模糊，是由于感觉机制的主导型特征引起的。一个外物的作用可能产生多个反作用的意向，只有其中居于主导地位的意向被称为感觉，这是就共时性维度而言，在历时性上，当新的客体发挥作用时，过去的印象就被遮蔽，就像太阳掩盖星星的光芒一样，当新的对象一次又一次地主导感觉机制时，遥远的印象会变得更加模糊甚至消失，这就是整个的记忆原理。霍布斯认为想象与记忆指称的是同一事物，当运用之感觉本身时，称为想象，当运用之时间的维度时，就被称为记忆，而“许多记忆或者许多事物的记忆，就被称作经验”。[3] 从严格的意义上讲，经验并不具备认知性，因为根据定义，它只是许多记忆的相加，真正具备认知性的是与经验紧密相关的慎虑，对霍布斯来说，“根据过去的经验对未来的猜测就被称作慎虑（prudence）”。[4]

在搞清经验与慎虑的概念之后，现在我们就来考察激情与经验的关系。如果说感觉感受到的是事物的第一性面向的话，比如颜色、大小等，那么，激情面对的就是事物的第二性面向，即评价性的面向。在霍布斯之前的灵魂论语境中，比如阿奎那那里，这是感性灵魂自带的知觉能力，但他并不能圆润地说明这一能力在灵魂结构中的位置，因此不仅无助于弄清该知觉能力的本性，而且模糊了感性灵魂的被动属性。[5] 霍布斯则很好地通过经验—慎虑对之予以明晰地解决。“其它的对具体事物的欲望是经验和其他人尝试其效果的产物。对于我们根本不知道或者不相信其存在的事

[1] Thomas Hobbes, *Human Nature and De Corpore Politico*, ed., J. C. A. Gaskin, New York: Oxford University Press, 1994, p. 22.
[2] Thomas Hobbes, *Leviathan*, ed., Edwin Curley, Indianapolis: Hackett, 1994, p. 8.
[3] Ibid., p.9.
[4] Thomas Hobbes, *Leviathan*, ed., Edwin Curley, Indianapolis: Hackett, 1994, p. 14.
[5] See Susan James, *Passion and Action: The Emotions in Seventeenth-Century Philosophy*, New York: Oxford University Press, 1997, pp. 54–55.

物，除了尝试之外不会有更进一步的欲望。”[1]当人们第一次面对某种事物，比如一条蛇时，对之或许只有感官的反应，谈不上什么激情，只有天生拥有好奇激情的某个人充当第一个吃螃蟹的人，尝试性地跟它打交道后，才可能产生或喜好或嫌恶这样实在的激情，才会有善恶之类的评价，也才会有“一朝被蛇咬，十年怕井绳”。并且只有这样，其他人才能基于对前人经验的想象，产生对之或欲望或恐惧的激情。这样说来，除了少数的自然激情之外，人对于多数的外物，抱持的往往是一种直觉或不知所以的激情状态，葡萄酸不酸，只有尝试过后才能知道。“婴儿，在其刚出生时，只爱和规避很少的事物，因为他们缺乏经验与记忆，因此，我们看到他们不像那些更年长的人那样拥有各种各样的动物运动”，[2]没有多少“动物运动”，也就是没有多少激情，他们对外界事物更多的是一种直觉或不知所谓的态度。

综上所述，我们可以合理推断，经验越是丰富的人，激情也越是丰富，因为他们有更多的快乐、痛苦的体验，知道何者善、何者恶，这也符合我们的生活常识。那些常常形容年轻人的少不更事、少见多怪、年幼无知等等，往往指的是他们经验的稚嫩和激情的匮乏。“如果没有来自感觉的知识，也就是没有经验和记忆的话，那么也就不可能知道什么是令人愉快或对人产生伤害的”，[3]因此哥德斯密斯认为，“对某种特定事物的爱不是自然的而是通过经验获得的”。[4]所有慎虑、斟酌的过程是一个认识的过程，包含认知的因素，[5]掺杂着思想的斗争、利弊的计算等等。因此，正如上文指出，对霍布斯来说，更重要的是那些后天的、社会化的复合型激情，而不是那些先天的、仅具生理学性质的激情，否则，人就不可能有瞻前顾后、辗转反侧、上下求索的斟酌过程，而只有一个本能反应的过程。正因

[1] Thomas Hobbes, *Leviathan*, ed., Edwin Curley, Indianapolis: Hackett, 1994, p. 28.

[2] Thomas Hobbes, *Concerning Body*, ed., William Molesworth, London: John Bohn, 1839, p. 407.

[3] Ibid., pp. 407–408.

[4] M.M. Goldsmith, *Hobbes's Science of Politics*, New York: Columbia University Press, 1966, p.52.

[5] See Laurens van Apeldoorn, “Reconsidering Hobbes's Account of Practical Deliberation”, *Hobbes Studies*25, No.2 (2012), pp. 143–165.

为斟酌具有经验认知性，所以斟酌中的激情，亦具经验认知属性。

### （二）激情与理性

以沃伦德、汉普顿等为代表的多数学者，一如施特劳斯一样，坚持认为，“理性和斟酌在这个意义上都是激情的奴隶，即他们本身不提供行动的动机，只关乎动机的实行”，[1]“理性在斟酌过程中的唯一作用在于确定如何达到由欲望确定的目标”。[2] 我们认为这是一个巨大的误解，霍布斯虽然反对经院派把意志定义为理性的欲望，但是这并不表明其主张理性不参与意志的形成，任由其受制于激情，实际上斟酌的认知过程一定包含理性的参与。理由如下：

1. 斟酌的过程是一个非常复杂的综合各种因素，考虑各种好坏结果的过程，既然经验—慎虑参与其中，那么没有任何理由排除理性的参与。因为理性在霍布斯那里，无非是在感觉、经验基础上的普遍性的命名、定义和符号的加减计算活动，经验—慎虑可以设想、猜测事物的因果关系，因而可以通过预测结果而影响激情，理性当然更是可以通过计算，准确把握事物的利弊，进而更加普遍性地作用于激情，影响激情。否则，也就不存在自然法对自然激情的指导，也就没有霍布斯政治科学的作用空间了。“人类可以进行推理的事实并不意味着他们在任何一次形成判断和意志的过程中都进行了推理。我们所被告知的，是他们仅仅在个别的情况下才诉诸推理”，[3] 把佩蒂特这里的“个别”换成“有些”，或许更准确些。

2. 根据前文所述，斟酌是一个思前顾后的复杂的猜测和计算的过程，而事物的因果之链多维且悠长，只有具备高度预见能力的人，才能准确把握这悠长的因果之链，洞察出其中的利弊得失，进而作出准确的预测和评估，产生符合实际的激情，作出实事求是的判断，才能得到整体上善大

---

[1] Howard Warrender, *The Political Philosophy of Hobbes: His Theory of Obligation*, Oxford: Oxford University Press, 2000, p. 269.

[2] Jean Hampton, *Hobbes and the Social Contract Tradition*, Cambridge: Cambridge University Press, 1988, p. 19.

[3]［爱尔兰］菲利普·佩蒂特：《语词的创造：霍布斯论语言、心智与政治》，于明译，北京大学出版社 2010 年版，第 63 页。

于恶的结果，也才可能实现真正的善。如果看不到这因果之链的尽头而只把握了其中某个环节，那么即使他得到的善大于恶，它也只是霍布斯所说的外观的或者表面的善。那么，何谓他所说的“真正的”和“外观上的”善呢？他在《论人》中，这样说过，“善就像恶一样，包含真正的和外观上的两种。在不考虑与之伴随的事物的情况下，不是因为任何外观上的善都不可能真正地成为善本身；而是因为在许多事物中，部分是善的，部分是恶的，并且有时候这两部分不能被分开而成为一个必要的整体（connexion）。因此，分开来看，各自拥有许多的善或者许多的恶；然而，整体之链是部分善的和部分恶的。当其中主要部分是善的时候，整个链条就被认为是善的和可欲的；相反，如果其中主要部分是恶的，而且确定如此的话，那么整体之链就被拒绝。当那些没有经验的人，由于不足够密切地观察事物的长远结果，因看不到与之相连的恶而接受表面上的善；随之，他们将遭受损害。这就是那些把善和恶区分为真正的和外观上的人的意味所在”。[1] 由此可以看出，真正的善，实际上只有那些望尽存在之链的人才能得到，而多数的人只能看到存在之链的一部分或事物的一个方面，因此得到的只能是外观上的善，同理，恶亦如此。但在文本中，霍布斯并没有告诉我们这“真正的善”是什么，虽然可以合理推论自我保存属于“真正的善”，但是却不能将两者等同，因此笔者不赞同布劳的观点。[2] 接下来的问题是，什么人才能洞察微毫，把握这巨大的因果之链呢？霍布斯给出的明确答案是，“依据经验或者理性而拥有最好的和最可靠的结果遇见能力的人最善于斟酌，而且，如果他愿意的话，能够给他人提出最好的意见”。[3] 所以理性不但要参与激情的斟酌，而且较之经验必将发挥更大的作用，因为经验的结论往往是不可靠的，而理性则是普遍、可靠的知识，这是霍布斯哲学的常识。

3. 既然激情可以分为自然的和社会性的，那么，如果对于社会性的激

[1] Thomas Hobbes, *Man and Citizen*, ed., Bernard Gert, Indianapolis: Hackett, 1991, p. 48.

[2] See Adrian Blau, “Reason, Deliberation, and the Passions”, in *The Oxford Handbook of Hobbes*, eds., A.P.Martinch, Kinch Hoekstra, Oxford: Oxford University Press, 2013, p. 7.（该页码是布劳博士发给笔者的其论文的原始页码而非出版后的页码）

[3] Thomas Hobbes, *Leviathan*, ed., Edwin Curley, Indianapolis: Hackett, 1994, p. 34.

情，人们既没有经验而又不愿意亲身尝试的话，他只有依靠对他者的信赖，也就是霍布斯所说的信念（belief）与信任（faith）而形成自己的知识和激情。"当一个讨论不是始于定义时，其要不始于他的某种其它的考虑……要不始于一个他所信赖的、有能力认识真理且诚实的人的言说，此时的讨论，与其说关涉事物，不如说关涉人，该决定就被称作信念与信任；信任，指向人，信念，指向人及其言说的真实性。"[1] 从这个意义上说，激情也可能是教育特别是理性教育的结果，所以霍布斯在《利维坦》的"引论"中说，"我说的是激情的相似，即所有的人都有相同的欲望、恐惧和希望等等，不是激情对象的相似，即欲望、恐惧和希望等等的标的物；因为个体的身体构造和教育千差万别"，[2] 这也是霍布斯政治哲学作为一种政治教育的可能性所在，如果没有这种信任与信念的空间，霍布斯无论如何都无法开展其政治教育。或许令人称奇的是，霍布斯哲学并不像中国儒学一样，奢望读者"变化气质"，"霍布斯与其读者的关系更像是国际象棋中老师与学生而不像是医生与病人之间的关系"，也就是说，霍布斯并不向他们的思想"灌输任何异质的要素（material），他们已经具备这些必要的要素"。[3] 但为什么经由霍布斯政治科学的操作程序就能得出截然不同的，一个是内战的自然状态，一个是和平的政治状态的结论呢？我们认为这正是政治教育的威力所在，霍布斯虽然不期待改变人的行为动机、人性结构，但是之前由于人们受到政治哲学家、宗教神学家以及普通法法学家的错误教育而影响了他们本应具有的正确观念与激情，因此才导致内战的悲剧。[4] 霍布斯哲学正是期望通过理性的以及一定程度的修辞教育，拨乱反正，使公民回归正确的观念与激情，以使比希莫特转化成利维坦。[5] 由

---

[1] Ibid., p. 36.
[2] Ibid., p. 4.
[3] J.W.N. Watkins, *Hobbes's System of Ideas: A Study in the Political Significance of Philosophical Theories* London: Hutchinson, 1973, p. 53.
[4] See Thomas Hobbes, *Behemoth*, ed., Ferdinand Tonnies, Chicago: The University of Chicago Press, 1990.
[5] See Geoffrey M. Vaughan, *Behemoth Teaches Leviathan: Thomas Hobbes on Political Education*, Lanham: Lexington Books, 2002, p. 134.

此可以看出，观念必然进入激情的形成过程，[1]在霍布斯这里，主要是理性的观念和启蒙。

4. 格尔特将霍布斯的理性分为自然理性、工具理性和语词理性，并认为“不同于工具理性或语词理性的是，自然理性拥有自己的目的或目标”，[2]并断言这种自然理性观源自古典的柏拉图、亚里士多德传统，马蒂尼奇在对其的评论中则认为理性只可能确定中间而非最终的目标。[3]那么，霍布斯意义上的理性到底能不能确定目标特别是最终目标呢？熟悉文本的人都知道，霍布斯曾明确地把理性定义成语词理性、计算理性，那为什么格尔特会有自然理性一说呢？这主要是因为在霍布斯那里，如上文所述，存在正常激情与非正常激情之别，那么，从什么意义上说一个激情是非正常的、未经指导的一种精神骚动（perturbation）呢？如果仅由激情确定目标，包括理性在内的认知要素只是服务于它的话，那么，就不可能找到区分正常与不正常的标准，因为所谓的骚动一定与被骚动的认识有关，“这些被称作骚动，是因为它们经常妨碍正确的推理”。[4]由于这一概念结构张力的存在，所以格氏合理地推测在霍布斯的理性概念里一定还存在一个传统的自然理性。那么，激情如何妨碍推理呢？霍布斯说，“它们在这方面妨碍正确的推理，即妨害真正的善，并追求那些表面的和最直接的善，而当考虑到与之相连的所有的事情后，这些善经常就转换成了恶。尽管判断源自喜好，喜好源自精神和身体的联合，但其必须取自理性。因此，尽管理性的任务是必须以长远的眼光追求真正的善，但是喜好却盯住当下的善而没有看到必然与之相伴的恶。因此，喜好干扰和妨碍理性的运行”。[5]如果理性像多数的霍布斯学者所设想的那样是激情的奴隶或工具，只有工具性的计算意义，那么作为主人的激情就不可能对作为奴隶的理性构成干

[1] See Ross Rudolph, “The Micro-Foundations of Hobbes’s Political Theory: Appetites, Emotions, Dispositions, and Manners”, *Hobbes studies*9, No.1 (1991), p. 41.
[2] Bernard Gert, “Hobbes on Reason” , *Pacific Philosophical Quarterly*82, No.3–4 (2001), p. 248.
[3] See A.P. Martinich, Egoism, Reason, and Social Contract, *Hobbes Studies*25, No. 2 (2012), pp. 215–216.
[4] Thomas Hobbes, *Man and Citizen*, ed., Bernard Gert, Indianapolis: Hackett, 1991, p. 55.
[5] Ibid., p. 55.

扰，目标干扰手段，主人干扰奴隶，这违背常识。当激情出于认知偏差时，霍布斯说这些情绪或者干扰应该被理性所统治，[1] 由此反推，在霍布斯那里，理性特别是自然理性亦与目标相连。

其实大多数学者主张霍布斯的理性只有工具性意义的一个最重要的文本依据在于，“思想对于欲望来说就像侦探和间谍一样，为了找到通往所欲之事的道路而四处出击”。[2] 实际上这句话根本无法支撑这一论断，因为，第一，这里的“思想”指的是智慧（wit），其既包括自然的，也包括获得的，即理性。[3] 因此，他这里谈的不仅仅是理性问题。第二，更为重要的是，根据文本语境，紧接着这句话后面的就是上文中所说的“木讷”和“癫狂”问题，霍布斯在这里真正想说的是激情对智慧的积极作用，根本就不是脱离语境的工具论问题。

## 三、回应与结论

### （一）对两种典型挑战的回应

1. 本文认为霍布斯意义上的斟酌是一个认识的过程，激情不仅是一种情感意向，其亦具认知属性，这一判断的一个重要的文本依据在于，“因为在斟酌中，喜好和嫌恶是由对我们考虑中的行动的好（good）坏（evil）结果的预见而引起的，而其好坏的结果取决于对一条悠长的因果之链的预见，但很少有人能够看到其尽头……依据经验或者理性而拥有最好的和最可靠的结果遇见能力的人最善于斟酌，而且，如果他愿意的话，能够给他人提出最好的意见”。[4] 有学者可能提出这样的挑战：因为在霍布斯那里，不但善恶被做了这样的定义，即“任何人的喜好或欲望的对象，对他来说就称为善；憎恨和厌恶的对象，对他来说称为恶”，[5] 而且他更是主张善

[1] See Thomas Hobbes, *Man and Citizen*, ed., Bernard Gert, Indianapolis: Hackett, 1991, p. 58.
[2] Thomas Hobbes, *Leviathan*, ed., Edwin Curley, Indianapolis: Hackett, 1994, p. 41.
[3] See Ibid., pp. 38–41.
[4] Ibid., p. 34.
[5] Ibid., p. 28.

恶的主观性和相对性，即“善、恶、轻视这些词历来就与使用它们的人相关，并没有任何事物是单纯地、绝对地如此，也不能从对象的本性之中提取出善恶的共同规则，在没有国家的地方，其取决于相关的人，在有国家的地方，其取决于代表者，或取决于争议各方通过同意确定的仲裁者或法官，并使其裁判成为这一规则”。[1]如果把后面的善恶定义及其主观性的说明代入第一句的话，这句话似乎就变成了同义反复。[2]如此一来，激情似乎就成了斟酌的唯一决定因素，经验和理性将无存在于其中的根据。如何回答这一诘问呢？其实这两者并不矛盾。首先，这里面激情与善恶的关系酷似鸡与蛋的关系，从发生学角度看，人们根本搞不清到底是先有鸡还是先有蛋，但在生活经验中，我们看到的都是鸡生蛋，然后孵出小鸡。所以霍布斯斩断发生学提问，只是在现象学意义上，根据激情定义善恶。其次，更为重要的是，根据语境可知，这里的“善”实际上就是上文所分析过的“真正的善”，而不是一般意义上的主观善问题，因此无法代入激情—善恶的运算。但不可否认的是，在一般性的斟酌中，我们时而欲望、时而嫌恶，直到最后权衡自己总体的主观的利弊得失（欲望、嫌恶），形成意志，因此，在并且仅仅在这个意义上，霍布斯的斟酌观确实带有一定的功利色彩，开了边沁功利主义政治思想的先河。[3]

2. 还有一种更具分析性的挑战是，即使论者承认在霍布斯那里，斟酌是一个积极的，包含认知的过程，经验和理性可以参与其中，但是这并不代表在自然状态下，人们实际上会如此行动。正如有学者指出的，不同于存在公共权力的政治状态，在朝不保夕的自然状态下，人们不可能是理性的利益最大化主义者。[4]法律的一个重要功能在于稳定规范预期，[5]那

---

[1] Ibid., pp. 28–29.

[2] See F.S. McNeilly, The Anatomy of Leviathan, London: Macmillan, 1968, p. 125.

[3] See John Bowle, *Hobbes and His Critics: A Study in Seventeenth Century Constitutionalism*, Oxford: The Alden Press, 1951, pp. 43–44.

[4] See Roger Paden, “Hobbesian Deliberation” , *Hobbes Studies*7, No.1 ( 1994 ), p. 37.

[5] See Niklas Luhmann, Law as a Social System, New York: Oxford University Press, 2004, p. 152.

么，在无法的自然状态下，自然人无法一般性地预测其他人的行为，[1]基于对未来不确定性的考量，一个自然人不可能像霍布斯在上述斟酌中所说的那样，还会考虑事物的善恶两面以及基于慎虑和理性而预见悠长的因果之链，此时，他必然短视地只追求眼前的利益，而且在这种不安全状态下，人们追求眼前利益，及时行乐，恰恰不是非理性而是理性的行为，因为这时的长远满足对他们来说"是'模糊的'，其价值评估是'抽象的'"。[2]我们认为这一诘问有一定的合理性，并得到很多研究的支持，但亦有夸大之处。主要原因有二。首先，虽然在霍布斯那里，自然状态是一个战争状态，但是这并不意味着时刻都在进行着战争行为，只是说其中战争的趋势是主导的，一如恶劣的天气一样，[3]因此，理性的运用不会导致即时的毁灭。其次，霍布斯在讲到"愚夫"问题时，突出了自然状态中的结盟以及"愚夫"的非理性问题，这从反面证明了自然状态中理性在斟酌中的作用。[4]

## （二）结论

本文认为，一如亚里士多德把激情界定为灵魂的态度一样，在霍布斯那里，其亦可被定义为，基于本能或想象，在心脏部位所产生的内在运动意向对生命运动的态度。通过梳理散落于各处的激情思想，本文予以规整并将其主要地分为生命激情与动物激情，物体激情与行动激情，正常激情与非正常激情，并对它们各自特性及其相互关系作出阐释。更为重要的是，本文认为斟酌是一个认识过程，"斟酌是一个权衡的过程，就像在天平上称量我们正在考虑中的事实的便宜和不便宜之处一样，那更重的一端必然因其倾向而在我们之中胜出"，[5]激情也因此具有认知属

[1] See Gabriella Slomp, *Thomas Hobbes and the Political Philosophy of Glory*, New York: Palgrave Macmillan, 2000, p. 4.

[2] See Roger Paden, "Hobbesian Deliberation", *Hobbes Studies*7, No.1 (1994), p. 39.

[3] See Thomas Hobbes, *Leviathan*, ed., Edwin Curley, Indianapolis: Hackett, 1994, p. 76.

[4] See Gregory S. Kavka, *Hobbesian Moral and Political Theory*, Princeton: Princeton University Press, 1986, pp. 143–146.

[5] Thomas Hobbes, *Man and Citizen*, ed., Bernard Gert, Indianapolis: Hackett, 1991, p. 269.

性，行动是由包括激情在内的人性的整体结构决定的，理性并非激情的工具更别说奴隶了。

除此之外，我们还应看到，虽然很多霍布斯学者把激情当成洪水猛兽，但实际上，激情亦有正面的意义，比如好奇、仁慈、友善、同情、适度的爱声誉、适度的自尊等等，这些激情即使在政治社会建立之后，仍然具有重要的社会意义，而不是根据霍布斯政治科学的指导，需要予以调整、切割的对象。本文虽然主张，在斟酌中，经验和理性必然作用于激情，但实际上反过来也一样。前文说过，激情需要经验的先设，但是要形成经验，特别是第一个经验，成为第一个吃螃蟹的人，没有激情是万万不行的，只有通过激情英雄不断地接近、观察、品尝、“上手”陌生的事物并与之打交道，才能创造出一个又一个的欲望，也才能产生一个又一个的经验，所以从这个意义上说，经验需要激情。理性参与激情的斟酌，但激情对理性既有一般意义，又有特别意义。就一般意义而言，上文中提到的所谓的“侦探”与“间谍”问题，即是一例。就特别意义而言，激情中的好奇，促使人们走向更高的科学理性，这不但不是压制的对象，反而是理应得以大力弘扬的，所以即使在后自然社会，主权者也有义务保护、高扬这种好奇心和求知欲。

## Reconsidering Hobbes's Theory of the Passion

Tang Xueliang

**Abstract:** For Hobbes, the passion is the attitude of internal motional endeavor caused by instinct or imagination in the heart towards vital motion. It could be mainly divided into vital passion and animal passion, object passion and action passion, and normal passion and abnormal passion. Deliberation is an epistemic process in which experience and reason could take part. Consequently, most of the passions are the complex socialized passions that have epistemic dimension. Will is decided by the whole structure of human nature one of which is the passion. Passion is not necessarily the dreadful monster and the state of nature is caused by not only the communicative structure of human's but Hobbes's right theory. In addition, passion has the positive influence on experience as well as reason.

**Keywords:** Hobbes; Passion; Deliberation; Experience; Reason

# 康德研究专题

## 康德《纯粹理性批判》B 版演绎中判断的角色

宋　博*

**摘要：** 相比于 A 版先验演绎，B 版演绎的最显著的特征之一是将判断引入论证。此举的动机在于通过判断建立与论证目标所涉及的范畴之间的联系。通过考察 B 版演绎中的两个以此为动机的论证，我们发现，即使判断有助于完成引入范畴的任务，但判断自身的引入却是难以接受的：第一个版本论证所要求的判断概念太弱，而第二个版本论证所要求的判断概念则太强。我对此的诊断是，造成这一两难的根源在于，判断概念被严格限制在基于康德文本的原有论证框架中，而没有获得充分的独立性。

**关键词：** 先验演绎；判断；综合；范畴

### 一、引　言

康德发表于 1781 年的《纯粹理性批判》是哲学史上的里程碑。[1] 先验演绎是此书的一个著名章节，它旨在证明范畴的客体有效性，即，源于知性的范畴能够适用于呈现给感性的显现之物。换而言之，先验演绎在根本上是对感性和知性关系的深入考察，它堪称《纯粹理性批判》的核心。有趣的是，在 1787 年第二版的《纯粹理性批判》中，康德重写了先验演绎。这两版演绎分别以“A 版演绎”和“B 版演绎”著称。尽管康德自己强调

---

* 作者简介：宋博，柏林洪堡大学哲学博士，中国政法大学人文学院哲学系讲师，主要研究领域为德国古典哲学，E-mail：305489923@qq.com。

[1] 所有的康德著作都参考科学院版。《纯粹理性批判》的引用按照标准的 A/B 版和页码（如 A×××/B×××），其他康德著作的引用按照科学院版的卷数和页码引用（如 AA×:××）。汉语译文主要参考李秋零的《康德著作全集》，但在术语上或略有改动（比如“显象”改为“显现”）。所引用的未能收录在《康德著作全集》中的康德未发表作品和来自于其他作者的一手文献暂由我自己译出。

这两个版本仅仅是呈现方式的不同（AA4:476），但这已足以说明康德至少创作了两个内容有别的先验演绎。这两个版本的先验演绎究竟孰优孰劣，在学者之中仍然是仁者见仁，智者见智。抛开这些争论，但这两版演绎的存在无疑为观察先验演绎提供了新的视角。

以先验演绎为研究对象的二手文献可谓汗牛充栋。本文并不是直接研究两版演绎中的某个的论证是否有效或安全，而是以对比的视角去探讨 B 版演绎较之于 A 版演绎最为显著的变化是什么，隐藏在这种变化背后的动机何在，这种变化是否真的利于促成 B 版演绎的成功。由于两版先验演绎的诸多差异以及各自复杂的内部结构，这个问题不仅过于艰巨，而且容易引发争议。我们必须尽可能地简化问题。幸运的是，A 版演绎和 B 版演绎中分别都包含“从自我意识出发的论证”（the argument from self-consciousness）这一基本论证路线。本文的基本策略是通过对比这一论证路线在两版演绎中的不同呈现，从中观察两版演绎之间重大的变动。

本文的主体将分为三个部分。在第一部分中，我将简要说明 B 版演绎最重要的改动之一是将判断引入论证。在第二部分中，我将考察扮演桥接者的角色的判断和以此为基础重构的论证，并指出在这个论证中判断概念太弱而无法让人接受。在第三部分中，我将考察扮演替代者的角色的判断和以此为基础重构的论证，并指出在这个论证中判断概念太强而无法让人接受。

## 二、从 A 版演绎到 B 版演绎

尽管先验演绎中包含不同路线的论证，但“从自我意识出发的论证”无疑是其中最著名的论证。这条论证路线经常被称誉为先验演绎中的“原本论证（the master argument）”。对很多人而言，“从自我意识出发的论证”甚至就等同于先验演绎自身。[1] 这一论证路线的核心思想在于开发自我意识的理论资源，以达到范畴客体有效性的目标。这条经典的论证路线最为

[1] 仅举一些例子，经典的如 Strawson 1966，较为晚近的如 Dickerson 2003 和 Wunderlich 2011。

直接地表现在 A 版演绎的“自上论证”( die Argument von oben ) 之中。“自上论证”的范围是从 A116 到 A119，其基本论证轮廓可以勾勒如下：

( P1 ) 直观的杂多处于自我意识的综合统一性之下。

( P2 ) 将直观的杂多带到自我意识的综合统一性之下的行动是综合。

( A1 ) 综合蕴含统一性的根据。

( A2 ) 这种统一性的根据是范畴。

( P3 ) 综合蕴含范畴。( 得自于 A1 和 A2 )

( C4 ) 直观的杂多处于范畴之下。( 得自于 P1，P2 和 P3 )

这个论证中，( C4 ) 是达到先验演绎论证目标的结论，( P1 )( P2 ) 和 ( P3 ) 是直接导出 ( C4 ) 诸前提，而其中的 ( A1 ) 和 ( A2 ) 则是直接导出以 ( P3 ) 为结论的前提。[1] 这一论证的基本前进路线是从自我意识的统一性推导到综合，再从综合推导到范畴。[2]

有趣的是，B 版演绎中从 15 节到 20 节的论证也符合“从自我意识出发的论证”这一经典论证路线，因而和 A 版演绎的“自上论证”具有极强的可比性。A 版演绎的“自上论证”可以被视为理解 B 版演绎的一个原点。通过参照这个原点，我们能站在一个更好的位置去把握 B 版演绎究竟发生何种实质性的变化。以下我对 B 版演绎的讨论将仅仅限定在其 15 节到 20 节这一部分。在展开讨论前，我先简要说明这种对 B 版演绎的截取在何种意义上可以得到辩护。B 版演绎在结构上的最显著之处在于它具有两个部分，第一部分是从 15 节到 20 节，第二部分则是从 21 节到 27 节。前者即我们目前所要考察的部分，而后者即我们目前所搁置的部分。对于 B 版演

[1] 在标号中，C 代表结论，P 代表导出结论所需要的直接前提，A 或 B 代表仅仅出现于 A 版或 B 版的间接前提，从中可以导出直接前提。因此，标记为 P 和 C 的命题构成了论证的主干。

[2] Van Cleve 指出，先验演绎由一条概念蕴含的链条构成，杂多蕴含统一性，统一性蕴含综合，综合蕴含范畴，杂多蕴含范畴。见 Van Cleve 1997，87。但是，康德的行文并没有统一并严格地使用一些看似可以互换的表达如“属于”( B153 )、“预设”( A118 )、“包含”( A118 )、“( 是 ) 根据”( B134 )、“( 使 ) 可能”( B133 ) 和“适用于”( B161 ) 等。尽管其中一些 ( 并不是所有 ) 表达存在细微差别，在本文中我将回避这些差别，并结合 Van Cleve 提议的“蕴含”和典型的康德式表达“处于……之下”( B143 ) 这两种表达构造论证。

绎的两个部分的理解引起了学界的广泛争论，目前较为主流的意见是亨利希的一般性提议：这两个部分是一个证明的两个步骤，而非两个独立的证明。[1] 也许有人会由此反对，两步骤的提议暗示我们无法抛开其中任何一个论证步骤而孤立地去理解另外一个步骤。因而，单单截取 B 版演绎的第一部分进行研究是不可取的。这个顾虑是合情合理的。但值得注意的是，在很多重构中，一些学者仍以第一部分为主要对象，而不考虑第二个部分。哪怕是亨利希自己对先验演绎的合理重构也没有完全尊重这一论证策略的提议。[2] 这些尝试的合理之处在于，我们可以抛开康德自己在文本上的方法论说明，从哲学上去审视能否通过利用 B 版演绎中的资源切实地达到范畴客观实在性的论证目标。[3]

让我们对 B 版演绎的第一部分先进行一下简要的回顾。由于 B 版演绎线索繁杂，这里的回顾也仅仅是一个挂一漏万的概括。在信息极为密集的 16 节中，康德以著名的语句开始他的先验演绎："**我思**必须能够伴随我的所有的表象"（B131），然后他认为自我意识（**我思**）的同一性预设（或者包括）一个综合，它确保我所有的表象都在一个意识中被结合，也因此都堪称是属于"**我的**"。至此，这已足以说明 B 版演绎也符合"从自我意识出发的论证"的模式。假如康德进一步认为综合是由先天根据制约的，而这些先天根据无非是范畴，那么这个论证只不过是对 A 版演绎中"自上论证"的重述。

但是，在 16 节中引入综合（或结合）的概念之后，康德并没有亦步亦趋地引入范畴进一步推动他的论证，他好像已经忘记了自己在 A 版演绎中所做的努力。康德反而在 17 节转向先验哲学框架内的客体概念，并在 18 节引入自我意识的客观统一性，进而将其同主观统一性对比。在 19 节中，通过诉诸一个对判断的定义，康德似乎开启了一个新的论证路线。（B141）在总结性的 20 节中，康德继续将判断置于话语的中心而没有提

[1] 见 Henrich 1969。
[2] 见 Henrich 1994。
[3] 对 A 版演绎的截取也包含类似的反对：A 版演绎仅有一个独立而完整的论证，所谓的"自上论证"不过是这一论证的一个子论证。对于这一反对，我认为可以基于同样的理由进行回应。

及综合的概念，并且只有在这一节中，范畴才首次被引入到B版演绎的论证中。

如果我们假定，B版演绎的重新创作是基于康德对于A版演绎呈现方式的不满，我们就必须考察B版演绎有何变动，这种变动是否真的帮助康德在先验演绎的论证中取得进步。事实上，B版演绎包含了诸多不见于A版演绎的新要素：16节中的自我意识的分析统一性的概念，17节中被杂多的综合统一性所定义的客体概念，18节中所引入的自我意识的客观统一性和主观统一性概念，19节中对判断的新定义等等。对于B版演绎的论证来说，并非所有新要素都是不可或缺的环节。这些新要素中，或是对A版演绎中旧有思想的术语化（比如自我意识的分析统一性），或是没有真正推动论证的前进（比如客体的定义对康德认识理论发展是重要的一步，但对康德的论证却并非必不可少），或是在论证中完全没有一席之地（主观统一性仅仅是反衬客观统一性而已）。后面我们将会看到，在这些新要素中，只有19节引入的判断概念才不可动摇地被嵌入到论证之中，从而切实地改变论证的形态，深刻地影响了B版演绎的命运。

判断概念的异军突起并非偶然。A版演绎的"自上论证"一直被这一问题所困扰：康德利用（A1）和（A2）快速地滑过了对（P3）的论证，但是（A2）自身却相当可疑，因为康德在没有充分辩护的情况下就将范畴识别为综合的根据（不管我们将这种根据理解为规则或是其他任何东西）。[1]但这一症结或许可以在判断理论的资源中得以诊治。如形而上学演绎所揭示的那样，作为纯知性概念的范畴是由判断的逻辑形式推导出来的，判断堪称范畴的诞生地。既然判断与范畴的内在联系是已经得到证明的结果，将其纳入论证似乎是先验演绎题中的应有之义。让人疑惑的是，A版演绎中完全没有出现判断概念。[2]如果B版演绎代表了康德对先验演绎的改进，我们的一个合理预期是，形而上学演绎应当在先验演绎的论证中扮演某种

[1] 这个问题不仅困扰A版演绎的"自上论证"。由于"自下论证"在从（A1）到（C4）的部分和"自上论证"重合，因而"自下论证"也存在这个问题。

[2] A版演绎中没有出现"判断"概念，却出现了"思维"概念（A111），但这不足以说明判断在其中扮演了某种角色。思维概念经常被康德在较为宽泛的意义上使用，虽然判断都是思维，但思维未必都是判断。

角色，以使 B 版演绎能够克服 A 版演绎的缺陷。

事实上，判断在 B 版演绎中的出现也并不突兀。从 A 版演绎的角度来看，B 版演绎引入判断的举动看起来或许是一个前所未有的剧烈变动。但如果将视域拉宽，我们就会发现，这是康德在 1781 年《纯粹理性批判》出版后一系列充满热情的尝试的结果。[1]这些尝试不仅记录在他的出版物如《未来形而上学导论》(1783) 和《自然科学的形而上学初始根据》(1786) 中，也记录在他的私人笔记《反思》(Reflexionen) 中[2]。在 1787 年的《纯粹理性批判》之前，康德被判断理论的潜力深深地吸引，他甚至在发表第二版《纯粹理性批判》的前一年承诺，“通过从某个一般判断（一个活动，通过它，被给予的表象才成为对一个客体的认识）的精确规定的定义得出一个单一的推论，经验何以通过范畴可能的问题就几乎可以得到解决”。(AA4：475—476) 康德深信，对于先验演绎来说，判断的价值是毋庸置疑的。

## 三、判断的桥接者角色

目前我们得到的一个初步结论是，B 版演绎最重要的变动是对判断的引入，此举旨在弥补 A 版演绎的不足。现在的问题是，具体而言，判断在 B 版演绎的论证中究竟扮演何种角色？这又将如何切实地塑造 B 版演绎的论证形态？在 B 版演绎的文本框架内，我认为判断可以被诠释为主要扮演两种不同且不相容的角色：(i) 判断扮演综合和范畴之间的连接者这一角色；(ii) 判断扮演综合的替代者这一角色。[3]下面我将依次检验判断的两种角色诠释及其论证地位，并评价它们是否有助于 B 版演绎的成功。

---

[1] 对于康德在两版演绎之间尝试的研究，Guyer 2010 短小却富有价值。见 Guyer 2010，134—138。

[2] 见 R5925, R5928, R5929, R5931, R5932 和 R5933 等。

[3] 就我所见，在这个问题上认识最清楚的是 Van Cleve。Van Cleve 注意到了康德对于综合和判断的关系有两种不同而且不相容的论述。Van Cleve 不仅观察到，一些文本显示康德将判断插入综合和范畴之间，此时综合是论证中的一个环节，他还敏锐地注意到，另一些文本显示先验演绎的论证可以绕过综合而直接诉诸判断。见 Van Cleve 1997, 87。但 Van Cleve 并没有深入分析这两种诠释，而是将他的批评重心置于判断和范畴的关系上。

按照第一种角色诠释，B 版演绎通过判断来桥接综合与范畴之间的空缺。据此，B 版演绎的论证可以被重构如下：

（P1）直观的杂多处于自我意识的综合统一性之下。

（P2）将直观的杂多带到自我意识的综合统一性之下的行动是综合。

（B1）综合蕴含判断。

（B2）判断蕴含范畴。

（P3）综合蕴含范畴。（得自于 B1 和 B2）

（C4）直观的杂多处于范畴之下。（得自于 P1，P2 和 P3）

这一论证是从（P1)(P2）和（P3）三个前提导出（C4）这一结论。显而易见，这一论证的主干与 A 版演绎的“自上论证”完全重合。它与 A 版演绎“自上论证”的不同仅仅在于其辩护（P3）的依据发生了变化。在 B 版演绎这一论证诠释中，我们用（B1）和（B2）取代（A1）和（A2）作为前提导出（P3)。但这一改动并不妨碍这个论证在效果上被视为一个版本的“自上论证”。下面我将搁置这个论证的主干部分，而集中评价康德利用（B1）和（B2）对（P3）进行的新论证。

在对（P3）的论证中，康德将判断嵌入了综合和范畴之间。这就相当于康德避免了辩护如何从综合直接过渡到范畴这一艰巨的挑战，而将（P3）分解为（B1）的“综合蕴含判断”和（B2）的“判断蕴含范畴”这两个子任务。相比于 A 版演绎中（A2）所处理的综合根据与范畴之间的关系，B 版演绎中（B2）所处理的判断和范畴之间的关系显然要紧密许多。不管是在形而上学演绎中，还是在 B 版演绎中新增的“对范畴的解释”（B128—129）中，康德都至少为判断和范畴之间的关系作出了辩护（暂且不论这种辩护成功与否)。因此，判断的引入不仅为从综合到范畴的跨越搭建了承上启下的桥梁，也将割裂的形而上学演绎和先验演绎连接为一个论证整体。

遗憾的是，在判断承上启下的功用中，即使它可以胜任在（B2）中下启范畴，但它是否能在（B1）中上承综合却是令人怀疑的。（B1）的论断“综合蕴含判断”意味着每作出一个综合就都作出一个判断。换而言之，在每个能找到综合的地方就能找到判断。对康德而言，这一论断或许可以被如此辩护：（a）综合的产物是认识（A77—A78/B103），（b）认识必须采取判断的形式，所以（c）综合的产物是判断。而（d）判断表象作为产物总是预设了一种使之成为可能的判断行动，因此（e）构成这一产物的综合行动应当至少包含相应的判断行动。但是，Grüne 令人信服地说明了，并非所有认识都必须采取判断的形式，因此综合活动的产物未必就是判断这一表象。[1] 如此一来，产生认识的综合行动就可以和判断毫无关系，因而综合总是蕴含判断这一结论也就不攻自破了。

如果想要（B1）这一论断被接受，那么判断概念就必须足够弱，以至于它能被蕴含在每个有规则的综合中。为此，我们就要修正我们先前所假定的判断概念，使之必须满足这样一种条件：即使没有判断表象作为产物生成时，判断行动也会被履行。比如，我们可以辩称，通常情况下所谈到的判断是外显的判断（explicit judgment），而在综合中总是涉及一种内含的判断（implicit judgment）。这就是说，综合包含了一种隐蔽形式的判断，这种判断在不参照概念的情况下也能被完成。但是，如果判断概念被这样修正，那么它将变得太弱而让人难以接受。按照康德一般的质形论分析，每一类表象都包含质料和形式这两种本质要素，判断也不例外。康德将判断的逻辑质料认定为概念（A266/B322），正如判断的逻辑形式是不可或缺的，作为逻辑质料的概念同样是不可或缺。因此，不参照概念的判断就是无质料的判断，无质料的判断将不再是判断。

## 四、判断的替代者角色

上述版本的论证不是对判断角色的唯一解读，它的考虑基点是如何利用判断概念提供一个修补 A 版演绎的直接方案。接下来我将考察另一个借

[1] 详见 Grüne 2009，111—130。简言之，Grüne 称对（b）的支持者为判断理论者，其代表为 Carl、Ginsborg 和 Strawson 等人。通过详细的文本分析，Grüne 拒斥了这一看法，进而支持一种非判断理论的概念主义解读：我们完全可以进行综合而无须预设判断，在这一过程中，范畴同样应当被运用直观性表象当中。我认为，康德在 B144f 这一脚注中对“直观的统一性”这一关键概念的澄清充分证实了 Grüne 的看法。

助判断概念的论证，这一论证立足于 B 版演绎中第 20 节的文本，在这一节中，康德提供了一个他对 B 版演绎第一部分的总结性的论证。虽然这个论证同样借助于判断，判断在这里却扮演了一个完全不同的角色：判断不再是综合与范畴之间的桥接者；相反，它成为了综合的替代者。这一论证可以表述如下：

（P1）直观的杂多处于自我意识的综合统一性之下。

（P*2）将直观的杂多带到自我意识的综合统一性之下的行动是判断的逻辑功能。

（P*3）判断的逻辑功能是范畴。

（C4）直观的杂多处于范畴之下。（得自于 P1，P*2 和 P*3）

由于这个官方版本的论证与“自上论证”在前提（P1）和结论（C4）中相同，因此它也是一个“从自我意识出发的论证”。但这个论证的改动更为剧烈。涉及综合的（P2）和（P3）全然消失不见，而由涉及判断的（P*2）和（P*3）取代。在（P*2）中，康德宣称判断的逻辑功能规定了直观中给予的杂多。在（P*3）中，康德宣称判断的逻辑功能同一于范畴。下面我将依次评估（P*2）和（P*3）这两个相当大胆的论断，并指出这两个前提即使不是灾难性的，也是令人费解的。

（P*2）是将改变这一论证走向的关键节点。不管是 A 版演绎中的“自上论证”，还是 B 版演绎中这两个版本的论证，前提（P1）中的杂多的综合统一性都不是自生的，而是需要一个生成的根据。之前两个论证中的（P2）将这一根据识别为综合，而这一论证中的（P*2）则将这一根据识别为判断。也就是说，判断取代了综合的角色，这一论证决定性地和前两个论证区别开来。如果判断要替代综合，判断必须相应地填补综合被驱逐后所留下的空白：产生直观杂多中的综合统一性，或者说，规定直观中的杂多。

现在的问题是，判断能够胜任这一职务吗？假如判断能够自然地承担综合所履行的任务，那么为何康德在 A 版演绎不直接引入判断，反而等到 B 版演绎才这样做？康德显然意识到了这两个相互关联的问题。在 20 节的论证中，康德明确指出，这里他所引用的判断是在 19 节中所引入的那个判断概念。（B143）换而言之，如果没有 B 版演绎 19 节中所特别准备的判断概念，20 节的论证是无法奏效的。那么，何为 19 节中的判断概念呢？按照 19 节，“一个判断无非就是使被给予的认识获得统觉的**客观**统一性的方式”（B141）。这一刻画最显著的特征是引入了统觉的客观统一性，我们姑且可以称之为判断的先验概念，以区别于康德所认为的不彻底的逻辑概念的判断，即，“判断是两个概念之间关系的表象”（B140）。[1] 统觉的客观统一性是“在一个直观中被给予的一切杂多被结合在一个关于客体的概念之中所凭借的那种统一”（B139）。因此，如果统觉的客观统一性被内化到判断的概念中，那么判断就成为了一个更复杂的高级心灵行动：它不仅包含对概念的结合，还包含对直观杂多的结合。

康德对判断概念的这一扩充意义重大，这使得判断概念的内涵逼近了综合概念的内涵。在 16 节中，康德如此描述结合：“结合［……］只是知性的一项工作，知性本身就无非是先天地结合并把被给予的表象的杂多置于统觉统一性之下的能力。”（B134/B135）在 20 节中，判断则被描述如下：“但是，被给予的表象（无论它们是直观还是概念）被置于一般而言的统觉之下所凭借的这种知性行动，就是判断的逻辑功能（参见 19 节）。”（B143）显然，判断和综合在功能上的刻画有惊人的相似性：二者在本质上都被描述为一个知性的行动，这种知性行动将直观的杂多结合到自我意识之中。既然这一被强化后的判断概念能够结合或规定直观中的杂多，那么它自然能够胜任之前综合所扮演的角色。

如前所言，在《自然科学的形而上学始基》中，康德承诺，对范畴的先验演绎几乎可以借由一个被精确定义的判断概念一蹴而就。经过以上对 19 节中判断概念的分析，我们可以发现这种想法的秘密：一个被精确定义的判断概念无非就是一个被定义为满足一切论证需求的判断概念。具体而言，这个判断概念满足了我们的双重期待：一方面，它既能为过渡到范畴

［1］判断对对象或者世界具有构成功能并不是在第二版《纯粹理性批判》中才突然迸发出的新思想。早在《未来形而上学导论》中，康德已经依赖于这一较强的判断概念去证明范畴的客观实在性。

提供桥梁，另一方面，它又能为综合统一性的产生提供根据。

现在唯一的疑问是，这一崭新的判断概念是否能被接受。我认为答案是否定的：在前提（P*2）中运作的判断概念太强了。[1]尽管这个判断概念能够完成康德所赋予它的论证任务，但这样做的代价却是使之成为了一个明显的反直觉的概念。那么，何为判断的直觉定义？在我看来，一个判断的定义是符合直觉的，当它能够捕捉这样一种想法，即，作出判断不对世界具有任何因果效力（causally efficacious）。遗憾的是，康德对判断的先验定义完全不符合这一标准。

按照当代哲学的术语，作出判断就近似于持有（entertain）或者同意（make assent to）信念。我们最基本的哲学直觉之一是物理世界独立于信念（doxa-independent），即，我们单单持有或者同意一种或另一种信念完全无法直接影响世界（尽管信念和其他心智状态如欲望结合可以引起身体行动从而影响世界）。这种哲学直觉独立于关于世界本性的理论——不管这种理论是实在论的还是观念论的。虽然这种直觉看似与实在论者更同声相应，但它同样也适用于那些认为世界依赖于心灵的观念论者。值得注意的是，现代观念论者所主张的世界对心灵的依赖所采取的形式主要是知觉依赖（perception-dependence），而不是信念依赖。哪怕观念论者承认呈现给我们感官的世界依赖于人类的心灵活动，他们也不会承认这一可感世界依赖于人类心灵的判断活动。

那么以上这一对观念论的一般性论断是否适用于康德呢？也许有人会反对，整个先验演绎都试图证明经验依赖于范畴，而范畴是一种概念，从中不难推出经验依赖于概念。这似乎表明康德至少承诺了某种概念依赖

[1] Van Cleve 同样认为这里判断的定义是难以接受的，却基于不同的理由。在他看来，一切联结在判断之中的表象都在自我意识的统一性之中，但其反面却不成立：并非同在一个自我意识中的表象都连接在一个判断之中。由于后者显然要遭到诸多反例的驳斥，Van Cleve 认为这一定义是无法被接受的。见 Van Cleve 1997, 87—88。Guyer 有一个类似的批评：康德在 19 节对判断的论述听起来好像在说，判断必然地涉及了统觉，同时统觉也必然地涉及了判断。见 Guyer 2006，90。这种反对的实质在于，让表象处在自我意识的统一性之下是一个相当廉价的条件，而让表象处于判断之下则是一个较为高昂的条件，二者无法被轻易等同。在我看来，这两人的批评不仅过于严厉，而且也并不致命。康德自己并未宣称他是严格地定义判断概念（在给出充要条件的意义上）。有些话语看似是在给出定义，但也许仅仅在给出必要条件。

（concept-dependent）的观念论。鉴于信念是由概念构成，将一种类似于信念依赖的观念论归给康德也似乎并非不可理喻。但是，这里的范畴和概念的意义需要详加审定。尽管康德力图证明范畴是经验可能性的条件，但此处作为经验可能性条件的范畴是被图示化的范畴，即，更类似于空间和时间的准感性存在者（quasi-sensible entities），而绝非概念本身，即，一般的或反映的表象（AA 9:91）。对于康德而言，正如信念不是经验可能性的条件，那么概念本身（无论是经验的还是纯粹的）既不是也不可能是经验可能性的条件。因此，即使康德持有名义上的某种概念版本的观念论，他也肯定会拒绝这种难以置信的形而上学观点：范畴作为一般的表象构成了现实。可以说，康德并非在挑战、而是在捍卫"实在的信念独立性"这一哲学直觉。

对于这种反对的一种回应则是辩称，判断给直观带来统一性并非康德的看法。按照康德的字面意义来说，给直观杂多带来了统一性的是判断的逻辑功能，而不是判断自身。但这一回应仍然疑点重重。首先，康德 19 节中对判断的定义（B141）和 20 节对判断的逻辑功能的定义（B143）是等同的，二者的差别仅仅是字面的，而非实质的。其次，如果信念性的判断无法影响世界，这一提议难以解释作为判断的某种属性的逻辑功能如何能影响世界。最后，假如逻辑功能的运作不预设判断的运作，人们可以合理地追问，判断的逻辑功能如何以某种方式确定直观的杂多？康德至少欠我们一个相关的说明。如果没有这个说明，同样的旧问题就会以新形式出现：康德不加辩护地将判断的逻辑功能和杂多的规定者进行了同一化。因此，与其说这种提议减轻了问题，毋宁说它加重了问题。统而言之，在这个论证中引入判断只能导向两种结局：符合直觉的判断定义无法取代综合，而可以取代综合的判断定义则不符合直觉。

最后，我将较为简短地考察康德论证中（P*3）这一前提，即，范畴同一于判断的逻辑功能。在我看来，对于（P*3）的同一化论题存在一个直截了当的反对：判断的逻辑功能并不在数目上同一于范畴。在康德的写作中，判断的形式和判断的逻辑功能基本可以互换。比如在第 9 节中康德引入"判断的形式"，然而其标题中所提及的却是"逻辑功能"。（A70/

B95）因此，说判断的逻辑功能同一于范畴几乎无异于说判断的逻辑形式同一于范畴。[1]假如判断的形式同一于范畴，那么康德根本就不需要创作形而上学演绎，即，从判断的形式表导出范畴表。相反，判断的形式和范畴是在数目上截然不同的。判断形式和范畴是知性功能的两个子类：判断形式的功能在于将分析统一性赋予许多概念性表象，从而使得判断成为可能；而范畴的功能则在于将综合统一性给予许多直观性表象，从而使得（确定的）直观成为可能。判断和直观分别是它们活跃的背景，而这一背景又恰恰是识别其身份的因素。因此，判断形式和范畴既无法交换彼此的功能，也无法同一化彼此的功能。

对上述同一化论题的一种辩护是诉诸 B 版演绎的论证结构。人们可以辩称，尽管在一般情况下判断形式和范畴并不同一，但 B 版演绎的论证策略却创造了特殊条件使得判断的形式同一于范畴。在 21 节中，康德提到他在从 16 节到 20 节实行了抽象策略，即将时空形式抽离出人类直观，这意味着在 B 版演绎第一部分所考察的直观是没有时空形式的抽象构造物。在康德所创造的这一抽象条件下，范畴就退化为判断形式，因而和后者变得同一。

但这种辩护仍然经不起推敲。在 A 版辩证论中，康德明确地总结道，“没有这种杂多，它们［范畴］就仅仅是一种判断的功能而没有内容”（A349）。在这里康德明确将范畴和判断的逻辑功能同一化。这似乎是对康德的（P*3）的这一同一化论题的支持。但是，此处同一化的条件是任何直观的杂多都未被给予。相较之下，B 版演绎的策略所创造的条件则仅仅是直观的形式被抽离，但直观中拟定的杂多仍然得以保留。[2]因此，即使诉诸 B 版演绎的抽象策略，也无法建立起同一化论题所需要的条件。

---

［1］受到 Longuenesse 影响，Allison 认为二者有重要的差别，逻辑功能关乎判断活动，而逻辑形式关乎判断这一产物。详见 Allison 2004, 147—148。即使这一区分在概念上是必要的，也很难表明康德在其写作中贯彻了这一区分。

［2］诚然，没有直观的形式，杂多将无法被给予。康德很清楚抽离了时空形式的直观及其对象只是抽象的思想之物。这一点在康德对本体（noumena）的消极意义的讨论中表现得最为明显。

## 五、结　语

以上考察的 B 版演绎的两个论证迫使我们陷入两难：作为桥接者的判断要被综合所蕴含，此时的判断概念太弱；而作为替代者的判断则要包含综合，此时的判断概念则太强。但是，这一消极结论既不能表明先验演绎的规划失败了，也不能表明引入判断的尝试失败了；它仅仅表明上述两种参照判断所重构的论证失败了。这一失败的根源在于，康德所寄以重任的判断被禁锢在以自我意识统一性为起点的原有论证框架下。这意味着，在引入范畴的原初动机之外，判断还被强制性地赋予了额外的任务：它还需要履行桥接或者代替综合的职能来和原有的论证框架相协调。如此一来，判断概念最终只能不堪重负地被压垮。

如果我的以上诊断是正确的，那么一个走出困境的策略就是对判断承上启下的功能去头留尾。我们可以直接绕过我们所熟悉的自我意识的同一性，转而将判断作为论证的出发点，从而仅仅保留其能够连接范畴的使命。在阅读经典哲学文本时，总有一个超越于文本维度之上的哲学维度。为了让康德的哲学洞见获得更加牢固的基础，我们必须在必要之时打破康德原有文本细节的桎梏，更加自由地利用康德的理论资源。

## The Role of the Judgment in Kant's B-Deduction

Song Bo

**Abstract:** Compared to A-Deduction, one of the most salient features of B-Deduction is the introduction of the notion of judgment into its argument. This move is aimed at establishing the link between the judgments and the categories involved in the argumentative objective. On the examination of the two versions of the arguments based on this motivation in B-Deduction, it is revealed that the introduction of the judgment itself is unacceptable, even if this move helps in accomplishing the task of introducing categories. The notion of the judgment in the first version of the argument is too weak, while that in the second is too strong. My diagnosis is that this dilemma is rooted in the fact that the notion of judgment fails to gain its full independence due to its confinement into the original argumentative framework based on Kant's text.

**Keywords:** the Transcendental Deduction; judgment; synthesis; categories

# 康德与自然神论：当代争论背景下的反思与辨析

李科政*

**摘要**：近三十年间，英语学界围绕“康德是否是一个自然神论者”展开了一场漫长的争论，吸引了包括艾伦·伍德、约翰·E.黑尔、彼得·拜恩等诸多学者的参与。这场争论的核心在于：康德是否承认基督教启示（以及其他奇迹与奥秘）的可能性。然而，当我们追问这是否是判断一个自然神论者的恰当标志时就会发现，自18世纪以来，“自然神论”一直缺乏一个普遍接受的明确定义。本文将指出，对启示的否定并不是自然神论者的一个恰当标志，这种否定将导致一系列的难题。因此，英语学界的这场争论是不够充分的。同时，本文将指出，自然神论者的一个恰当标志应该是：反对把启示当作理性宗教的一种建构性原理来使用。而且，在此基础上，依据不同学者对启示的态度，他们的自然宗教思想可以被恰当地划分为四种不同形式的自然神论。

**关键词**：康德；自然神论；自然神论者；启示；基督教

近三十年间，英语学界围绕“康德是否是一个自然神论者”展开了一场漫长的争论，吸引了包括艾伦·伍德、约翰·E.黑尔、彼得·拜恩等众多学者的参与，并且迄今尚未达成共识。而且，当我们进一步追问说：什么是一个自然神论者的恰当标志？我们就会发现，自18世纪至今，“自然神论（deism）”一直缺乏一个普遍接受的确切定义。因此，本文主要有两

---

* 作者简介：李科政，哲学博士，天津社会科学院伦理学研究所暨《道德与文明》编辑部助理研究员，主要从事德国古典哲学与西方伦理思想研究。E-mail：paulus0928@163.com。

个任务：首先，我们将参与到这场争论之中，尝试为康德与自然神论的关系给出一个更为合理的解释；其次，我们还要对“自然神论”这一西方哲学史上的重要思想资源作一番考察，尝试为它提供一个更为合理的定义，以及一个划分不同类型的自然神论者的恰当标准。但是，本文仍将从对“自然神论”概念一个初步讨论入手，以便能清楚地揭示出我们所面临的一些问题。此外，十分有趣的是，尽管本文将指出，英语学界围绕康德所展开的这场争论是不够充分的，但追寻这场争论不断深化的轨迹，我们将发现一些解决问题的关键线索。

## 一、自然神论的定义

康德本人对自然神论的定义非常狭隘，他把自然神论者说成是“仅仅承认一种先验神学的人”。也就是说，自然神论者“承认我们充其量能够通过纯然的理性认识一个元始存在者的存在，但我们关于它的概念却纯然是先验的，也就是说，只是作为关于一个具有所有的实在性的存在者的概念，但人们却不能更精确地规定这些现实性”。[1] 而且，康德在《波利茨版宗教哲学》中明确说：“自然神论者把上帝的概念仅仅理解为一个盲目运作的永恒本性……但是，他不敢断言上帝凭借其自由而是一切事物的原因。”[2]

根据这个定义，康德当然不是一个自然神论者。因为，无论是其理论哲学中的那个纯然作为一个范导性理念的上帝，还是其道德哲学中的那个作为一个使至善得以可能的公设的上帝，都是一个（至少仅仅）逻辑上可能的人格上帝——也就是一个具有知性与意志的元始存在者。当然，康德坚持认为，世俗的理论智慧无法为如是一个人格上帝的理念提供一种现实的可能性。然而，如果我们能正确地理解康德的观点与论证，就不必为他在理论哲学上的怀疑主义立场与其人格上帝的观念之间的一种表面上的矛

[1]［德］康德：《纯粹理性批判（注释本）》，李秋零译注，中国人民大学出版社 2011 年版，第 435 页（B660）。

[2] Immanuel Kant, *Gesammelte Schriften. Bd.28/2/2: Vorlesungen über Metaphysik und Rationaltheologie, 2.Hälfte, Teilbd.2*, Walter de Gruyter, 1972, p.1047.

盾而感到困扰。而且，康德在《波利茨版宗教哲学》中提出了多个理由，来否定一个“盲目运作的”非人格的上帝（他所谓的自然神论的上帝）在逻辑上的可能性。[1]康德对自然神论的这种认识，可能直接地来自大卫·休谟的《自然宗教对话录》，也可能间接地来自他的老师马丁·克努岑的教导[2]，并且确实代表了一部分自然神论者的立场。然而，这个定义恐怕依然是不可接受的。因为，事实上，历史上绝大多数自然神论者并不持有如是一种上帝观：激进的自然神论者通常把上帝看作一个“世界的建筑师”，创世之后就不再干预宇宙的活动；[3]不太激进的自然神论者大多还要求一个关心世界的道德秩序，对人类的行为施以赏善罚恶的审判的上帝。[4]因此，对康德是否是一个自然神论者的判断，还必须另寻其他依据。

然而，“自然神论”并没有一个普遍接受的定义。罗杰·D. 伦德指出，从 18 世纪至今，这个概念一直都缺乏“明确的意义”。[5]当代一些学术辞书中的释义并不令人满意：例如，《布莱克威尔西方哲学词典》说，自然神论主张“上帝一旦在宇宙中设定了运动，他不再干预世界，把它留给自身的法则”[6]。这个说法虽然适用于伏尔泰，却并不适用于其他许多自然神论者。而且，该《词典》把约翰·洛克与康德也算作自然神论者，这种做法在西方学界也充满争议。再如，《剑桥哲学辞典》说：“一些自诩为基督徒的自然神论者接受启示，尽管他们论证说，其内容本质上与自然宗教是相同的。”[7]然而，在当代西方学界的实践中，“是否接受启示”恰恰是判断一个自然神论者的重要标准——例如，在关于康德的争论中就是如此。

---

[1] 参见 ibid., p1050, p.1061. 康德在《波利茨版宗教哲学》中提出的理由主要有三个：1. 非人格的上帝无法表象自身之外的事物，从而是后者的原因；2. 人类的知性与意志，无法被设想为从一个无知性的与无意志的存在者中产生；3. 非人格的上帝无法为世界中的合目的性的秩序提供解释。

[2] 参见 Peter Byrne, *Kant on God*, Ashgate Publishing Limited, 2007, p.167。

[3] 休谟似乎就倾向于这种主张，但是，其最为典型的代表人物当属伏尔泰。

[4] 持这种主张的有雪堡的赫伯特、查尔斯·伯朗特、约翰·托兰德等。

[5] Roger D. Lund, “Introduction”, in *The Margins of Orthodoxy: Heterodox Writing and Cultural Response, 1660–1750*, ed. Roger D. Lund, Cambridge University Press, 1995, p.5.

[6] *The Blackwell Dictionary of Western Philosophy*, ed. Nicholas Bunnin & Jiyuan Yu, Blackwell Publishing Ltd, 2004, p.167.

[7] *The Cambridge Dictionary of Philosophy ( Second edition )*, ed. Robert Audi, et al., Cambridge University Press, 1999, p.216.

还有一些辞书则坦言："自然神论很难定义，而且，自然神论者有时候也很难辨认。"[1]"自然神论……并不指称一种定义明确的学说。"[2]导致这种情况的部分原因是，那些公认的自然神论者往往持有截然不同的信念与立场，"从质疑基督教者到近乎无神论者的有神论者都有"。[3]例如，查尔斯·伯朗特与马修·廷德尔就从未自称为"自然神论者"；安东尼·科林斯只这样做过一次；约翰·托兰德终其一生都否认自己是自然神论者；托马斯·摩根则自称为"信仰基督教的自然神论者"。

"自然神论者"这个称呼来自他们的论敌。根据艾伦·伍德的考证，最早使用这个术语的人很可能是加尔文宗神学家皮埃尔·维勒特，他把它用作一个与"有神论者"相对立的概念。[4]根据皮埃尔的说法，自然神论者是"那些声称信仰作为天与地的创造者的上帝，却拒斥耶稣基督和他的信理的人们"。[5]同样，自然神论者的另一位著名的论敌，伍斯特主教爱德华·斯蒂林弗利特也说，他们是"承认上帝的存在与安排，却对经书和基督的宗教表现出吝啬的敬重之人"。[6]另一方面，17、18世纪的自然神论者，无论他们对基督教信仰持支持或（温和的或激进的）反对的立场，都确实对基督教的启示与奥秘、对《圣经》中的预言与奇迹表现出不同程度的怀疑，并且倡导一种理性的自然宗教。例如，雪堡的爱德华·赫伯特就

[1] *New Dictionary of Theology: Historical and Systematic (Second Edition)*, ed. Martin Davie, et al., Inter-Varsity Press, 2016, p.247.

[2] *Evangelical Dictionary of Theology*, ed. Walter A. Elwell, Baker Book House, 1984, p.304.

[3] *The Cambridge Dictionary of Christian Theology*, ed. Ian A. McFarland, et al., Cambridge University Press, 2011, p.135.

[4] deism（自然神论者）和 theism（有神论者）是两个在构词上完全一致的概念，但却被用于指称两种对立的神学立场。deism 的词根是拉丁文的"上帝（Deus）"；theism 的词根是拉丁字母拼写的希腊文"上帝（Theos）"。而且，它们都明确包含了一神论的意义。近代基督教护教者自称为 theist，把自然神论者称作 deism，这是要强调他们虽然信仰一神论的上帝，却与作为 theist 的基督徒持截然不同的与相对立的立场。值得一提的是，康德也在相对于 theism 的意义上使用 deism 一词。但是，康德的 theist 却并非是指基督徒，而是指理性主义的自然神学家，具体可参见后文。

[5] Allen Wood, "Kant's Deism", in *Kant's Philosophy of Religion Reconsidered*, ed. by Philip J. Rossi & Michael Wreen, Indiana University Press, 1991, pp.1–2.

[6] Edward Stillingfleet, "A Letter to a Deist (1677)", in *Origines Sacrae: A Rational Account. Vol.II*, Oxford University Press, 1836, p.481; also see, Allen Wood, "Kant's Deism", p.2.

认为，“特殊的或者超自然的启示都是不必要的”[1]。其他包括伯朗特、托兰德、柯林斯、托马斯・沃尔斯顿、廷德尔、摩根以及康耶斯・米德尔顿在内的自然神论者都对基督教的启示与奥秘提出了不同程度的质疑与批评。因此，长期以来，是否反对基督教的启示与奥秘就成了判断一个近代学者是否是一个自然神论者的主要依据。而且，尽管这个依据并不因此就是（事实上也并不是）一个自然神论者的自我认同的依据，但它至少在极大程度上是一个实用的依据。

这就不禁使我们联想到康德的《纯然理性界限内的宗教》，他在那里提出了一个有趣的区分。首先，就宗教（从主观上看来）就是把人的道德义务看作上帝的诫命而言，康德区分了“启示的宗教”与“自然宗教”：前者在承认义务之前，事先把它们看作上帝的诫命；后者则先行承认什么是义务，再把它们看作上帝的诫命。[2]也就是说，启示的宗教把上帝的启示看作道德义务的根据，相反，自然宗教仅仅把理性的道德义务看作上帝的诫命。然后，康德说，“如果一个人只是把自然宗教宣布为道德上必需的”[3]，他就是一个理性主义者。其次，在此基础上，他又进一步区分了三种不同的立场：1. 自然主义者，他们“否认任何超自然的上帝启示的现实性”[4]；2. 超自然主义者，他们“认为对这种启示的信仰是为普遍的宗教所必需的”[5]；3. 纯粹的理性主义者，他们“虽然容许这种超自然的上帝启示，但却主张认识这种启示并认为这种启示是现实的，这对于宗教来说并不是必须要求的”[6]——这也正是康德对自己的一个定位。也就是说，康德虽然反对把宗教建立在启示的基础之上，但是，他也自认为不同于“自然主义者”，后者对启示的内在可能性（逻辑可能性）持彻底的否定态度。对于康德来说，这种做法与毫无根据地承认启示的可能性一样，都是一种独

---

[1]［美］约翰・奥尔：《英国自然神论：起源和结果》，周玄毅译，武汉大学出版社 2008 年版，第 74 页。

[2] 参见［德］康德：《纯然理性界限内的宗教（注释本）》，李秋零译注，中国人民大学出版社 2011 年版，第 141 页（6：154）。

[3] 同上。

[4] 同上。

[5]［德］康德：《纯然理性界限内的宗教（注释本）》，第 141 页（6：155）。

[6]［德］康德：《纯然理性界限内的宗教（注释本）》，第 141 页（6：154—155）。

断论的立场，从而是一种不纯粹的理性主义。

显然，根据这一区分，康德对“自然主义者”的定义更符合西方学界对“自然神论者”的传统理解。而且，近年来，英语学界关于“康德是否是一个自然神论者”的激烈争论，也都是围绕着这个“纯粹的理性主义者”的定位是否可信——也就是说，围绕着他是否真的不否定启示的可能性——而展开的。当然，正如前文曾提及过，把“是否接受启示”当作判断自然神论者的一个标准，这样做虽然在极大程度上是实用的，却依然会导致一些问题。但是，本文必须把对它的讨论放到第三节来进行。因为，对近期英语学界关于康德的争论的一个简要介绍，将为解决这些问题提供一些有益的启发。

## 二、关于康德的争论

英语学界关于“康德是否是一个自然神论者”的争论，从上个世纪一直持续至今，吸引了许多研究康德宗教哲学的专家学者参与其中。当然，囿于篇幅的限制，本文无法对这场争论作一个全面的介绍讨论，只能简要地提及一些重要的人物，他们分别是艾伦·伍德、约翰·E.黑尔与彼得·拜恩。选择这三位学者的原因在于：他们的观点不仅代表了这场争论中两种针锋相对的立场，提出了一些重要的理由与依据，而且还明显地表现出了问题与争论层层推进与深入。当然，本文除了要对他们的论证作出一番简要的考察，还要对它们作出必要的回应。

伍德相信，“纯粹的理性主义者”不过是康德“缓和他对纯粹的超自然主义的拒斥的一个修辞”。[1] 而且，除了他本人对普鲁士国王与宗教审查机制的虚与委蛇的态度之外，伍德还强调，尽管康德表面上对启示持保留态度，但他始终倡导一种自然宗教，反对启示之于宗教的建构性作用。首先，康德认为，启示的有效性十分有限，它受到种种主客观的条件的限制，并且缺乏一种先天的普遍必然性。因此，启示的信仰“只能把它的影响扩展到信息与按照时间条件和地点条件判断它们的可信性的能力相联系

[1] Allen Wood, “Kant's Deism”, p.11.

所能达到的地方”。[1] 而且，康德在《学科之争》中也批评说，教会信仰“把仅仅偶然的东西（神的启示）冒充为就自身而言必然的”。[2] 其次，康德坚持理性的权威高于启示，并且构成宗教唯一可能的基础。他曾区分过外在的与内在的两种启示——前者意指基督教意义上的启示，后者意指理性——并且说，内在的启示“必须先于所有其它的启示，并且作用于评判外在启示”。[3] 甚至，康德还说：“关于上帝的概念，甚至对他的存在的深信，都只能在理性中发现。”[4] 根据上述这些说法，伍德断定，康德对启示的保留态度是不真诚的。“虽然一个全能的存在者确乎可以向他的造物降尊纡贵，但是，声称一个好的上帝会选择这样做是一种真正的亵渎。”[5] 因此，他相信康德是一个真正的自然神论者。

约翰 · E. 黑尔并不赞同伍德的观点，他认为我们没有理由怀疑康德，因为“纯粹的理性主义者”的立场包含两个方面的要求：1. 反对启示之于宗教的建构性作用；2. 承认并容许启示的可能性。伍德的论证虽然可以支持第一个方面，却不足以反对第二个方面。在黑尔看来，康德的意思是说，对于一个纯粹的理性主义者而言，“接受启示并不是必需（即使他确实接受它）。他相信，上帝可能会超自然地颁布诫命，但它们并不是所有的理性行动者都必需在道德上执行的”。[6] 而且，康德在许多地方都承认，启示对于宗教来说多少是有用的。例如，他在《纯然理性界限内的宗教》中说，为了让人们对“最高的理性概念和根据”获得一种感性的把握，

[1] [德] 康德：《纯然理性界限内的宗教（注释本）》，第 90 页（6：103）。

[2] [德] 康德：《康德著作全集》第 7 卷：学科之争、实用人类学，李秋零主编，中国人民大学出版社 2008 年版，第 47 页（7：50）。

[3] Immanuel Kant, *Gesammelte Schriften. Bd.28/2/2*, p.1118.

[4] [德] 康德：《康德著作全集》第 8 卷：1781 年之后的论文，李秋零主编，中国人民大学出版社 2010 年版，第 143 页（8：142）。

[5] Allen Wood, “Kant’s Deism”, p.21.

[6] John E. Hare, *The Moral Gap: Kantian Ethics, Human Limits, and God’s Assistance* (Oxford: Clarendon Press, 1996), 45. 黑尔接着说：“这难道不就是说，他必须相信，他并不是必须执行它们，即使他同时也相信它们是上帝的诫命？我认为，康德的态度是，只要《圣经》中的规章与实践理性是一致的，而且，假如他也是那些受到圣经故事的‘振奋’的人们之一，他就应当把这些规章当作上帝的诫命。然后，他就会把自己，而不是所有理性行动者，看作是受到它们约束的。”黑尔的依据是康德对宗教的形式方面与质料方面的区分，参见 [德] 康德：《道德形而上学（注释本）》，张荣、李秋零译注，中国人民大学出版社 2013 年版，第 260 页（6：487）。

“必须利用某种历史性的教会信仰”[1]，他也因此把启示看作“引导真宗教的手段”[2]。再如，他在《学科之争》中说，由于自身的缺陷，理性有权假定一些包括启示在内的超自然的弥补，[3]并且主张启示“对于理性的道德规范来说在其公开的传播和内在的振奋方面是有益的”。[4]当然，康德也始终坚持理性的权威，他说：“这种手段归根结底毕竟是越界的，无论上帝自己就此对我们说过什么，对我们来说也是不可理解的。”[5]总而言之，根据前面的种种说法，黑尔相信，我们没有理由认为康德对启示的保留态度是虚伪的，他也并不是一个自然神论者。

伍德与黑尔的观点各自都有许多支持者，而且，他们也都能从康德著作中找到一些有利于自己立场的说法。但是，彼得·拜恩通过引入康德对两种可能性的区分——逻辑的或内在的可能性与实在的可能性[6]——对黑尔一派的观点提出了强有力的反驳。拜恩指出，康德当然无法否定启示的内在可能性，但是，这种可能性“是无穷无尽的，仅仅受制于自相矛盾的原则”。[7]相反，“实在的可能性依赖于一个概念与外在于它的某物之间的关系：经验的形式与可能性”。[8]因此，一方面，我们必须看到，黑尔一派所能找到的几乎所有文本依据，都无法为一种逻辑上可能的启示提供任何实在的依据；另一方面，康德把启示彻底排除在可能经验的范围之外，从而彻底否定它具有一种实在的可能性。例如，他在《学科之争》中说，上帝的直接启示“是一种超感性的经验，而超感性的经验是不可能的”。[9]“人通过自己的感官把握无限的上帝，把上帝与感官存在者区分开来，并根据什么东西来认识上帝，这是绝对不可能的。”[10]此外，拜恩还特意提到康德

[1]［德］康德：《纯然理性界限内的宗教（注释本）》，第 97 页（6：109）。
[2]［德］康德：《纯然理性界限内的宗教（注释本）》，第 141 页（6：155）。
[3] 参见［德］康德：《康德著作全集》第 7 卷，第 40 页（7：43）。
[4]［德］康德：《康德著作全集》第 7 卷，第 41 页（7：44）。
[5]［德］康德：《康德著作全集》第 7 卷，第 40 页（7：44）。
[6]［德］康德：《康德著作全集》第 2 卷：前批判时期著作 II（1757—1777），李秋零主编，中国人民大学出版社 2004 年版，第 84—88 页（2：77—81）。
[7] Peter Byrne, *Kant on God*, p.163.
[8] 同上。
[9]［德］康德：《康德著作全集》第 7 卷，第 44 页（7：47）。
[10]［德］康德：《康德著作全集》第 7 卷，第 61 页（7：63）。

写于 1788—1790 年的一份手稿，他在那里分别从空间与时间的角度，依据牛顿力学的“作用与反作用”原理论证了奇迹的不可能性。[1] 显然，这个证明也适用于启示。因此，拜恩认为，康德反对启示的实在可能性的事实表明，他无疑是一个自然神论者。

毫无疑问，引入两种可能性的区分对问题的讨论是有所助益的，但拜恩的观点依然有待商榷。须知，康德的讨论始终基于对“人类理性（menschliche Vernunft）”的种种能力的批判，并且仅限于“世俗智慧（Weltweisheit）”的范围。逻辑的可能性依据的是思维的一般形式，实在的可能性依据的是对象的感性条件——因为人类理性不能直接应用于对象自身（作为物自身的对象），而是在任何时候都只能应用于感性的对象（作为显象的对象）。因此，某物如果不是依据经验而具有一种实在的可能性，即使它在逻辑上被表象为可能的，也不能被判定为一个可能的实在对象。而且，康德的讨论始终都立足于“一般经验（Erfahrung überhaupt）”——无论“确定的经验（bestimmte Erfahrung）”还是“不确定的经验（unbestimmte Erfahrung）”都是如此。因此，当康德说启示作为一种“超感性的经验”是不可能的，说奇迹依据牛顿力学是不可能的，都是就“一般经验”而言的。然而，正因为如此，这些判断只能表明它们（作为逻辑上可能、经验上不可能的）必须被判定为就我们的认识能力而言不可能的（不可知的），却不足以表明它们就其自身而言是不可能的，甚至也不足以否定它们的一种主观上的实在性，除非它们同时也能被表象为逻辑上不可能的——拜恩的论证恰好忽视了这一点。因此，康德对启示的可能性的保

---

[1] Immanuel Kant, *Gesammelte Schriften. Bd.18 , Metaphysik, 2. Hälfte*, Walter de Gruyter, 1967, pp.320—322. 康德在那里论证说：“如果由一个奇迹造成一个运动，则由于这个运动服从作用和反作用的法则，世界的‘重心［centrum gravitatis］’将会因为这个运动而改变，因为它不受制于作用与反作用的法则，换句话说，世界就会在虚无的空间中运动；空的空间中的运动是自相矛盾的，也就是说，它会是一个事物同一个无之间的关系，因为，空的空间是一种纯然的理念。”然后，康德接着论证说：“一个时间中的显象，如果它的原因不能在时间中被给予，也不服从它的条件，那就是一个奇迹。但是，因为唯其由于原因和结果二者都属于显象，后者就能够在相对的时间中得到规定，所以这就一个由奇迹而产生的结果而言不可能发生，因为，它的原因并不属于显象。因此，一个超自然的事件将不在相对的时间中被规定，而是在绝对的（空的）的时间中被规定。但在空的时间中的规定是一种自相矛盾，因为，对每一种关系都必须给出两个‘相关物［Corralata］’。”

留态度，并不与他的认识论原理相冲突，也符合一种纯粹的理性主义者的立场。

然而，我们是否因此就可以断言，康德不是一个自然神论者？或者说，对启示的（逻辑上的）可能性的肯定，是否能够充当判定一个自然神论者的恰当标准？至少就目前来说，我们必须认为这个标准依然有待讨论。而且，就康德的宗教思想而言，我们还必须看到，他始终坚持自然宗教的主张，并且反对把启示当作理性宗教的建构性原理来使用——在这个方面，他甚至比一些公认的自然神论者更为严苛。此外，假如这个标准真的被证明为一个不恰当的标准，那么，我们在前文讨论的这场争论就是不够充分的。然而，尽管这种前景不免令人感到沮丧，但它毕竟有助于我们发现并解决真正的问题。

## 三、自然神论的澄清与划分

毫无疑问，除了自然宗教的主张之外，自然神论还必须包含一些独有的特征。因为，若非如此，它相对于自古希腊以降的理性神学或自然神学（theologia naturalis）就缺乏一些辨识性的标志，甚至干脆就被混为一谈。如此一来，关于“康德（以及除了无神论者之外的几乎所有近代学者）是否是一个自然神论者”的讨论就会彻底丧失意义。因此，自然神论与基督教意义上的有神论的对立依然值得强调，它也确实必须包含对启示（以及其他奇迹与奥秘）的某种否定态度，这也是内在地包含在自然宗教的概念之中的一个规定。

然而，黑尔的论证提醒我们，对启示的否定可以有两种不同的形式：1. 彻底否定启示可能性，并且坚持真正的宗教必须以理性为基础（康德所谓的“自然主义者”的立场）；2. 对启示的可能性持不可知的态度，反对把它们当作理性宗教的建构性原理来使用（康德所谓的“纯粹的理性主义者”的立场）。而且，我们还可以再补充一种：3. 肯定启示的可能性，却反对把理性宗教建立在启示的命题之上。当然，这种态度不宜被归入“自然主义者”与“纯粹的理性主义者”的行列，但它显然也不是一种“超自然主义者”的立场。而且，我们确实可以在一些公认的自然神论者身上发现类似的态度。例如，雪堡的爱德华·赫伯特就明确表示：“启示的真理是存在的。”[1]但是，他认为这种真理的真伪必须依据一些条件作出谨慎的判断。[2]然而，正如约翰·奥尔所言：“他表述这些条件时所使用措辞，却可以表明他并不相信任何典籍可以满足这些条件。”[3]因此，这种程度的肯定显然并不足以为宗教奠基。赫伯特甚至还说：“某些建立在启示基础上的理论是可以的，有些更是应该被抛弃的。”[4]然而，对它们作出判断的依据应当是理性中关于上帝及其相关知识的“天赋观念”——也就是所谓的“共同观念（common notions）”。赫伯特相信，唯有这些天赋观念才是宗教的唯一可靠基础；相比之下，启示对于宗教来说并不是必需的。

赫伯特自然不是唯一的例子，而且，我们由此可以看出，如果把否定启示的可能性当作自然神论的一个标志，就会把一些典型的自然神论者排除在外。此外，我们还要考虑一些特殊的历史人物，他们通常并不被视作自然神论者（或者具有争议），却对自然神论的发展作出过巨大的贡献，以至于任何一本严肃自然神论思想史著作都必须对他们大费笔墨。其中，最著名的莫过于托马斯·霍布斯与约翰·洛克。首先说霍布斯，他由于自己在形而上学的唯物主义立场与认识论上经验主义立场，常常被误认为是一个无神论者。然而，霍布斯的著作不仅随处可见对上帝的敬畏，他还明确表示过自己信仰上帝。[5]霍布斯与赫伯特一样，虽然肯定启示的可能性，但也强调其真伪难辨。“全能的主虽然可以通过梦境、异象、异声和神感对一个人降谕，但他却没有强制任何人相信他对自称有此事的人降

[1]［英］雪堡的爱德华·赫伯特：《论真理》，周玄毅译，武汉大学出版社 2006 年版，第 286 页。

[2] 参见同上。

[3]［美］约翰·奥尔：《英国自然神论：起源和结果》，第 75 页。

[4]［英］雪堡的爱德华·赫伯特：《论真理》，第 269 页。

[5] 参见 Thomas Hobbes, *The English Works of Thomas Hobbes of Malmesbury. Vol. IV*, coll. & ed. William Molesworth & John Bohn, 1840, p.293. 霍布斯在那里说：“首先，所有人自然地会认为上帝实存；但是，却不能自然地知道他的其他属性，而是要通过推理，逐渐地知道。而且，对于真上帝的属性，除非通过上帝写下的圣言，他们绝不能知道。……先知大卫曾说过：愚妄的人心中说，没有上帝。这难道不是愚蠢的罪过吗？我们都认为，正确的理性指明，有一个上帝。”

了谕。这个人既然是一个凡人，就可能发生错误，而且比错误更进一步的是，他还可能撒谎。”[1]因此，霍布斯主张唯有理性才是无可置疑的上帝传谕之道，[2]并以此提出了他的自然宗教理论。正是由于霍布斯的这种态度，约翰·奥尔承认他是一个自然神论者，尽管他也强调说：“他与大多数自然神论者却是如此地迥然不同，以至于在后者那里他并不受欢迎。”[3]当然，这并不能成为否定其身份的一个恰当理由。

约翰·洛克是一个更为有趣的例子，他的经验主义方法的实际影响力远远大于赫伯特的天赋观念论，并且直接影响了包括托兰德、柯林斯、廷德尔在内的一系列自然神论者，可以说为英国自然神论的发展奠定了一个坚实的基础。然而，他很少被视为一个自然神论者，一些学者甚至把他归入到正统基督徒的行列，尽管他公开地否认“圣三一”与“基督的二性”等核心信理。[4]洛克毫不犹豫地反对把宗教建立在未经考察的启示之上，并且主张人类理性单独地就可以认识上帝的实存。[5]但是，他不但充分肯定启示的可能性，也充分肯定启示在许多方面的有用性。例如，启示可以让我们知晓一些超自然的知识，[6]让我们更加清楚地理解上帝和他的道德法则。[7]而且，他还特别强调，在培养大众道德的方面，上帝启示的方式“相比通过漫长的、有时候错综复杂的理性演绎而让他们知道的方式，至少更为确定，也更为便捷”。[8]但是，这种态度并不妨碍他依然把理性视作最高的权威，并且坚持“启示也不能违反理性的明证”。[9]无论如何，洛克

---

[1]［英］霍布斯:《利维坦》，杨昌裕译，商务印书馆1985年版，第292页。

[2]［英］霍布斯:《利维坦》，第209页。

[3]［美］约翰·奥尔:《英国自然神论：起源和结果》，第89页。

[4] 参看 John Locke, *The Works of John Locke In Ten Volumes. Vol. IV*, London, 1823, p.343. 洛克以嘲讽的口吻回复斯蒂林弗利特说：“阁下，我的《圣经》再次错误了；因为，我不记得我在哪里读到过这些命题，按照如此精确的措辞说，‘有三个位格在一个本性中，或者，有两个本性在一个位格中’。”

[5]［英］洛克:《人类理解论》，关文运译，商务印书馆1982年版，第531—532页。

[6] 参看［英］洛克:《人类理解论》，第615页。洛克说：“那些超乎我们的自然功能所能发现的之外的事情，是本当属于信仰的事，如反叛天使的堕落，死人的复活之类。”

[7] 参看 John Locke, *The Works of John Locke. In Ten Volumes. Vol. VII*, London, 1823, pp.135–138.

[8] Ibid., p.139.

[9]［英］洛克:《人类理解论》，第615页。

对启示的肯定态度远远超过了霍布斯，从而通常并不被承认为一个自然神论者。但是，他的态度似乎也并不比雪堡的爱德华·赫伯特更为过分，尽管后者为启示作出了更多的辩护。而且，洛克活着的时候，正统的基督徒（尤其是斯蒂林弗利特）倒是非常严肃地把他当作一个自然神论者来对待。

因此，考虑到这些问题，如果自然神论的内涵必须包含对基督教启示（以及其他超自然的奇迹与奥秘）的某种否定，那么，鉴于我们区分了三种不同形式的否定，就不妨对自然神论作一种较为宽泛的定义。也就是说，我们可以把“否定启示能单独地充当理性宗教的建构性原理”——而不是“否定启示自身的可能性”——当作自然神论的一个标志。然后，以此为基础，我们还可以进一步区分出自然神论的四种形态：首先，如果一种自然宗教主张不否定启示的可能性，却反对单独地把启示当作理性宗教的建构性原理来使用，那就是一种温和的自然神论。如果它对启示的可能性持肯定态度，那就是一种最温和的自然神论；相反，如果它对此持严格的不可知的态度，那就是一种较温和的自然神论。其次，如果一种自然宗教主张不仅反对启示的建构性作用，还彻底否定其可能性，那就是一种极端的自然神论。如果它坚持上帝是一个人格的存在者，对人世间的道德秩序充满关怀，并对人的行为施与赏善罚恶的审判，那就仅仅是一个较极端的自然神论；相反，如果它主张上帝在创世之后就不再关心世界与人的活动，甚至否认上帝是一个人格，仅仅把他看作世界之外的一个盲目运作的原因，那就是一种最极端的自然神论。根据这种区分，我们就可以对不同形态的自然神论的差异与同一性获得一种清晰的认识。

如果上述讨论是合理的，那么，前文提及的关于康德的争论就确实是一种无谓之争。康德当然是一个自然神论者，无论他对启示持何种态度，他都坚定不移地持一种自然宗教的立场。但是，这场争论确实为我们揭示出一些细节性的问题。康德确实不反对启示（以及其他奇迹与奥秘）具有一种逻辑上的可能性，但他也确实认为启示按照一般经验无法被表现为现实的可能的，从而严格说来只能是一些于人类认识而言不可知的事件。因此，康德的“纯粹的理性主义”的立场不是一种虚伪的态度，它不仅完全符合康德的认识主张，而且（通过必要的澄清）也并不与其著作中的种种说法相矛盾。总的来说，康德既没有像赫伯特、霍布斯、洛克那样独断地肯定启示的可能性，也没有像其他许多自然神论者那样独断地否定它。康德无疑是一个温和的自然神论者，却不是最温和的。

## Kant and Deism: Reflection and Clarification under the Background of Contemporary Debate

Li Kezheng

**Abstract:** In the last three decades, there has been a long debate on "whether Kant is a deist", which attracted discussions from a number of scholars such as Allen Wood, John E. Hare, and Peter Byrne. The core of the debate lies in Kant's recognition on the possibility of Christian revelation (and other miracles and mysteries). When probing into the proper criteria of a deist, however, we can find out that there has been a lack of determinate and widely-accepted definitions on deism. The article argues that denial on revelation cannot act as a proper criterion of deism, which will result in a number of difficulties. Therefore, the debates on Kant in English academic circle were in vain to a large extent. In the meantime, the article also contends that a proper criterion of deism is the rejection against the idea of using revelation as constructive principles of rational religion. On that basis, scholars' thoughts on natural religion can be properly classified into four forms of deism in accordance with their particular attitudes toward revelation.

**Keywords:** Kant; Deism; Deist; Revelation; Christian Religion

# 如何理解康德对根本恶的论证

陈 杰*

**摘要：**如何理解康德在《纯然理性界限内的宗教》第一篇中对根本恶论题的论证，这是学界争议已久的一个问题，本文尝试把较有代表性的观点概括为三种立场，即经验性的否定立场、经验性的肯定立场、先验肯定立场。其中持第三种立场的学者认为，可以从《宗教》文本中总结出两个先验论证，即以道德归责和自由为前提的论证。本文认同这种立场，并尝试分析这两个论证的合理性，进而以此为基础，回应部分学者对根本恶论题内在一致性的相关批评。

**关键词：**根本恶；自由；经验性论证；先验论证；康德

人本性善恶的问题是康德在《纯然理性界限内的宗教》[1]关注的一个核心问题，康德对该问题的回答也是学界针对他这一宗教学著作讨论最多的一个话题[2]。康德的回答之所以广受关注，部分原因自然是因为人性善恶的问题本身一直是哲学家们关注的焦点，但另一个重要原因则在于，康德的回答本身极富争议。因为，他认为人的本性中有一种颠倒道德法则和感性动机在准则中的秩序的倾向，这种由人自己招致的倾向败坏了作为一切

---

* 作者简介：陈杰，武汉大学哲学学院外国哲学专业博士研究生，主要研究领域为德国古典哲学与宗教哲学，E-mail：xiangcj@whu.edu.cn。

[1] 本文所引康德原文主要来自李秋零教授所译《康德著作全集》第6卷中的《纯然理性界限内的宗教》（以下简称《宗教》），个别语句参考 Giovanni 的英译本，有时略有调整。

[2] 根据斯蒂芬·帕姆奎斯特（Stephen R. Palmquist）的总结，20世纪70年代以前英语学界的学者大部分只关注《宗教》一书第一篇对根本恶问题的处理，其他的论证大部分被忽视了。近几十年来，随着康德宗教哲学成为康德学界研究的热点，虽然越来越多的学者把关注点扩展到《宗教》全书，但讨论根本恶的第一篇仍是各方关注的焦点。参看，Stephen R. Palmquist, *Comprehensive Commentary on Kant's Religion within the Bounds of Bare Reason*, ( John Wiley & Sons, 2015 ) preface xiii.

准则之根据的最高准则，因而人是根本恶的，这就是本文所谓的根本恶论题。[1]

学界对根本恶论题的争议主要表现在三方面：首先，康德似乎只是给出了“人是根本恶的”这样一个论断，而缺乏相应的论证，或者说只是给出了经验性的证明，这引起了学者对该论题是否成立的质疑；其次，康德有关该论题的一些表述看起来似乎是不兼容的，例如，他一方面认为根本恶是人通过自己的自由造成的，另一方面又强调根本恶是每个人生而具有的、普遍地属于人这种族类；最后，康德的回答似乎与其道德哲学中的论述相冲突，或者至少是有出入的，这让“康德后期是否改变了其道德哲学中的立场”成为一个可讨论的话题。实际上，这几方面的问题并不能截然分离，尤其是前两个问题，因为只有厘清康德的论证思路，我们才能理解他的表述究竟是什么意思。因此，本文将首先讨论康德对根本恶论题的论证，进而基于这种讨论来回应学界有关该论题存在不兼容问题的批评。[2]

有关康德对根本恶论题的论证，学界大致存在三种理解思路，本文把它们分别概括为经验性的否定立场、经验性的肯定立场和先验肯定立场。毋庸置疑，持否定立场的学者认为康德并未在《宗教》一书中给出真正的论证，至多只是给出了一些经验性的证据，后者无法支撑康德得出的普遍性结论，因此根本恶论题不能成立。[3]与之相反的是，持经验性肯定立场的学者虽然也承认康德在《宗教》中只是给出了经验性的论证，但他们认

[1] 康德：《纯然理性界限内的宗教》，《康德著作全集》第6卷，李秋零译注，中国人民大学出版社2007年版，第32、37页（6：32、37）。为简化起见，以下凡引此书均只标书名和页码，并在括号中附上科学院版标准码，如此处即为：《宗教》，第32、37页（6：32、37）。

[2] 限于篇幅和能力，本文不涉及这里提到的第三个问题，虽然该问题也是根本恶论题广受关注的一个重要原因。

[3] 持这一立场的学者包括麦克尔森（Gordon Michalson）、伯恩斯坦（Richard Bernstein）和菲利普·奎因（Philip Quinn）等人。Gordon E. Michalson, *Fallen Freedom: Kant on Radical Evil and Moral Regeneration*, (Cambridge University Press, 1990) pp. 37–46; Richard Bernstein, *Radical Evil: A Philosophical Investigation*, (Cambridge, UK, Polity Press, 2002) pp. 34–35; Philip L. Quinn, *"Original Sin, Radical Evil and Moral Identity"*, *Faith and Philosophy*, 1984, (1):188–202.

为这种论证足以支撑康德的观点，因此根本恶论题成立。[1]此外，还有一部分学者则认为康德在《宗教》文本中给出了先验论证，尽管这些论证不像第一批判和第二批判中的论证那样明显，但我们仍然可以根据文本概括出来，因此根本恶论题显然成立。[2]以麦克尔森（Gordon Michalson）为代表的学者正是基于理解康德根本恶论题的经验性否定立场，批评康德相关界定存在不相容的问题，他们的批评主要包括三点：第一，趋恶倾向与自由之自发性如何兼容；第二，自由选择与恶之生而具有（innate）如何兼容；第三，自由选择与根本恶的普遍性如何兼容。[3]

就康德对根本恶论题的论证而言，本文赞同第三种立场，亦即认为康德本人给出了相关先验论证，而且本文认为，基于这种先验立场的理解，麦克尔森等人所谓的"康德对根本恶的界定存在不兼容"的问题并不存在。具体而言，本文的大致思路如下：首先，在文章的第一部分，我将简要重构两种理解康德根本恶论题论证的经验性思路，并尝试指出这两种思路存在的问题；其次，在文章的第二部分，我将重构理解根本恶论题的两个先验论证，并以《宗教》一书文本为依据探讨这个论证的合理性；最后，在文章的第三部分，我将以第二部分的论述为基础，指出所谓的不兼

[1] 艾伦·伍德（Allen Wood）和斯蒂芬·格林姆（Stephen Grimm）是持这一立场的典型代表。Allen Wood, *"The evil in human nature"*, in *Kant's Religion within the boundaries of mere reason: a critical guide*, ed. by Gordon E. Michalson,（Cambridge University Press, 2014）pp. 31–57; Stephen R. Grimm, *"Kant's Argument for Radical Evil", European Journal of Philosophy*, 2002, 10（2）:160–177.

[2] 帕斯特纳克（Lawrence Pasternack）和帕姆奎斯特（Stephen Palmquist）是这一立场的典型代表。Lawrence R. Pasternack, *Routledge Philosophy Guidebook to Immanuel Kant's Religion within the Boundaries of Mere Reason: An Interpretation and Defense*,（London: Routledge）2014, pp. 107–108; Stephen R. Palmquist, *Kant's Critical Religion: Volume Two of Kant's System of Perspectives*,（Aldershot, UK: Ashgate）2000:156–157. 此外，这里所谈的三种立场并未涵盖阿利森（Henry Allison），这是因为阿利森的观点比较特殊：他承认康德并未给出真正的论证，但同时又认为康德的根本恶论题是成立的。为了证明后一点，他认为我们可以为康德补充一个先验论证。由于本文赞同我们可以从《宗教》文本中直接概括出先验论证的观点，所以认为阿利森的补充略显多余，因而并未把他的观点当成一个重要部分放在文中讨论。阿利森相关论点参看：亨利·阿利森：《康德的自由理论》，陈虎平译，辽宁教育出版社 2001 年版，第 228—232 页。此外，胡学源在最近发表的论文中比较合理地指出了阿利森论证中存在的问题。参看：胡学源：《康德论人性中普遍的趋恶倾向》，《道德与文明》，2018（05）：150—158。

[3] 参见 Gordon E. Michalson, *Fallen Freedom: Kant on Radical Evil and Moral Regeneration*,（Cambridge University Press, 1990），pp. 37–46.

容问题只是部分学者在理解康德对根本恶的论证时，采用经验性否定思路所得出的结论。

## 一、理解根本恶论证的两种经验性路径及其可能存在的问题

正如前文所介绍的那样，虽然学界普遍接受康德在《宗教》中给出了根本恶论题，但关于康德是否在文本中给出了相应论证、或者说给出了什么样的论证，却存在颇多争议，概括而言学界大致存在三种立场，即康德没有给出论证，康德给出了经验性论证，以及康德给出了先验论证。在这一节里，我将依次分析持前两种立场的代表性学者的观点，并尝试指出这两种立场可能存在的一些不足之处。

持第一种立场的麦克尔森（Gordon Michalson）、伯恩斯坦（Richard Bernstein）和菲利普·奎因（Philip Quinn）等人认为，康德在提出根本恶论题之后并未给出真正的论证（genuine argumentation），只是诉诸经验性的事实，然而，根本恶论题是一个普遍性结论，经验事实或者基于这些经验事实所做的归纳无法支撑这样的命题，所以根本恶命题不能成立。伯恩斯坦更是认为，康德这里的做法违反了他在批判哲学里确立的原则，因为根据康德的说法，根本恶命题是一个先天综合命题，伯恩斯坦的依据是该命题不是分析命题但又具有严格普遍性。此类命题的证明需要演绎，而不能依靠经验归纳。然而康德却只给出了经验性的证据，所以，伯恩斯坦认为康德似乎陷入了他在第一批判中所极力批评的那种先验幻象中，换言之，在伯恩斯坦看来，有关人性善恶的问题我们根本无法认识，因为它属于本体领域，但康德却妄图通过经验性证据超出经验，去证明有关本体领域的论题。[1]

上述几位学者给出的文本依据主要是康德在《宗教》一书 32 页的表述："至于这样一种败坏了的情形必然植根在人身上，我们由于有经验就人们的行为所昭示的大量显而易见的例证，也就可以省去形式的证明

[1] Richard Bernstein, *Radical Evil: A Philosophical Investigation* ,（Cambridge, UK: Polity Press, 2002）pp. 34–35.

（formal proof）了”[1]，以及紧接着康德列举出的现实社会中存在的各种恶的状况。他们据此认为，一方面康德本人明确表述不需要形式证明，另一方面，康德在这一否定性陈述后直接给出了大量经验性例证，这表明康德认为经验性证据就足以证明根本恶论题。实际上，对这一段文字的解释的确是理解康德根本恶论题论证的关键，因此下文或将反复谈及不同学者的观点。限于篇幅，笔者在这里只能对上述理解给出两个简单的反驳：首先，康德的确认为可以不需要形式的证明，但这并不能表明他没有给出形式的证明，或许正如帕姆奎斯特所说，康德认为这些经验性的例证已经为大部分读者提供了充分的证据，因而不必急于给出形式论证；[2]其次，康德这里给出的经验性例证只是其论证的起点或者说论证中的一个前提，绝非全部，这一点本文第二部分将会进一步说明。

与这些持否定立场的学者不同，艾伦·伍德（Allen Wood）和斯蒂芬·格林姆（Stephen Grimm）虽然也承认康德的论题建立在经验性事实之上，但二人却认为康德的论题是成立的，尽管他们为康德辩护的角度有所不同。

具体而言，伍德的辩护包括两个方面：一方面，他认为康德所列举的经验性实例是完备的，以此为基础所做的归纳足以保证根本恶论题的普遍性；另一方面，他通过对人性禀赋的分析得出结论说，要理解康德的根本恶论题，必须引入他的人类学分析，尤其是其中的非社会的社会性

[1]《宗教》，第 32—33 页（6：33—34）。这里的引文参考英译本略有调整，即将“也就可以省去迂腐的证明了”改为“也就可以省去形式的证明了”，主要参考的是 Giovanni 的英译本，该译本原文为：“We can spare ourselves the formal proof that there must be such a corrupt propensity rooted in the human being, in view of the multitude of woeful examples that the experience of human *deeds* parades before us.” 此外还参考了 Pluhar 的新译本和 Palmquist 的注释本。Immanuel Kant, *Religion and Rational Theology*, Ed. and trans. Allen W. Wood and George di Giovanni,（Cambridge: Cambridge University Press, 1996）p. 80; Werner Pluhar, *Religion within the Bounds of Bare Reason*,（Indianapolis, Hackett，2009）p. 36; Stephen R. Palmquist, *Comprehensive Commentary on Kant's Religion within the Bounds of Bare Reason*,（John Wiley & Sons, 2015）p. 85.

[2] Stephen R. Palmquist, *Comprehensive Commentary on Kant's Religion within the Bounds of Bare Reason*,（John Wiley & Sons, 2015）p. 85. 此外帕姆奎斯特在该页注释 58 中也承认，康德在给出论证上的推诿或许的确反映了他在是否能给出一个先验论证上的不确定心态。

( unsociable sociability )。[1]就第一点而言，伍德认为，康德给出的这两个例子并不是任意的，而是两种极端对立的情况——野蛮人和文明人，根本恶论题是基于对这两种极端状况下的人性的考量归纳得出的，换言之，如果在两种极端对立的情况下人类都表现出了普遍的恶，那么处于这两种对立状态中间的人也就必然是恶的。就第二点而言，伍德认为，康德实际上是把这种根本恶建基于他的人类学分析之上，这在人性禀赋那里表现得最明显。因为人性禀赋的败坏会滋生出嫉妒成性、忘恩负义等恶行，所以，人通过自己的自由发展（实际上是败坏）了人性禀赋之后，后者就变成了康德所谓的“非社会的社会性”，在伍德看来，这就是康德所谓的根本恶的来源。伍德的另一处文本依据是康德在《宗教》第三篇中谈到的伦理共同体概念，他认为，康德之所以要提及伦理共同体恰恰是因为个人无法单凭自身完成道德改善，因为置身社会中的人往往会产生比较的欲望，这种欲望会败坏他的本性，甚至只要人处在人群中，就足以败坏彼此的道德禀赋。当然，伍德本人也承认，这种把社会竞争当成恶的来源的解释，并不是一种自然因果性的解释，而是一种类似于反思判断力领域中的自然目的论的解释。

虽然格林姆在总体原则上赞同伍德的立场，即要理解康德的根本恶论题需要引入他的人类学分析，但他的具体辩护路径却与伍德截然不同。[2]一方面，他不认可伍德把经验性实例的完备性当成保证根本恶论题的普遍性的做法。在他看来，这种经验性实例背后仍然需要某种超经验的理论背景的支撑，而且他把康德所谓的不需要形式证明的表述解释为“恰恰表明康德认为形式证明是可能的”；更为重要的是，他认为康德在《宗教》文本中明确表述过，人性善恶的评判依据是人心中的准则，但这种准则却是我们无法通过经验认识的，因此经验事实单独无法支撑康德的论点；格林姆认为经验事实至多能表明恶是广泛存在的，但无法提供康德在根本恶论

[1] Allen Wood, *"The evil in human nature"*, in *Kant's Religion within the boundaries of mere reason: a critical guide*, ed. by Gordon E. Michalson, ( Cambridge University Press, 2014 ) pp. 31–57.

[2] Stephen R. Grimm, *"Kant's Argument for Radical Evil"*, *European Journal of Philosophy*, 2002, 10 ( 2 ):160–177.

题中所要求的那种普遍性。另一方面，格林姆虽然也认为要诉诸康德的人类学分析，甚至也承认非社会的社会性在康德人类学分析中的重要性，但他认为把这种非社会的社会性当成根本恶的根源的看法并不符合《宗教》文本，因为这相当于把人性禀赋当成趋恶倾向的来源，这不但直接与《宗教》文本冲突[1]，而且也与康德把道德本性界定为人自由选择的结果这种立场矛盾。

在格林姆看来，根本恶的真正根源在于人既是感性偏好的主体，又是理性命令的主体这样一个经验事实。[2]二者恰恰被康德视为人的前两种向善禀赋（动物性和人性）[3]，格林姆认为这两种禀赋是原初的（因而普遍地属于所有人），但它们对人而言又是偶然的（因为无法从人的类概念中分析得出），所以以这两种禀赋为根源的恶才能既普遍地属于人这种族类，又可以说成是人自身造成的。简而言之，格林姆认为，把根本恶建基于这两种禀赋之上的论证能够很好地解决根本恶的普遍性和自由的自发性之间不兼容的问题。然而，格林姆的辩护同样存在把人性禀赋当成趋恶倾向的来源的问题，而这恰恰是他对伍德的批评；此外，格林姆认为禀赋对人而言是偶然的，这也不符合《宗教》文本，因为康德在解释禀赋概念时明确表述，禀赋是必然属于人的。[4]因此，格林姆的解释并不能调和根本恶是由人自由选择的与恶具有普遍性之间的矛盾。

总的来说，有关康德对根本恶的论证上，持否定立场的伯恩斯坦等人

[1] 康德在《宗教》中明确表述过："人身上的所有这些禀赋都不仅仅（消极地）是善的（即它们与道德法则之间没有冲突），而且都还是向善的禀赋（即它们都促使人们遵从道德法则）"，参看，《宗教》，第 27 页（6：29）。此外，康德在另一处还谈到，感性偏好与恶没有直接的关系，参看，《宗教》，第 34 页（6：35）。

[2] 胡学源提出了类似的理解思路，不同的是，胡学源引入了自由概念。不过，在笔者看来，胡学源同样未能论证根本恶的普遍性，因为她所谓的感性因素的不可避免的影响作用并不能推出一个普遍性结论，因为即便承认所有人都受感性因素影响，但选择把道德法则置于感性动机之上对人而言仍是可能的。正因为如此，她对可能反驳的回应中，再次诉诸经验事实。胡学源的相关观点参看，胡学源：《康德论人性中普遍的趋恶倾向》，《道德与文明》，2018（05）：150—158。

[3] 由于人格性禀赋涉及纯粹实践理性的运用，因而谈到人作为理性命令的主体时似乎也应该提到它，但格林姆认为，只有前两种禀赋才有败坏的可能，也才可能与趋恶倾向相关，因而这里无须涉及人格性禀赋。

[4] 参看，《宗教》，第 27 页（6：29）。

认为康德仅仅给出了经验性的证据，而这样的证据显然无法支撑根本恶论题，因而他们认为康德并未给出合理的或真正的论证。就此而言，持经验性肯定立场的伍德和格林姆从人类学角度为康德做了辩护。然而，在笔者看来，无论是伍德把根本恶建基于非社会的社会性的解释，或是格林姆把根本恶建基于动物性和人性这两种向善禀赋的做法，都存在同样的问题：一方面他们的解释与《宗教》文本存在冲突，另一方面也不能提供根本恶命题所需要的普遍性，二者本质上仍然基于人类学的经验事实。而经验性路径之所以面临这些问题，从根本上说，源于他们都忽略了一个关键问题，亦即康德的根本恶论题与自由之间的关系[1]，因此，在下一节中，本文将探讨两种从自由角度解析康德对根本恶论题的论证。

## 二、理解根本恶论题的先验路径

与持前两种立场的学者不同，持先验辩护立场的学者认为，康德本人在《宗教》文本中就给出了相应的先验论证，或者说从《宗教》文本中我们可以分析出相应的先验论证，帕斯特纳克（Lawrence Pasternack）和帕姆奎斯特（Stephen Palmquist）是这一立场的典型代表。在这一部分，本文将首先重构这两位学者给出的论证，然后尝试以康德的文本为依据，分析这两个论证的合理性。

先来看看帕斯特纳克总结出的道德归责论证。在第一小节里我们曾提到，康德在表述“为了证明趋恶倾向普遍地存在于人身上，我们可以省去形式证明”之后，列举了大量经验性实例，在讨论根本恶论题的论证中，几乎所有学者都会提及《宗教》中的这段文本，帕斯特纳克认为，康德的论证实际上也正是从这里开始的。但他认为，康德这里的意思不是说我们要以经验证据来论证人是善的还是恶的，而是说，从经验世界中存在的恶我们可以推论出，如果我们要能够在经验上指责一个人做了恶，那么这种

[1] 赵林教授也认为，自由问题是《宗教》一书所讨论的核心问题。参看，赵林：《神学领域中的“哥白尼革命”——从〈单纯理性限度内的宗教〉解析康德的道德神学》，《求是学刊》，2014，41（5）：26—33。

恶行在本体领域必须有积极的种子，换句话说，这个人必须在本体领域自由地选择了一种违反道德法则的最高准则；如果本体领域不存在这个积极为恶的根据，那么我们只能说这个人作恶是出于感性爱好刺激、是出于自然因果性，如此一来，基于康德对善恶的定义，我们将不可避免面临道德归责困境。[1]

我们可以清晰地看到，在帕斯特纳克总结出的这个先验论证中，核心观点是：道德归责的可能性要求我们假定人在本体领域自由地选择了一种积极作恶的种子（主观根据）。从《宗教》文本上看，这一观点是成立的。因为，康德澄清他的本性概念时表达的就是这个意思，他说："这里把人的本性仅仅理解为（遵从客观的道德法则）一般地运用人的自由、先行于一切被觉察到的行为的主观根据……但是这个主观根据自身总又必须是一个自由行为（因为若不然，人的任性在道德法则方面的运用或滥用，就不能归因于人，人心中的善或者恶就不能叫做道德上的）。"[2] 康德这里的意思很明显：首先，他所谓的本性并非自然本性，而是人的道德本性，这个道德本性是人的自由行为在本体领域的一个主观根据，同时这个主观根据又是人自由选择的结果，简而言之，人在本体领域选择了一种作为选择自由行动的准则之基础的最高准则；其次，他在括号里的补充表明，要能够把善恶归咎于人，或者说要能够从道德意义上来谈人心中的善恶，那么我们就必须这样来理解本性概念。诚然，康德在这里并没涉及本性究竟是善的还是恶的，但是，如果我们联系帕斯特纳克所谓的论证起点，即经验世界中存在的大量恶行，那么就可以得出"本性是恶的"这一结论，因为这里是要为这些恶行寻找本体领域的种子，这就意味着是文本括号中所描述的那种任性在道德法则方面的滥用。此外，这也解释了康德为什么说我们"可以假定在每一个人身上，即便在最好的人身上，这一点也都是主观上必然的"[3]，因为就算是最好的人，只要我们想要归责于他，那么我们就必

[1] Lawrence R. Pasternack, *Routledge Philosophy Guidebook to Immanuel Kant's Religion within the Boundaries of Mere Reason: An Interpretation and Defense*,（London: Routledge, 2014）pp. 107–108.

[2]《宗教》，第 19 页（6: 21）。

[3]《宗教》，第 32 页（6: 32）。

须假定这个人主观上必然选择了一个违反道德法则的准则。

不过就像帕斯特纳克本人也承认的那样，这里的论证并不完整，因为实际上这里只不过证明了“如果所有人都有能力为恶，那么所有人都有趋恶倾向”[1]这样一个条件式，换句话说，我们只有肯定前件才可能得到后件。然而颇为遗憾的是，帕斯特纳克在这里重新回到了借助经验性前提的路径，他认为大量可悲的例证表明前件为真，而且没有任何证据能表明前件为假，因而结论对人而言具有严格的普遍性。[2]但是这种借助于经验例证来肯定前件的做法并不能让人满意，因为，一方面这又回到了第一节讨论过的论证路径中，另一方面这种做法也不能赋予根本恶命题以帕斯特纳克随后声称的那种严格普遍性。我认为，严格说来，我们的确可以说这里的论证并不完整，因为根据康德从经验世界的恶行到恶的准则、再到恶的最高准则这条推理路径，我们只要有经验世界的恶行这一前提就可以推出恶的最高准则，不过却只能推出那些在经验世界展现出恶行的人具有恶的最高准则（亦即根本恶），换言之，我们的确无法说所有人都具有根本恶，除非所有人都展现出了恶行。不过，帕斯特纳克在这里给出的前件实际上对应前文所说“如果要能够对所有人进行道德归责”，因为只有对于那些能够为恶的人，我们才能进行道德归责，所以实际上我们要肯定的前提可以替换成“如果要能够对所有人进行道德归责”。对于这一前提，我们似乎可以出于反思判断力来肯定它，换句话说，我们需要能够对所有人进行道德归责，因而我们需要假定所有人具有根本恶。

从上述分析中我们可以看到，帕斯特纳克的道德归责论证似乎并未真正解决康德在根本恶论题上的困难，道德归责论证的前提仍然是可疑的，我们至多只能借助于反思判断力来肯定它。不过，帕姆奎斯特坚持认为，我们可以从《宗教》文本中分析出康德的先验论证，而自由正是他总结出的这个论证的核心前提。

---

[1] Lawrence R. Pasternack, *Routledge Philosophy Guidebook to Immanuel Kant's Religion within the Boundaries of Mere Reason: An Interpretation and Defense*, (London: Routledge, 2014) p. 107.
[2] Ibid.

帕姆奎斯特的总结出现在他 2000 年发表的 *Kant's Critical Religion: Volume Two of Kant's System of Perspectives* 一书中[1]，其要点可大致概括如下：首先，康德把恶定义为我们自由地选择了违背道德法则的准则；其次，人原初的禀赋是一种向善的禀赋，如果人本性中只有这样一种要素的话，那么任何人都不会因为服从道德法则而受到赞扬，因为，这种情况下人没有其他选择，因而他服从道德法则的行为也不是自主自发的；因此，只有人选择从这些向善的禀赋走出去，去探索本性界限的另一面，那么意志才是自由的。所以，每个人的第一个道德行动都必定是一个选择恶的准则的行动，而且他所选择的这个准则就构成了其道德本性的依据。[2]换句话说，人在第一个道德行动中选择的是一个二阶准则，它是人选择种种经验世界的恶的准则背后的根据，或者用康德的话说，这第一个道德行动选择的是一个最高的准则。唯其如此，才能解释这一准则（也就是趋恶倾向）为什么是每个人生而具有的、普遍的属于每一个人的，但又是可以归咎于人的。[3]

帕姆奎斯特这个论证从根本上说基于三个前提：第一，恶意味着我们自由地选择了违背道德法则的准则；第二，人的禀赋是善的，而且这种禀赋属于人的本性的可能性、是确保我们谈论的对象仍然处于人性范围内的界限性条件；第三，意志自由存在的前提是意志具备自主性，也就是说所发生的事乃是源于意志自身。根据前文提到的康德人性概念的界定，前提

[1] 在 2015 年出版的 *Comprehensive Commentary on Kant's Religion within the Bounds of Bare Reason* 一书中，帕姆奎斯特认为，根据康德在《宗教》第一篇各章标题的建筑学关系就可以总结出一个简单的先验论证。但我认为，这个论证实际上只是综合了帕斯特纳克的道德归责论证和他自己早年的自由论证，因此这里不打算详细讨论，感兴趣的读者可以参看：Stephen R. Palmquist, *Comprehensive Commentary on Kant's Religion within the Bounds of Bare Reason*,（John Wiley & Sons, 2015）p. 104.

[2] 舒远招教授也认为，人通过这种自由选择而使恶成为人实然层面的道德本性。参看，舒远招：《直指人心的人性善恶论——康德人性善恶论的层次分析》,《哲学研究》, 2008（04）：60—66。

[3] Stephen R. Palmquist, *Kant's Critical Religion: Volume Two of Kant's System of Perspectives*,（Aldershot, UK：Ashgate）2000：156-157. 邓晓芒教授也提出了类似观点，他认为："一个人注定只能做善事，他就不是自由的。只有做善事的同时也可能做恶事，那他做善事才是自由的。"邓晓芒：《从康德道德哲学看儒家的乡愿》,《西南政法大学学报》, 2005，7（1）：16。

一无疑是符合《宗教》文本的。[1]同样，前提二也符合康德本人在《宗教》中的论述，因为，康德把禀赋界定为存在者所必需的成分，他说，三种向善的禀赋“都是源始的，属于人的本性的可能性”，“源始的”指的就是它必然属于这样一种存在者的可能性[2]。相对而言，前提三是一个隐含前提，但它也同样符合康德对自由的定义，因为自由首先就表现为不受因果必然性的规定，而能够自由地开启一个因果序列，这里的自由开启一个因果序列的能力就是自主性或自发性，因而，这一前提同样成立。但是，帕姆奎斯特在论证过程中或许省略了一个小前提，即能够使这种自主性成为可能的为什么必须是恶的倾向？这是因为在人的道德本性这个问题上，康德持严峻主义立场，也就是说，人的道德本性或者是善的、或者是恶的，不存在中间状态，又因为人的禀赋是向善的，所以，只有选择趋恶倾向才能体现人的自主性。这样，帕姆奎斯特论证中的两个基本前提和论证过程都是符合康德本意的，因而我认为，他的论证是成立的，至少在康德界定的范围内。康德在解释为什么把这种倾向称为生而具有的罪的相关文本也能为此提供佐证，在那里他说，“之所以这样称它，乃是因为一旦人表现出自由的运用，就会感知到它”[3]。

此外，《宗教》文本第三章和第四章也从侧面表明上述论证符合康德原意。在第三章中，康德在列举了经验世界的大量恶行之后，试图追问这些恶行的根据，但他得出的结论却是，人的感性本性和败坏了的理性都不是这些恶行的根据，因此我们只能到自由任性中去寻找，也就是说，这种根据仅仅在于自由任性对出自感性的动机和道德法则在准则中的秩序的颠倒。由于自由本身普遍地属于所有人，因而我们也有理由假定在所有人身上都可以找到这种恶行的根据。在第四章中，康德则追问了恶的起源。他首先否定了时间上在先的原因，因为这意味着一个自然因果意义上的原因。随后康德又否定了为恶探寻理性起源的可能，因为这种趋恶倾向必须

[1] 此外，康德在《宗教》中还有多处文本可以证实这一点，参看，《宗教》，第 20 页（6:22）、第 34—35 页（6:35）、第 44 页（6:45）。
[2]《宗教》，第 27 页（6: 28）。
[3]《宗教》，第 38 页（6: 38）。

归咎于我们，也就是说必须源于我们、是我们自主选择的，这样一来，如果要探究我们为什么会自由地选择这样一种倾向，又会要求假定一个准则。所以，一方面，这样的追问会陷入寻求准则的一种无限后退的状态中，类似对自然因果律第一因的追问；另一方面，我们本性中的原初禀赋是善的，因而我们在本性中无法找到这种恶最初为什么会产生的原因。

实际上，康德在这两章的论述恰恰可简单概括为：因为我们要把恶归因于人，所以必须假定恶是人自由选择造成的，这样我们就必须假定在人的本性中普遍存在一种趋恶倾向，它既是人自由选择的、同时又是人在现实中作恶的主观根据，进一步的追问则是不可能的，因为它要么陷入无限后退、要么与人的原初禀赋冲突。换言之，这里的论证既有帕姆奎斯特自由论证的因素，甚至也包含帕斯特纳克道德归责论证的影子。

基于上述分析，我们可以看到，康德的根本恶命题并不像许多学者所声称的那样缺乏先验论证，帕斯特纳克和帕姆奎斯特从《宗教》文本中分析出的先验论证一定程度上都是合理的。虽然基于道德归责的先验论证或许仍需从反思判断力角度肯定其前提，甚至以自由为基础的论证对某些人而言仍然是可怀疑的，因为我们仍可怀疑人是否拥有自由[1]。但笔者想在这里表明的是，如果我们的确想要能够对所有人进行道德归责，如果我们相信所有人都是自由的，那么我们就可以说康德在《宗教》中给出了有关根本恶命题的先验论证。此外，这两个论证，尤其是基于自由所作的论证，对于解决有关根本恶论题的一些争论也至关重要，在下一节中，本文将着手处理这个问题。

## 三、基于先验论证路径对根本恶论题相关批评的回应

概括而言，当代学者对根本恶论题的批评主要包括三个问题：趋恶倾向与自由之自发性如何兼容、自由选择与恶之生而具有（innate）如何兼

[1] 实际上，在康德实践哲学的框架内，人的自由是一个已被“理性事实”证明的结论，但由于这一证明本身非常复杂、且争议较多，限于篇幅和能力，本文不涉及相关探讨。

容、自由选择与根本恶的普遍性如何兼容。在这一部分中，本文将首先简要重构批评者的论证，然后试图指出，这些批评从根本上说源于学者对根本恶论证思路的经验性理解，尤其是其中的经验性否定思路，如果基于第二节中分析的先验论证思路来理解，那么康德的根本恶论题并不存在不兼容的问题。

学界对根本恶论题的第一个质疑是：趋恶倾向与自由之自发性如何兼容。这个质疑主要来自麦克尔森（Gordon Michalson）[1]，具体内容可大致概括如下。根据康德的描述，人的本性中同时包含向善的禀赋和趋恶的倾向，前者包括三种禀赋，即动物性、人性、人格性，后者包括三个层次，即人心的脆弱、心灵的不纯正、人心的恶劣。在人性的禀赋中前两者属于感性、只有人格性属于理性；在趋恶倾向中，只有人心的恶劣是有意的恶，前两者都是无意的恶。根本恶就在于人主动颠倒了感性动机和道德法则在准则中的秩序。如此一来，康德必然面临两难选择：要么康德承认属于感性的两种禀赋必然要为人的根本恶负责，要么康德认为根本恶完全源于人的自由之自发性。前者与康德关于根本恶出自人的自由选择这一定义矛盾，后者的问题首先在于，趋恶倾向的前两个层次（人心的脆弱、心灵的不纯正）同样与根本恶必须出自自由这一界定矛盾，更为严重的是，如果根本恶完全是人运用自由自发地选择的结果，那么康德无法解释趋恶倾向作为人的本性意味着什么。[2]

基于第二节的先验论证思路，我们知道，在康德那里，道德上的善恶必须出自自由，这是其人性理论的基本前提，因此，在麦克尔森给出的两难选择中，康德势必选择后一种。这样，我们再来看麦克尔森指出这一选项可能面临的两个问题。在第一个问题上，我认为麦克尔森忽略了康德对自由任性的一个非常重要的属性的界定，即只有它把一种动机纳入自己的

[1] 本文的重构主要基于麦克尔森 1990 年出版的著作 *Fallen Freedom: Kant on Radical Evil and Moral Regeneration*，尤其是其中的第二章第四节“向善的禀赋与趋恶的倾向”。参见 Gordon E. Michalson, *Fallen Freedom: Kant on Radical Evil and Moral Regeneration*,（Cambridge University Press, 1990）pp. 37–46.

[2] 本文对三个经典批评论证的重构都参考了法艾斯通和雅各布斯的概括，以下不再赘述。参见 Chris L. Firestone and Nathan Jacobs, *In Defense of Kant's Religion*,（Indiana University Press, 2008）pp. 85–93。

准则，这种动机才能规定人的自由任性。[1] 如果认识到自由任性的这一属性，那么我们可以说，虽然康德的确把趋恶倾向的前两个层次（人心的脆弱、心灵的不纯正）界定为无意的恶，但这并不表明这两种意义上的恶不是人自由选择的结果。因为，一方面，根据第二节给出的自由论证，人只有有意选择了恶的最高准则，他才可能是自由的；另一方面，如果人没有把颠倒感性偏好和道德法则的动机纳入自己的准则，这种恶的动机就不能规定他的任性。而且，康德把有意的恶解释为自欺，亦即只要行动的后果不违背法则，人就认为自己是无罪的，也就是说，有意指的是人故意忽略行动的准则而非行动的后果才是行动道德属性的依据，与此相对，无意作恶的人不会主动逃避这种选择带来的责任。换言之，有意或无意在这里指的并不是我们是否自由地选择了这种倾向，而是人对待这种选择的态度。

关于麦克尔森认为这里可能面临的第二个问题，即如果根本恶是人运用自由自发地选择的结果，那么趋恶倾向作为人的本性意味着什么。这一点我们在第二节分析两个先验论证的合理性时已经清楚解释过：趋恶倾向意味着，人在本体领域自由地选择了一个最高准则，它是人们在实际中选择恶的行为准则的主观根据，但它仅仅表明人在先验层面上颠倒了道德法则和感性动机的秩序，并不表明人在经验上的行为必然会违背道德法则的要求。

麦克尔森认为，如果康德把本性解释为这样一个自由选择的主观根据，那么康德没有理由说这样一种本性是人生而具有的，因为在麦克尔森看来，生而具有意味着自然必然性，自由选择意味着自发性以及行动进入另一条道路的可能性，因此，二者是相互矛盾的。他说，“就康德的自由理论而言，对道德上的恶的可能性所做的先验论证或许是对它的一个比较自然的深化。但根本恶的天生性却可能使我们从对自由之可能性的探究转向了限制自由的观念”。[2] 这就是他对根本恶命题的第二个批评，我们将其概括为自由与生而具有如何兼容的问题。在麦克尔森看来，如果康德坚

[1]《宗教》，第 22 页（6: 23—24）。
[2] Gordon E. Michalson, *Fallen Freedom: Kant on Radical Evil and Moral Regeneration*, (Cambridge University Press, 1990) p. 31.

持认为根本恶是人生而具有的，那么，他必须解释作为一切准则之基础的最高准则（心灵中的意念）与经验世界中存在的无数制定准则的行动之间的关系。

实际上，本文认为麦克尔森存在对康德的某些误解。首先，康德所谓的生而具有并不意味着自然必然性，而是指先于经验性的自由选择，这一点，康德本人明确解释过，他说只有在下述意义上，我们才能把人心中的善或恶说成是生而具有的："它被看做先于一切在经验中给定的自由运用而被奠定为基础的。"[1] 在解释我们在什么意义上说人具有一种生而具有的罪时，康德说"之所以这样称它，乃是因为一旦人表现出自由的运用，就会感知到它"[2]。换句话说，这种在先才是康德所说的"生而具有"的真正内涵，而非麦克尔森所说的那种自然必然性。其次，这种最高准则的在先性并不会妨碍人们在经验世界中制定不同的行动准则，前者与后者是行动的根据或基础与行动本身的关系，而非自然因果性意义上的原因与结果的关系，当然这些准则从根本上说仍然是恶的，因为在它们所依据的准则中人们已经颠倒了道德法则与感性偏好的秩序。最后，根据上一节的自由论证，我们自由地选择了一种趋恶的倾向，这一选择非但没有限制自由的观念，反倒正是这一选择才体现出了意志的自主性，因而也体现出了人的自由。

麦克尔森对根本恶论题的第三个批评是：自由选择与根本恶的普遍性如何兼容。他指出，如果康德坚持认为根本恶是人运用自己的自由自发选择的结果，那么，康德如何能够声称所有人都选择了趋恶倾向、因而人是根本恶的？在他看来，康德所说的道德世界包含无数性情各异的人，这些人出于各自的自由作出的独立行为（discrete acts），并不能提供任何相关线索供我们解释康德所说的恶的普遍性。因此，麦克尔森认为，康德在这里再次陷入两难困境：或者把人的感性本性理解为根本恶的自然因果性意义上的原因，这样一来，通过自然因果性的必然性就可以保证根本恶的普遍性，但这里的困难在于牺牲了自由，因而也无法把善恶归咎于人；或者康

[1]《宗教》，第 20 页（6：22）。
[2]《宗教》，第 37—38 页（6：38）。

德把根本恶看作意志纯粹自发性的结果，那么这种普遍性就只能是经验归纳的结论。[1]

从麦克尔森指出的这个两难困境中我们可以清晰地看到，他的批评从根本上说源于他理解康德根本恶论证时所采取的经验性思路。正如我们在第一节中讨论过的那样，麦克尔森认为，康德在根本恶论题上至多只给出了一些经验性证据，而后者显然无法支撑根本恶命题所要求的那种普遍性。但是，如果我们结合第二节关于自由论证和道德归责论证的讨论，那么要回应麦克尔森就比较容易了，因为康德并未声称所有人都选择了恶，而是说，从经验世界中已有的大量恶行我们推论出，作出这些恶行的人必定在先验层面上选择了一种恶的准则；进一步的推论则是，如果我们认为所有人都是自由的、如果我们想要能够把道德责任归咎于所有人，那么我们必须要假定所有人在道德行动的最初都选择了一种恶的最高准则。此外，由于康德的论证线索并不来源于麦克尔森所说的性格各异的人的独立行动，所以即便我们承认，性格各异的人的独立行动并不能为我们解释根本恶的普遍性提供任何线索，这也不影响康德的普遍性结论。[2]

综上所述，我认为，如果我们从第二节分析的那两种先验论证出发来理解康德的根本恶论题，那么：自由选择的自发性与趋恶倾向并不冲突，因为这种倾向正是人自由自发的行为；同样，自由选择与恶之生而具有的界定也是可以兼容的，只要我们准确理解康德的生而具有概念，亦即把

---

[1] Gordon E. Michalson, *Fallen Freedom: Kant on Radical Evil and Moral Regeneration*, (Cambridge University Press, 1990) p. 46. 菲利普・奎因（Philip Quinn）提出了类似批评。奎因认为，由于康德把趋恶倾向说成是自由的产物，因而这种倾向就不可能像向善的禀赋一样是人本性中的本质性要素。换言之，如果康德要把道德上的恶归咎人这种族类，那么它只能是该族类中的每一个成员的偶然属性。所以奎因认为，康德关于根本恶的普遍性的结论不可能得自哲学分析，只能是对观察经验的归纳，但这样的归纳并不能让康德得出一个普遍性的结论。Philip L. Quinn, *"Original Sin, Radical Evil and Moral Identity"*, Faith and Philosophy, 1984,(1): 188–202.

[2] 对于如何调和根本恶论题中自由与普遍性的问题，胡学源提供了另一种思路，其核心观点是厘清康德的自由概念，即康德自由概念的核心要素是对感性冲动的独立性，自发性和自律，而不在于选择时备选项是一还是多。但在笔者看来，胡学源谈到的自由是康德意义上的 wille（意志）自由，但这里选择了趋恶倾向的却是 willkür（任意 / 任性）的自由。胡学源观点参看：胡学源，《康德论人性中普遍的趋恶倾向》，《道德与文明》，2018（05），第 150—158 页。

后者理解为作为条件的、先于人经验世界中的准则制定行动的主观根据；最后，虽然康德在生而具有概念的理解上否定了趋恶倾向的自然必然性，但并未因此否定其普遍性，因为，康德是把它当作可以对人进行道德归责的先验条件、作为自由之可能的先验条件，假设所有人都普遍地作出的选择，而不是通过经验归纳得到的一个事实性的结论。换句话说，麦克尔森的批评实际上建立在他对康德论证思路的经验性理解之上，因为如果要从经验概括中推出根本恶命题的普遍性，那么的确会陷入两难困境中，即要么取消自由，要么取消恶的普遍性和恶之生而具有、乃至否定趋恶倾向本身。

## 结　论

本文大致梳理了学界在“康德对根本恶论题的论证”这个问题上的不同立场，并尝试基于本文认可的先验路径回应了有关根本恶论题的一些争议性问题。本文的结论是：以道德归责和自由为前提的先验路径更符合《宗教》文本的原意，而且从这两种解释路径、尤其以自由为前提的论证出发来理解康德的根本恶论题，则该论题并不存在不兼容问题，以麦克尔森为代表的学者对根本恶论题存在内在矛盾的批评，本质上源于其理解根本恶论题的经验性否定思路。

## How to Understand Kant's Argument on radical Evil

Chen Jie

**Abstract:** How to understand Kant's argument for the radical evil thesis in the Part One of Religion within the boundaries of mere reason is a long-standing controversy issue in the academic world. This paper attempts to generalize the representative viewpoints into three positions, namely the empirical negative position, the empirical affirmative position, and the transcendental affirmative position. The scholars who suggest the third position believe that two transcendental arguments can be drawn from the text of Religion, that is, arguments based on moral imputation and freedom. This paper agrees with this position and tries to analyze the rationality of these two arguments, and then based on this, responds to some scholars' criticism of the inherent inconsistency of the radical evil thesis.

**Keywords:** radical Evil; freedom; empirical argument; transcendental argument; Kant

# 西方哲学研究

## 邓·司各脱论偶性的独立化

雷思温 *

**摘要：** 在传统亚里士多德主义形而上学中，偶性依存于作为主体的实体，并通过存在的类比结构将实体作为存在的核心意义。邓·司各脱改造了这一形而上学结构。在圣餐问题的驱使下，司各脱认为偶性也可以像实体一样获得独立的个体化，而实体与偶性的因果关系是外在的、偶然的。由此，司各脱赋予了偶性以独立性，并使得实体与偶性的关系变得更为松散。这在某种意义上为近代物理学革命通过数学式的量化方式把握自然世界预备了理论基础。

**关键词：** 偶性；实体；个体化；因果关系

谈起偶性，人们总是会把它与实体联系在一起。的确，按照亚里士多德的经典学说，偶性不能在其自身地（per se）存在，它依存于作为其主体的实体，[1] 并不存在关于偶性的科学。[2] 实体与其他偶性都属于范畴，存在的多重意义通过类比关系而中心化于实体，从这个意义上说，实体就成为偶性的核心含义（focal meaning）。这一学说被很多古代中世纪的亚里士多德主义者们所接受，并在不同的时代处境和问题意识的刺激下获得多方面的发展。

不过在笛卡儿、斯宾诺莎的哲学中，实体与偶性却不再成为最核心的

---

* 作者简介：雷思温，中国人民大学哲学院外国哲学教研室讲师，E-mail：leisiwen1234@163.com。基金项目：本文系 2019 年度中国人民大学科学研究基金面上项目“近代哲学的中世纪背景研究”（项目编号 2019030027，项目批准号 19XNB026）的阶段性成果。

[1] Aristotle, *Metaphysics,* VII. 1, 1028a9–15.

[2] *Metaphysics,* VI. 2, 1026b2–4.

形而上学概念。例如，笛卡儿把我思的各种形态的意识活动归结为思的“样态”（modus），而斯宾诺莎更是把实体与样态发展到新的高度。不过更值得注意的是，在笛卡儿等人定义机械论的自然世界中时，量（quantity）这一偶性逐步获得了独立刻画事物本质的功能，其代表主张正是笛卡儿的“普遍科学”（mathesis universalis），这种数学化的物理学观念把自然世界定义为广延物，从而可以通过以量为基础的数学化方法论而予以把握。这表明，亚里士多德形而上学中如量这样的偶性，已经完全脱离了传统的偶性定义，逐步从实体中独立出来，并获得了一定意义上的本体论地位。

这一巨变的形成具有多方面的原因。本文拟从邓·司各脱入手，来为这一问题提供研究线索。具体来说，司各脱改变了阿奎那等人所继承的传统亚里士多德主义模式，为偶性赋予了独立性。在司各脱笔下，偶性能够与实体一样独立地个体化，一些绝对偶性，如质、量等甚至能够在圣餐之中脱离其主体而独立存在。在经历了实体转化之后，面包的偶性仍然独立在场。需要指出，尽管司各脱在圣餐理论中的立场是神学的，但他是在更为普遍和常规的意义上来为偶性赋予独立性的。[1]

司各脱的这一主张与其存在概念的单义性理论有一定关系。作为形而上学的主题，存在概念对实体和偶性保持单义、共同和无分别。[2] 换句话说，通过单义的存在概念，司各脱在一定意义上赋予了实体和偶性以平等的起点，而这就有助于司各脱解释圣餐中面包的偶性为什么在实体转化之后并未随之变化的问题。因此，对司各脱来说，圣餐问题中偶性的独立性可以被视为一些偶性的一般状态，而非像阿奎那所认为的那样只是神圣全

---

[1] 参见 Giorgio Pini, Substance, Accident, and Inherence. Scotus and the Paris Debate on the Metaphysics of the Eucharist, in *Duns Scot à Paris, 1302–2002. Actes du colloque de Paris, 2–4 septembre 2002,* eds. O. Boulnois, E. Karger, J.-L. Solère and G. Sondag（Turnhout: Brepolis Publishers, 2004）pp. 273–311。

[2] 尽管有学者区分了单义关系中超越性和共同性这两种不同的情况，如 Jan A. Aertsen, The Concept of “Transcendens” in the Middle Ages: What Is Beyond and What Is Common, in *Platonic Ideas and Concept Formation in Ancient and Medieval Thought*, eds. Gerd van Riel, Caroline Macé, Leen van Campe（Leuven: Leuven University Press, 2004）pp. 151–153，然而就实体与偶性而言，它们主要分享的是作为共同性的单义存在概念。

能所制造的例外。[1]

为了研究这一问题，本文主要立足于司各脱成熟时期的著作来寻找司各脱将偶性独立化的具体方法。我们发现司各脱在不同的语境和文本中，曾借助于偶性的个体化、实体与偶性因果关系的外在化、偶然化等方法来深化并增强偶性的独立性，从而建立了一种新型的实体—偶性关系。本文将分为三个小节，来逐步展现司各脱形而上学中偶性独立化的过程。

## 一、偶性的个体化

在其著名的个体化学说中，司各脱提出了颇有影响力的概念“这个性”（Haecceitas）来为一个事物为什么以及如何成为一个个体事物提供形而上学原理。[2] 司各脱通过一系列的论证拒绝将量作为个体化原理。[3] 在这些论证中，核心的理由之一是量作为偶性不可能成为一个具有实体意义的、在其自身的存在者的个体化原理。因此，司各脱将量排除出了个体化原理。

然而这并不意味着只有实体才能个体化。事实上，司各脱颇为惊世骇俗地认为，包括偶性在内的所有十个范畴都能够被独立地个体化。这一主张看起来似乎很荒谬，因为没有主体的偶性不可能成为一个真实的个体事物，然而司各脱却坚持认为，所有范畴都有可能成为独立的个体。为此，司各脱给出了如下论证：

> 在每一个范畴的等级秩序中，都存在着所有属于这一等级秩序的事物，而没有任何别的不是本质性地属于这一等级秩序的东西。（这

---

[1] Substance, Accident, and Inherence. Scotus and the Paris Debate on the Metaphysics of the Eucharist, pp. 276–287.

[2] 按照 Peter King，司各脱在四个地方讨论了个体化问题：（1）*Ord.*, II, d. 3 p. 1 qq. 1–6, Vatican., VII, pp. 391–494;（2）*Lec.*, II d. 3, p. 1 qq. 1–6, Vatican., XVIII, pp. 229–293;（3）*Rep.*, IIA, d. 12 qq.5–11;（4）*Quaestiones subtilissimae super libros Metaphysicorum Aristotelis*, VII, q. 13, Wadding-Vivès, VII, pp. 402–426。它们对于个体化原理的讨论大致是相似的。参见 Peter King, Duns Scotus on the Common Nature, 20（2）*Philosophical Topics*（FALL 1992）p. 50。关于这一节的主题，上述四个文本中目前可利用的部分并没有根本不同。

[3] *Ord.*, II, d. 3, p. 1, q. 4.

> 一点可证，是因为任何两个这样的等级秩序都首要地是相异的，因此没有什么属于这一个等级秩序的东西是通过另一个等级秩序而［属于这一等级秩序的］）但是属于这一等级秩序的，是就其被［这一等级秩序的］顶部和底部所限制而言的（按照哲学家，《后分析篇》第一章），正如它［顶部］属于首要被谓述的东西，没有别的东西被谓述——因此它［底部］就属于最低级的主体，没有东西把它当主体（subicio）。因此，在每一个范畴等级秩序中，个别者或个体并不是通过任何属于其他等级秩序的东西而被建立起来的。[1]

在这里，范畴等级秩序并不是指实体与偶性之间的等级秩序，而是指一个单个范畴内部的等级秩序。对于每一个范畴，它都包含着最高的（“顶部”）、最普遍的属相（“属于首要被谓述的东西，没有别的东西被谓述”），以及最低级的（“底部”）、最特定、具体的个体（“最低级的主体，没有东西把它当主体”）。因此在不同层级上，这些不同的构成者组成了一个范畴自身的等级秩序。正如这一引文所述，每一个范畴的等级秩序都独立于别的范畴的等级秩序，因为每一个等级秩序在其自身中都具有自己的秩序与构成者。不同的秩序是相异的，并且彼此之间没有依赖。因此，在每一个范畴的等级秩序中的任何个体与单独的要素都不属于别的范畴的等级秩序。由于在每一个等级秩序中的每一个个体都独立于其他等级秩序中所包含的个体，因此这一个体的个体化就并没有分有或者依赖于其他等级秩序。

这样一来，所有十个范畴都具有了它们各自独立的等级秩序。例如，实体的等级秩序就独立于量的等级秩序，而一个实体性存在者的个体化就独立于一个偶性比如量的等级秩序的个体化。结果在不同的范畴等级秩序中的每一个构成者都是独立地个体化的。偶性能够成为个体，并且甚至独立于实体。

然而，这种观点有可能引发一个困难：如上所述，司各脱拒绝将量当作个体化原理，而量又如何能够被独立地个体化呢？为了解决这一困难，

---

[1] *Ord.*, II, d. 3, p. 1 q. 4, n. 89, Vatican VII, pp. 433–434.

我们应该注意到，量作为实体的一个偶性本身并不能成为十范畴的个体化原理。但如果我们把量当作独立的存在者，则它是可以被个体化的。换句话说，如果我们把偶性理解为依赖于实体，则它不可能成为个体化原理。但如果我们给予偶性以形而上学独立性，则它就能够做到这一点。在后一种情况里，偶性就具有独立的本性，正如实体一样。

因此，司各脱甚至认为某些偶性是没有实体依存性的绝对偶性。按照 Richard Cross 的分析，司各脱把十范畴分为了四类：

实体；

绝对偶性：量与质；

内在关系性偶性：关系；

外在关系性偶性：空间，时间，处所，状态，主动，受动。[1]

绝对偶性甚至可以没有主体而独立存在，内在关系性偶性则与那与之相关的东西的内在本性有关，而外在关系性偶性则是个别之物。

对司各脱来说，首先，个体化原理要求一个个体并不依赖别的个体；其次，这一原理建立在个体的内在本性基础上。“这个性”这一关键性的概念就能够同时满足这两个要求。跟随这一原理，两个绝对偶性就能够独立地存在，它们可以在不依赖其他范畴的前提下维护自己的本质，而内在关系性偶性同样与个体的本性与本质相关。由此，个体化具有三种不同的情况：

（一）首要的个体化。这种个体化排除了偶性范畴，并且给予在其自身的存在者以这个性。

（二）绝对偶性和内在关系偶性的个体化：质，量与关系。这种个体化基于这三个范畴的这个性。

（三）外在关系范畴的个体化。这种个体化并非基于这个性，而是基于作为个别之物的偶性。

为什么司各脱认为不同的范畴秩序及其个体化是彼此独立的呢？我们认为，至少有三点理由可以说明他的用意：

---

[1] 对司各脱范畴分类的概括，参见 Richard Cross, *The Physics of Duns Scotus*,（Oxford: Clarendon Press, 1998）pp. 94–95。

第一，实体先于偶性，而偶性不能在其自身的意义上来区分不同的个体（如苏格拉底与柏拉图），而这只能通过关于这一个体是什么的原理才能完成。因此，司各脱构想出形而上学概念“这个性”来当作个体化原理的基础，而这是不能通过偶性来完成的。因此，个体化必须要独立于偶性。

第二，个体化原理与偶性并无关系，因此偶性的主体也就能独立化，并且无须偶性而被个体化，无论这一主体是属相还是种相，是最高的还是最低的概念。结果在个体化中，实体秩序就与偶性秩序没有关系。不同的范畴秩序彼此独立。

第三，司各脱在这一问题上的原创之处不仅在于实体秩序本身是独立的，而且偶性秩序也是独立的。因为实体的个体化完全与偶性的个体化分离开来，并且前者并未给后者留下空间，那么偶性或可由此而获得赢取独立性及与实体分离的可能性。一些绝对偶性甚至可以拥有它们自己的这个性。

如果一个绝对偶性能够在形而上学中被个体化，而不是像那些外在关系偶性只能被当作无法自存的东西，那么这一绝对偶性就必须被转换成并被当作类似于实体一样的存在者，由此实体与绝对偶性就都具有它们各自的这个性。

共同的单义概念以及范畴等级秩序的独立化，在一定意义上为实体与偶性建立了平等性，这种共同性和平等性的开端使得范畴等级秩序的互相独立成为可能。一些独立偶性甚至能够像实体一样拥有这个性。通过将偶性意义上的量排除出个体化原理，并同时赋予质、量等偶性以这个性，司各脱就为这些偶性赋予了与实体相似的本体论地位。

## 二、实体与偶性因果关系的外在化

前文已指出，在亚里士多德主义的框架中，偶性依存于作为其主体的实体。这种依存关系并非可有可无，而是内在于偶性的本性之中。司各脱继承了许多中世纪哲学家对四因说的分类，一类是内在因，如形式因与质料因，另一类则是外在因，如动力因与目的因。[1]前者内在于一个事物的构成之中，而后者则外在于这个事物。套用这一分类，我们可以说偶性对于实体的依存性是内在于一个事物之中的，因为无论是偶性还是实体都不在其事物之外存在。

为了赋予偶性以更多的独立性，司各脱放弃了内在因果关系并转而使用外在因果关系来建立实体与偶性的关系。在开始进行这一讨论之前，我们应首先分析上帝如何与实体/偶性发生因果关系，因为这一关系部分地决定了实体如何与偶性发生因果关系。我们会看到，这两种因果关系都是外在的因果关系。

### （一）上帝与实体/偶性的因果关系是外在的

实体与偶性都是由上帝所创造的，尽管它们具有不同程度的完满性。在司各脱看来，上帝在创造中成为了一切事物的原因，但这一关系却是外在的：

> 就受造物而言上帝具有两个性质：一个是善好之中的优越性，另一个是因果性。优越性不能再被划分，但是因果性可以被划分。按照一些人，它被划分为：范式因，动力因和目的因。他们说范式因给了一个事物以本质性存在（*esse quiditativo*）。但是我在这里要说，并且在下面更广泛地说，范式因在数量上并不能够算作动力因之外的一个，因为在工匠心灵之中的范式因并不能使事物存在，除非它伴随着动力因。如果有形式因的话，那么它将被更多说成是优越性而不是形式因，因为更为优越的存在潜在地包含着其他事物的形式，并且统一地包含着它们。因此在上帝里面存在着这三种东西：优越性，动力性与目的性。[2]

在这段陈述中，上帝与受造物的因果关系只依赖于动力与目的关系。

[1] *DPP*, 2. 26–28, 3. 3, 22, 35, 48, Ed. Wolter., pp. 25, 43, 53, 55, 61, 61.
[2] *Lec*, I, d. 2, p. 1, q. 2, n. 39, Vatican XVI, pp. 124–125.

范式因本来是与作为内在因的形式因紧密相关的，因为它给予了一个东西以本质性的存在。然而，司各脱并没有给予范式因以独立的位置，甚至将它与形式因分离开来，并将其吸纳入作为外在因的动力因以及优越性。结果，上帝是外在地并且不通过任何本质的关联而作用于所有受造物的。

司各脱进一步解释了上帝作为外在因与绝对存在者的关系：

> 因为［它是］绝对的，而［它是］绝对的，那么它就既不需要终端也不需要多个终端，因为这样的话它就不会是绝对的了。因此，如果它需要主体的话，那么这就需要对这一本质的某个另一依赖性。但没有什么绝对事物对于某个与其本质不相关事物的依赖性是无条件必然的，除非是对于无条件的第一外在因，即对上帝［的依赖性］。[1]

绝对偶性也属于绝对存在者，这里的绝对性是指它由于其自身的本性，而非别的外在原因从而并不需要任何终端以及主体，因为它是自足的，并且不需要对其他存在者的本质依赖性。结果，一个绝对偶性就不是必然需要无条件地依赖于另一个与其本质毫无关系的存在者。它只无条件地依赖上帝，即使上帝与其本质无关。因此，绝对偶性在自身之中并没有依赖实体，并拥有了它自己的独立本质，因为它并不需要一个主体。

如果说上面的讨论只是在一般意义上来处理上帝与受造物的因果关系，那么下面这段话就更清楚地表明，尽管偶性对上帝有依赖性，然而这一依赖性根植于上帝与受造物的外在因果关系：

> 然而，按照哲学家《形而上学》第五卷“论存在”一章，偶性按照其自身来说是在其自身的存在，——因此它在属相中是在其自身中的。主体并不是无条件的第一外在因，因为上帝并不是偶性的主体。因此，绝对偶性对主体的依赖并不是无条件必然的（我认为“无条件必然的”，其相反面包含着矛盾）。大前提可证，因为第一因能够完满地提供与任何被作用的东西相关的、任何种类的外在因的因果性，因为他在其自身中要比第二阶原因更为优越地具有所有这种因果性。[2]

[1] *Ord.*, IV, d. 12, q. 1, n. 39, Vatican XII, p. 310.
[2] *Ord.*, IV, d. 12, q. 1, n. 41, Vatican XII, p. 311.

在这一陈述中，偶性在属相的意义上成为在其自身的存在者。如前所述，上帝作为外在因创造了实体与偶性，而上帝不可能成为偶性的主体/实体，否则上帝将拥有偶性，所以上帝与偶性的关系是外在因果关系，而这一因果关系要比实体与偶性之间的关系更为优越。相比于其主体/实体，绝对偶性只对上帝这一外在因的依赖是无条件必然的，在此一前提下，绝对偶性就并非无条件地必然依赖其主体/实体了。

由此，作为属相的偶性和实体一样都是在其自身的，而绝对偶性与其主体/实体的关系让位于绝对偶性对上帝的依赖性。而上帝与绝对偶性的关系又是外在的因果关系。在这一意义上，偶性与其主体/实体在它们与上帝的关系中获得了一定的平等性。

### （二）实体与偶性的关系是外在的

跟随着上帝与偶性的外在关系，司各脱在后期著作中认为实体与偶性的关系并非基于两者在本质上的内在关系，而是基于非本质性的外在关系：

> 对另一问题，当说它会拥有其自己的依存性（*inesse*）时，［即］另一种在量的意义上的白性的依存性，如果它通过白性而仍然依存于量的相似性中的话，那么它就是另一种量的依存性，白性的量的依存性，以及相似性的依存性。而当这样说的时候，关系的属相就不会是单纯的，从普遍的依存性而言它是组合的，在其中它与其他偶性、与其自身的依存性一致，而这是对于别的事物来说的，由此它就只是相关于关系而非质，因为通过那一论证，质的属相就会是从普遍的依存性而来的组合，由此它与其他别的事物以及其自身的依存性一致了，也即进行了限定（*qualificare*）。因此我认为，依存性既不是关于关系的本质的，也不是关于质的本质的，也不是关于在是什么的意义上言说成是它们的东西，而是派生的，因此它依存于量之中，依存于质之中，而它们都不能本质性地具有依存性。[1]

［1］*Rep.*, II, d. 1, q. 7, n. 16, Wadding XI, p. 261.

这一论证包含了两个要点：

第一，偶性能够具有其自身的依存性。例如，一个量就能够依存于"白性"这个主体。这一"白性"并不是偶性。相似的，"白性"自身也能够依存于量，并将量作为自己的主体。因为存在着各种各样的量，而它们都属于作为属相的量。结果，量与白性一样，正是因为它们可以互相依存，所以都是绝对且独立的主体。每一个范畴都具有其自身的等级秩序，既有最高的构成者（作为属相的量），也有许多特定的东西（白性）。

第二，人们可以说这一依存性也许并不独立，因为它可以属于作为范畴的关系。司各脱拒绝了这一说法，并论证说量，质和关系都是彼此独立的范畴。量与关系可以成为一个组合，并且允许其他偶性依存于其中，因此它们两者就具有它们自己的依存性。

通过这两点，偶性就能够没有主体并且像实体一样拥有自己的依存性，也就是说，别的事物可以依存于自身。然而，这一依存性的关系应该是外在的，且并没有任何本质性的互相依赖性。否则，在实体与偶性之间就会有本质性的内在等级秩序，偶性就会因此无法拥有其自身的依存性，并内在地依赖于实体。因此，实体对于偶性是外在的，从而只是派生的而非内在本质性的：

> 而如果你问，它属于什么属相，从而在其自身中意味着那是"偶性"或"依存性"的东西，我回答：［它属于］某个与外在方面相关的属相。因为这一点很清楚：之所以说成是［外在的］方面，是因为它作为其自身的根据不能被理解。而它并没有表达内在的方面，因为它并不必然跟随最外在的位置，因为——正如将在最终结论中会清楚的——其基础与终端能够没有这一［内在的］方面而依然持存。[1]

从中我们可以看出，偶性所属的属相只是在外在方面而言而具有依存性，即便它与其所依存的主体没有内在关系，偶性依然可以通过外在关系而依存于其主体。

当然，既然偶性还存在着对于实体的依存性，这就说明即便偶性通过

［1］*Ord.*, IV, d. 12, q. 1, n. 34, Vatican XII, p. 308.

这一外在的依存关系获得了一定的独立性，但实体依然在与偶性的因果关系中具有优先性。所以司各脱一方面也承认，偶性是因为实体而存在的，但同时也小心翼翼地确保这一依存性并不关涉偶性本身：

> 因此，第一权威是通过单词“因为”的多义用法而产生的。由于“因为”并不总是作为在先的形式因而被认识：因为《形而上学》第五卷，“论因为”章，经常被说成是“原因”，也时常被说成“就……而言”或“因为”，任何在先的原因都能够被认识。而因此，由于实体是某种偶性的原因，但它却并不相关于其本质，而一个偶性是存在者，是因为它是这样的存在者，即它将那一因果性指派入实体。但是它并不是通过在白性实体中的这一形式的“存在”而成为另一个存在者的“存在”。[1]

对司各脱来说，亚里士多德对于“因为”和“原因”的用法其实是多义的。它可以指内在与必然的因果性，也可以指外在且非本质的因果性。前者与被作用的东西的本质有关，而后者则与其本质毫无关系。因此，实体仍然可以成为偶性的原因，但这一因果关系并不具有内在的本质联系。在这一点上我们不能完全同意 Pini 的观点，他认为司各脱在《牛津〈箴言书〉评注》中放弃了实体与偶性的因果性。[2] 从上述陈述中我们可以看到，司各脱仍然在这一评注中坚持认为实体可以成为偶性的原因，只不过这种因果关系并不妨碍偶性具有独立于实体的本性。

因此，作为最首要的原因，上帝是包括实体与偶性在内的所有存在者的第一动力因与目的因。而作为第二阶的原因，实体是偶性的动力因与目的因。这两种原因都与被作用者的本质无关，它们只是与后者具有外在关系。[3] 基于实体与偶性的外在非本质关联，司各脱大大弱化了偶性对于实

---

[1] *Ord.*, IV, d. 12, q. 1, n. 55, Vatican XII, pp. 316–317.

[2] Substance, Accident, and Inherence. Scotus and the Paris Debate on the Metaphysics of the Eucharist, pp. 301–311.

[3] 这就能够澄清 Pini 对“外在关系”（respectus extrinsecus）到底意味着什么的困惑。按照上述分析，这一关系仅相关于两个相关词项的动力与目的关系。参见 Substance, Accident, and Inherence. Scotus and the Paris Debate on the Metaphysics of the Eucharist, p. 303。

体的内在依存性，从而进一步增强了偶性的独立性。

## 三、实体与偶性关系的偶然化

在司各脱的形而上学中，实体与偶性的因果关系不但如第二节所述是外在的，而且还是偶然且无分别的。无分别性意味着在偶性对实体的依存性以及偶性对实体的分离之间并不具有本体论秩序。这就说明，无论偶性是否依存于实体，都无关紧要。与第二节相似，这一节包含两个方面。我们首先分析上帝与实体 / 偶性的因果关系。

### （一）上帝与实体 / 偶性的关系是偶然且无分别的

按照司各脱，上帝是完全偶然地、无分别地创造了这个世界。而上帝在受造物的存在与不存在之间并没有任何偏好性，受造物在上帝那里并不具有必然的根基。对于实体与偶性，上帝创造了它们并且给予实体性以优先性，而上帝始终保持着他的至高自由与无分别性：

> 然而，这一命题，即“每一个绝对东西（即偶性在主体中的依存性）的联合都是与外在方面相关”可证，因为从其本性或者从它们两者一同，都不会是这种联合的必然原因：因为上帝能够分离它们而无矛盾，并且分离地保存一个而无需另一个。[1]

这段话表明，偶性及其主体的关系的确是非本质且外在的。然而与第二节不同，在这里这一关系被外在化的原因并不在于因果性的秩序，而是在于上帝的自由。偶性的本性和它与主体的结合并没有本质上的关联，因而这一结合是非本质且外在的。上帝能够将它们结合为一，但同时也能够自由地分离它们，上帝甚至能够保存偶性却在同时并不创造实体。

这样一来，偶性的独立性就要比第二节所论述的更为强烈。第二节的侧重点在于上帝与受造物的关系的外在性，但这一外在关系仍然得到了保

[1] *Ord.*, IV, d. 12, q. 1, n. 78, Vatican XII, p. 323.

证。而现在这一依赖于上帝至高自由的因果关系能够被上帝自由地终止。因此，上帝专断的超越性得以显露。无论是实体还是偶性在上帝那里都不具有必然性。实体能够被确立为优先于偶性，然而上帝却能够改变这一关系，并且具有使偶性先于实体的自由。而对于受造物的相反可能性，上帝是完全自由且无分别的。

伴随着这一点，实体与偶性的外在关系同样也是偶然的：

> 但是“关于外在方面”最终化归到上述理由那里去，以及第三个结论的证明那里去，也即化归到这一命题这里来：“上帝能够制造任何绝对的东西，而它［绝对的东西］并不相关于其本质，因为它［绝对的东西］将不能通过那个［本质］而有依赖性，除非是作为一个外在但并非第一的原因——而每一个这样的依赖性都是偶然的。”[1]

在这一段话中，司各脱首先强调了上帝的至高权力与自由，而绝对的东西对其本质的依赖性是外在的。不但如此，如果这一关系不是与作为第一因的上帝相关联，那么这一依赖性就是偶然的。因为绝对偶性必然地依赖于作为第一因的上帝，却偶然地依赖于作为第二阶原因的实体。

因此，我们在下面就会看到，既然上帝偶然且自由地创造了实体与偶性，并可以自由终止两者的依存秩序关系，那么实体与偶性的关系也就是偶然的。而由于上帝对于实体/偶性的结合或分离是无分别的，那么这两者中就没有哪一个能具有本体论上的优先性，而偶性也同样对它与实体的结合或者分离保持无分别。

## （二）实体与偶性的关系是偶然且无分别的

伴随着上帝与实体/偶性的偶然关系，我们就能理解以下这个论证了：

> 我认为存在化（*essendi*）的方式或者能够被理解为是它们多样化了这个“存在”，或者因为它们可以通过这个“存在”而设立某种在后的相异性。第一种方式，就如偶性的“存在”在面包中与不在面包

［1］*Ord*., IV, d. 12, q. 1, n. 79, Vatican XII, p. 324.

> 中一样，因此［它们是］同样的方式。而第二种方式则有不同变化，因为在面包中的“存在”已经是与面包具有实在关联的主体。然而，当它在其自身中时，它就可以从这一关联中剥离出来。而由此就清楚了：它们通过安置与另一个事物的关联并通过剥离［这一关联］而指示出关于“存在”的相异方式。[1]

按照这一陈述，“存在化”本身具有多种方式。第一种是与存在化本身相关的，而第二种则是跟随它的。前者涉及圣餐问题。偶性能够在面包中或者不在面包中，这在“存在化”中是相同的。而对于后者，尽管偶性是通过实在的关系而与主体相关的，这一关系却是偶然的，换句话说，偶性本可以从主体中剥离出来。这两种情况在“存在化”中是相同的。在这两种“存在化”中，存在于主体中以及不存在于主体中具有相同的本体论位置。“存在化”对于它们两者是无分别的。

司各脱进一步解释了实体与偶性因果关系的外在性与偶然性之间的关系：

> 可以说如果白性具有其自己的属性的话，那么它就会比这个依存性更为直接地依存于其自身。因为它必然地依存于白性之中，而它或者通过与主体联系，或者通过分离而［依存于白性］。然而，依存性只是偶然地依存，不是从白性的本性，而是从外在因［而依存的］。因为白性自身并没有依存，而是一个施动者［在依存］。[2]

这说明如果白性具有真正属于自己的属性的话，这个属性就必然地依存于白性，无法与其主体分离。然而实际上这一与主体的依存性是偶然的。这种依存性允许偶性以及主体的属性与其主体或相连或分离。因为这一依存性基于外在的因果性，而非基于偶性以及属性自身。换句话说，主体的形式因从来没有作用于偶性以及属性之中，而偶性以及属性自身在其主体中也并不具有对它的必然依存性。主体只能作为外在施动者而与偶性以及属性具有因果关系。

---

［1］*Ord.*, IV, d. 12, q. 1, n. 89, Vatican XII, p. 310, Vatican XII, p. 326.
［2］*Ord.*, IV, d. 12, q. 1, n. 80, Vatican XII, p. 324.

也许会有这样的疑问，即为什么偶性与实体的关系是外在且偶然的？司各脱如此回复：

> 就其本性而言，秉性正是这样的东西，即其本性就是其秉性，而这也并不是某种绝对的东西，这一点是清楚的。它并不是别的东西，即相关于某种实在的现实性，因为它只是表明了这样的本性如此统一了起来。因此那些本性是相容的，或并不具有矛盾，因为这一本性就正是这一本性。[1]

司各脱诉诸秉性以及本性来解释不同本性的结合。在这一点上我们同意 Pini 的看法，即司各脱其实并没有给予进一步的解释，[2]但我们却可以推断出正是上帝使得这一本性是这个本性。上帝甚至可以以别的方式制造这个本性，或者拆散本性之间的结合。

因此，实体的确对偶性来说具有一定的优先性，因为偶性能够依存于实体之中，但实体却并不能依存于偶性之中。然而它们两者的关系却并不具有必然性，而且这一依存关系相对于它们的分离来说也不具有优先性。

这一方式与存在的单义性非常融贯。我们可以看一眼司各脱对于单义概念的描述：

> 我认为一个单义的概念是这样的概念，它是以这种方式而成为一的，即它的统一性能够在肯定与否定同样东西的矛盾中捍卫［作为一的自己］。[3]

这一描述能够帮助我们理解实体与偶性的关系。实体与偶性在它们的单义基础上都是存在者。尽管偶性可以依存于实体之中，然而它们的单义基础却允许对这一关系进行无分别地肯定或否定。无论偶性在实体中的依存性是肯定性的还是否定性的，而且无论偶性与实体是结合还是分离的，偶性与实体都总是在作为统一体的形而上学起点中具有单义的基础。换句

---

［1］*Ord.*, IV, d. 12, q. 1, n. 88, Vatican XII, p. 326.

［2］Substance, Accident, and Inherence. Scotus and the Paris Debate on the Metaphysics of the Eucharist, p. 310.

［3］*Ord.*, I, d. 3, p. 1, qq. 1–2, n. 26, Vatican III, p. 18.

话说，偶性与实体的统一性首要地基于存在概念的单义性，而不是偶性对实体的依存性。因此，就偶性依存于实体但实体不能依存于偶性来说，实体仍然是优先于偶性的，但这一优先性却并不具有形而上学上的必然性。

## 结　论

司各脱为实体与偶性所搭建的形而上学关系削弱了实体在形而上学中所扮演的中心功能，实体不再成为形而上学所专注的研究主题，偶性在与实体的关系中获得了更多的独立性。在这一非亚里士多德的结构中，正如 Richard Cross 所言，一个事物更像是各种组成部分的松散的“捆装”（bundle），[1] 而在其自身的存在与偶性的存在拥有了共同且单义的前提。

因此我们可以看到，司各脱的个体化理论可以允许每一个范畴都拥有自己的个体化根据，而一些绝对偶性甚至由此能够独立于实体而成为形而上学意义上的个体。在此前提下，实体与偶性的因果关系变得更为外在，也更为偶然，偶性也就由此丧失掉了它对实体的内在的必然依存性。司各脱的实体与偶性理论并不仅仅是其思想的重要组成部分，同时还开启了一种新的形而上学结构，从而使得实体与偶性的关系变得松散。这不但为司各脱的圣餐理论提供了必要的前提，同时也脱离了神学理论而成为具有一般意义的形而上学结构。像质、量这样的偶性在圣餐问题的刺激下逐步获得了独立性，而这就为近代物理学革命以数学式的量化方式定义和理解自然世界预备了理论基础。

## Duns Scotus on Independence of Accident

Lei Siwen

**Abstract:** In traditional Aristotelianism metaphysics, accidents depend on substance as their subject ontologically, and take substance as the focal meaning

[1] Richard Cross, Duns Scotus: Some Recent Research, 49 (3) *Journal of the History of Philosophy* (July 2011) pp. 294.

of the various meanings of being by means of the analogy of being. Duns Scotus radically transformed and reconstructed this metaphysical structure. In order to resolve the difficulties in the issue of sacrament and transubstantiation, he claimed that accident can also be individualized independently just as substance, and further argued that the causality between substance and accident is external and contingent. Consequently, Scotus endowed accident with metaphysical independence, and made the relation of substance with accident more loose, which provided some necessary preparation for the mathematical methodology and quantitative definition of natural world in 16th-century physics.

**Keywords:** Accident; Substance; Individualization; Causality

# 赫尔德思想的本体论基础考察

陈艳波*

**摘要：**为了摆脱近代机械论世界观造成的认识论和本体论困境，赫尔德吸收当时自然科学中的“力”观念和有机论思想，提出了他的“活力”本体论。该理论的实质是从整体论与目的论的视角将世界的本体理解为一种自我产生、自我组织、不断向更高等级发展的生命力量。本文认为，“活力”本体论是赫尔德整个思想的基础，也是他的核心世界观，以此来考察赫氏的整个思想，可以发现其深刻的内在一致性，消除一些研究者认为赫氏思想充满混乱与矛盾的误解和偏见。

**关键词：**赫尔德；活力论；本体论；悟性；人道

## 一、引　言

在康德把赫尔德批判为一个用情感而不是理性思考哲学问题的人以后，这种看法成为了19世纪研究者对赫尔德的基本理解，赫尔德很多哲学的洞见也未得到认真公正的对待；20世纪初，由于当时政治情势的影响，赫尔德的“Nation（民族）”“Volk（人民）”和“Kultur（文化）”等概念和思想被误解地用来为各种民族主义或种族主义作辩护，他也被简单地判为民族主义者或种族主义者，其思想被掩盖在各种标签之中，未得到全面深入的考察；最近几十年，研究者才重新发现了赫尔德思想的本来面目与独特的理论视角，特别是以赛亚·伯林和查尔斯·泰勒的工作，赫尔

* 作者简介：陈艳波，哲学博士，贵州大学哲学与社会发展学院教授，博士研究生导师，主要研究方向：德国观念论、马克思主义文化哲学。E-mail：ember_feng@163.com。基金项目：国家社科基金项目青年项目（14CZX034）、贵州大学文科重点学科及特色学科重大项目（GDZT201704）。

德思想的意义正在得到深入的挖掘和客观的评价。当代美国著名的赫尔德专家 Michael Forster 教授认为：赫尔德是启蒙时代一位一流的哲学家，他在理解理论、解释学、语言哲学、美学、历史哲学和政治哲学等领域都有独到的见解和突出的贡献，它们不但对歌德、黑格尔、施奈尔马赫、狄尔泰和尼采等人的思想产生了实质性的重要影响，而且对我们今天思考这些问题仍有重要的价值和意义。[1] Michael Forster 教授将赫尔德定位为“一流哲学家”，这个评价相当于在西方哲学史上给赫尔德重新定位，[2] 可能还未得到学界的普遍认可。不过当我们客观反思启蒙思想的时候，当我们深入理解人与文化、传统的关系的时候，当我们全面考察现代社会起源的时候，赫尔德的相关思想可以给我们很多的启发，也值得我们认真地对待。

作为哲学家，赫尔德与其师康德不同，他反对那种体系化地表达哲学思想的方式。他认为体系化就是要对具体的事物进行抽象，而抽象就会把有血有肉的鲜活事物变成枯燥干瘪的概念，很多细节和内容会在抽象的过程中丧失，不能如实地反映具体事物。[3] 因此具有诗人气质的赫尔德喜欢用类比的方式和诗化的语言来表达哲学思想，这使得他的哲学作品很容易让人觉得主题不集中，逻辑不严谨，有些地方为了修辞和表达的需要，采用夸张等手法，甚至会出现前后矛盾的表述。赫尔德的这种表达方式既造成了他的思想长时间被人误解和忽视，让一些评论者给他贴上了“非理性主义者”的标签，也增加了理解他的思想的难度。

不过，如果我们透过赫尔德文学化和非体系化的表达方式，抓住他思想的实质，我们会发现他的思想在零散的观点背后有着深刻的一致性与系统性，而且都有着重要的哲学理据。本文正是试图做这样一个尝试。不过

---

[1] Herder, Johann Gottfried, *Philosophical Writings*, translated and edited by Michael N. Forster, ( Cambridge : Cambridge University Press, 2002 ) pp.vii-xxxv.

[2] 不管是西方还是国内写作的西方哲学史，鲜有提及赫尔德的，即使被提及也主要是因为介绍康德思想的需要，与康德、黑格尔等一流哲学家相比，赫尔德在哲学领域最多被看作一个二流哲学家。

[3] 赫尔德反对体系性的抽象哲学语言表达方式跟他对语言的看法有关。简言之，赫尔德认为语言表达的是人所遭遇的那个世界的“图像”，这个“图像”是包含着人的价值、意愿、认知和情感的生活世界，而抽象语言就是要剥离对生活世界来说这些本质性的要素，这就使得抽象语言失去了它的对象，不再具有“图像”。

我们不是对赫尔德思想做整体的考察来呈现它的一致性和系统性，这对一篇文章来讲似乎也很难做到，我们将论题集中到赫尔德思想的本体论基础——“活力（Kraft/force）”概念之上。我们认为，“活力”概念是赫尔德思想作为其根本世界观的核心的观念，通过这个概念我们可以将他的思想统一起来并获得某种一致的理解。

## 二、机械论解释模式的困境

西方近代启蒙哲学与中世纪神学的一个重要不同在于，启蒙哲学坚持自然主义的世界观，不用神启或任何超自然的原因来理解世界。近代自然主义世界观的一个核心要素是机械论，它源自于古希腊的原子论，在近代被重新发展和完善，并通过其在自然科学中的成就奠定了不可动摇的重要地位。尤其是当牛顿经典力学建立并获得巨大成功后，机械论被迅速地推广和运用到其他学科和领域，成为一种普遍的研究和解释模式。

机械论解释模式的实质在于两个方面：一是对事物的自然因果理解，即任何事物都必须纳入到自然因果序列来解释，二是这种因果解释最终可以转换为一种数理解释，即用数学和物理的方式对事物进行原因结果的说明。这种模式在处理自然科学的问题时显示出巨大的优越性，人们相信对自然现象的解释就是要揭示隐藏在其中的因果规律，并且用数理的方式来表达这种因果规律。自然科学的进步使人们坚定地认为一切现象都可以用这种科学的方法解释。但是，这种机械的世界观如果在理解自然界时还有其正确性的话，那么在将它运用到人类的道德、宗教、历史和精神等领域时就显出其严重的局限性了。比如对于人类道德生活的基础——自由的理解，如果按照这种机械论的解释，自由也可以纳入到数理的因果模式中，那么自由将不复存在，因为自由就是不受外在的原因所决定和支配，而因果模式解释下的世界则是一个决定论的世界。如果人的自由不复存在，那么整个人类的精神领域将岌岌可危。因此，当哲学家们试图用机械论来解释人的精神现象时就陷入了困境，他们始终无法摆脱从笛卡儿那里遗留下来的身心二元论的困扰。对于那些坚守贝克莱观念论或马勒伯朗士偶因论传统哲学家们而言，要么选择把精神解释为物质的唯物主义，要么选择把精神和物质安置在不同领域的二元论。

18 世纪哲学家陷入这种困境的一个重要原因就在于，他们不愿放弃笛卡儿哲学的机械论解释模式。他们固执地认为对现象的解释就是对现象的因果解释。这种做法虽然在自然科学领域被视为有效的研究方法，却使哲学陷入困境之中。很显然，机械论解释模式在研究无生命的事物时有着巨大的优点，但面对有生命的有机体时就无法应对了。比如，面对活生生的人，机械论只得将其拆解为各自独立的零件加以分析，而无法对其做整体的有机把握，不能对人的精神作出正确的理解。说到底，机械论无法解释生命，无法解释生命中的流变与生成，这一点在启蒙运动的极端唯物主义者那里被完全暴露出来，法国唯物主义哲学家拉美特利就直接宣称人是机器。如果他们根据自然法则解释精神，则精神必然会被还原为物质；如果他们坚持精神具有独特的属性，则不得不把它置于一个无法解释的神秘领域。所以，在传统哲学家那里，精神不是机器就是幽灵。

理性陷入这种困境也是造成德国 18 世纪泛神论之争的重要原因。[1] 如果我们承认机械论是科学有效的解释范式，是符合启蒙理性要求的，那就会导致理性的权威受到质疑，因为若作为理性典范的机械论导致了极端唯物主义和决定论，那么理性自己也是可以用物质来解释和被决定的，其可靠性便会遭到怀疑。显然，摆脱这一困境的办法就是要么剥夺理性作为至高无上的权威的特权地位，将其解释为被物质所决定的，要么将理性划入到一个不能用因果模式进行解释的超自然的领域。虽然泛神论之争表面的核心问题是知识与信仰的冲突问题，但这场争论实质却是人类认识能力（理性）的本质和范围的问题。由于当时参与讨论的各方都是在承认机械论是解释事物或获得知识的唯一形式这一基础假设下进行的，所以他们解决问题的方案也要么是极端唯物主义和决定论的，要么是身心二元论的，

[1] “泛神论之争”是 1785 年至 1789 年发生于德国的一场关于理性和信仰关系的重要争论。这场争论席卷了整个德国知识界，康德、哈曼、赫尔德等哲学家都参与其中，并产生了重要的影响：首先，它使斯宾诺莎哲学在德国得以深入研究；其次，它促使了康德哲学的发展；最后，它使启蒙运动中的理性至上主义受到了质疑。

未能完满地解决这个问题。按照 Beiser 的看法，正是因为承认机械论在获得知识上的典范性这一根本预设，康德与雅各比都未能从根本上解决泛神论之争，他们采取的“限定知识为信仰留下地盘”的做法，实质上还是一种二元论的思路。[1]

就在 18 世纪末的哲学陷入僵局时，受新的自然科学理论发展的影响，逐步复苏的目的论解释模式给哲学家们带来了一丝转机。目的论解释一方面坚持了启蒙哲学的自然主义世界观，不借用任何超自然的因素来解释世界，另一方面又能够避免机械论的困境。哈勒（Albrecht von Haller，1708—1777）对于过敏性质的实验、沃尔夫和布卢门巴赫的“自发力”（spontaneous generation）、“形成欲”（nisus formativus）等理论都表明物体内部存在一种朝向某种目的的生物力量。这意味着物质不是静止不动的，它在自我组织和自发运动的生物力中持续生成，它就如同其他活生生的生物一样，即便在没有外力的作用下也在运动和生长。因此，物质是有目的的，虽然这目的可能没有被清晰地意识到。就是这种有机论的唯物主义提供了解释精神现象的新途径。按此理论，我们可以把精神解释为人与生俱来且拥有最高组织和发展的一种力量，人的精神和身体就是一个有机整体，这就避免了把人视为机器的机械论。同时，这种解释也摆脱了身心分离的二元论，因为精神与物体的差异仅仅是组织内部程度上的，它们都以最高等级的“力”为原则，这就保障了二者之间的连续性。

在 18 世纪的哲学家中，赫尔德没有把机械论视为唯一的解释模式，相反，他是有机论哲学的代表人物，他通过活力论在极端的唯物主义和超自然的二元论之间开辟了一条中间道路。赫尔德恢复了以目的论和整体论为特征的亚里士多德主义，但他并不是简单地回归亚里士多德主义，而是将最新的自然科学成果——有机论融入到旧的理论体系之中。在赫尔德看来，精神既不是机器也不是幽灵，它是活生生的有机体，它不应被置于因果律之下，而应作为整体的一个部分并通过它的运作方式解释其目的。

赫尔德结合目的论和整体论的有机论哲学为解决泛神论之争提供了一

[1] Frederick C. Beiser, *The Fate of Reason*,（Harvard University Press, 1987）p.128.

个新的可能的方向。这种可能方向是康德、雅各比以及门德尔松在争论中没有考虑到的。不过如何证明目的论与整体论解释模式的合理性就成为了这种新方向能否取得成功、能否拯救陷入困境的自然主义解释的关键问题。[1] 如果目的论和整体论的解释模式能够被证明是有效的，那它就可以开启自然主义解释的新模式，理性就不再陷入极端决定论或预设一个不可知的神秘领域来保证自由可能性的二难困境，重拾人们对启蒙理性的信心。知识和信仰困境的通路看似已经开启，它就是赫尔德的有机论思想。

## 三、赫尔德的“活力”有机论

以机械论为代表的自然主义解释模式之所以不能接纳目的论和整体论解释的合理性，根本原因在于这种自然主义解释模式的本体论预设。这种本体论要么是极端唯物主义的，要么是二元论的。极端唯物主义无法真正解释精神的本性，更不能在对物质的解释中引入只有精神才具有的目的；二元论则无法在对自然的解释中引入目的，更无法对自然和精神提供一个统一整体的理解。赫尔德要为启蒙的自然主义解释寻找出路，在根本上就必须破除这种本体论预设。赫尔德的有机论思想正是试图提供这样一种新的本体论，在自然与精神之间形成一种新的整体的理解。赫尔德有机论思想的核心是他的“活力（Kraft）”概念，这也是理解他的本体论乃至整个思想的一个基础而关键的概念。然而，赫尔德不管是在他早期讨论文学和语言的作品中，还是在他后期与康德论战的著作中，他都多次使用到“活力”一词，却并未给它一个清晰的界定。下面我们将结合他的文本和研究者的研究，对“活力”一词的含义进行梳理和阐述。

在赫尔德生活的18世纪，不管是在如日中天的物理学体系中，还是在新兴发展的生物学、解剖学和生理学中，“力（Krafe/force）”都是自然科学中一个基本而重要的概念，被广泛地用来解释各类现象。比如，在物理学中，当时占主导地位的是笛卡儿奠定的解释范式，这种解释范式的核心就是将“力”作为物体运动的原因，而在生理学方面，哈勒创造性地用

[1] Frederick C. Beiser, *The Fate of Reason*, (Harvard University Press, 1987) p.128.

“神经力（vis nervosa）”来解释神经系统和肌肉运动，开启了生理学发展的新时代。因此，在坚持自然主义思路的赫尔德看来，“活力”是得到当时的自然科学认可和支持的一个可以用作解释世界的基本概念。不过，对赫尔德而言，他关注的重心不是“活力”的自然科学含义，而是以它的自然科学含义为基础，将其提升为一个本体论的概念，真正实现启蒙思想家的自然主义理想。在当时的自然科学中，“力”的主要含义是使物体得以运动、生命得以存续和生长的内在因素。赫尔德认为，自然科学对“力”的理解可以不止局限于自然界，还可以推广到任何事物和现象，任何事物和现象背后都有“力”的作用，都是“力”作用的结果。如此，赫尔德就将自然科学的“力”概念提升为一个本体概念。[1]“活力”是世间的万事万物得以存在和发展的基础，不管是自然界的事物，还是人类社会的现象，背后都有“活力”作为它们的基础，都是“活力”作用的结果。而且，在赫尔德的理解中，“活力”表现为外在的可以认识的现象是一个概念真理，因为“活力”就其内涵而言是推动事物运动变化生长发展的内在力量，它在本质上就一定要表现为外在的现象。只是，正如在自然科学中我们只能看到“力”作用的结果或现象，无法看到“力”本身一样，作为世界本体的“活力”在赫尔德看来也是无法被直接认识的，我们能够认识只是“活力”表现出来的现象和结果，无法认识“活力”本身。“活力”有如康德的物自体，人的认识永远只能达至现象，无法及于物自体。“活力”的这种不可认识性也是赫尔德始终没有给“活力”以清晰界定的根本原因。虽然“活力”的内在本性是什么超出了人类的认识能力，但是赫尔德还是认为万事万物都有其内在的“活力”，“活力”在数量上也有很多，甚至无限多，因此赫尔德在使用“活力”概念时经常用的是复数（Kräfte/forces）。不过，在这些具体事物的“活力”之上，还有一个更根本的“活力”，赫尔德将之称为“本原活力（Urkraft/original force）”。“本原活力”是世界的

[1] 在概念的使用上，赫尔德还是使用的自然科学中的“力（Krafe/force）”这一概念，只是他主要强调的是“力”的本体论含义。为了与自然科学中的“力”概念相区别，我们在翻译时将赫尔德具有本体论含义的“Kraft”概念翻译为“活力”，如此翻译的另外一个考虑就是突出赫尔德强调的“活力”的有机性与能动性。

最高本原，也是所有“活力”的最高等级形式，赫尔德有时也把这种“本原活力”称为“神（Gott）”。“我们在神自身中也找不到更高的概念；但是他的所有力都不过是一种力。”[1]“他在万物之先，万物在他之中而存在。整个世界都是他永存、永动之力的一种表达、一个现象。”[2]容易得知，“本原活力”才是一切存在的最终根据，是世界的真正本体和统一，而且这个本体是唯一的，那些作为复数形式存在的“活力（Kräfte）”相对于“本原活力”来说，均只是“本原活力”的表现方式和作用方式，现象世界中的万事万物最终都是“本原活力”的作用结果和表现。

在这里赫尔德明显受到了莱布尼茨单子论的影响。在莱布尼茨看来，世界的本体论基础虽然是无限多的具有不同意识和反映能力的单子，但唯有上帝才是最初和最大的单子，其他的单子都是被上帝所创造的，上帝才是最终的本体。赫尔德对“本原活力”与作为复数的“活力”的关系理解同莱布尼茨对“上帝”与一般“单子”关系的理解有着同样结构。同时，赫尔德这种将“本原活力”等同于“神”，并将整个世界看作是“本原活力”或“神”的表现和表达的思路也受了斯宾诺莎思想的重要影响。斯宾诺莎认为，神是唯一的实体，其他一切不管是精神还是物质现象都只是体现神的样式，而且实体并非独立于样式之外，实体就体现在样式之中，神也并非独立于自然界，神就化身自然事物之中，神即自然。在不把物质和精神看作两种独立的实体，而是视为另一个更根本的实体（神或“本原活力”）的不同表现方式这一点上，赫尔德继承了斯宾诺莎的思路。有不少赫尔德思想的研究者和评论者据此认为赫尔德是一位斯宾诺莎意义上的泛神论者。对此，我们认为，这是对赫尔德思想不全面的理解。赫尔德确实深受斯宾诺莎思想的影响，但他有自己明确的问题意识和理论目标，而且我们不应忘记赫尔德首先是一位神学家，他的神学理论既不是一般的正统主义，也不同于斯宾诺莎式的理性主义，我们需要以赫尔德自己的而非

[1] 赫尔德:《反纯粹理性——论宗教、语言和历史文选》，张晓梅译，商务印书馆 2010 年版，第 127 页。
[2] 赫尔德:《反纯粹理性——论宗教、语言和历史文选》，张晓梅译，商务印书馆 2010 年版，第 128 页。

斯宾诺莎式的方式来理解他的重要概念。赫尔德的本体论思想与斯宾诺莎的泛神论思想有重要的区别，而且正是这些区别体现了赫尔德思想的独特价值。

赫尔德以“本原活力”取代斯宾诺莎的“神”，并且主张世界在最高的本原上只存在一种“力”，赫尔德用意在于：一是“力”在当时已经是一个被广泛接受的自然科学的概念，用这个概念作为世界的最高本原可以消除对本原的超自然的理解，坚持启蒙的自然主义解释道路；二是在赫尔德看来，世界与神是不同的，或者说“活力”与“活力的表现形式”是不同的，这种不同并非是指空间、时间上的不同，而是就本体与现象的区别而言的。“神并不是与他类似之存在的渐进标尺的顶点”[1]，“神”是本体或本原，世界上的一切都是“本原活力”表现出的具体现象，“本原活力”作为万物的根源而独立存在，它不是简单的一切现象的总和，“本原活力”还包含着可能性，它是过去，是现在，也是未来，在这个意义上讲，“本原活力”是无限的。这明显与斯宾诺莎“神即自然”的泛神论思想是有所不同的。

赫尔德“本原活力”论与泛神论最重要的区别，可能在于赫尔德对“本原活力”的理解中引入了有机论的维度。在赫尔德看来，世界本体不是斯宾诺莎所理解的不生不灭的实体，而是一种自我产生、自我组织、不断地从低级和简单阶段向高级和复杂阶段发展的生命力量。易言之，赫尔德把当时生物学和生理学中的有机论观念引入形而上学领域，让世界的本体也具有了有机论的特征。这实质上也是把一种整体论与目的论赋予了世界的本体。就整体论而言，现象世界在“本原活力”的意义上获得了统一的理解，一切都只是这一内在生命力量的表现形式和作用结果，不同现象和事物之间的区别不再是“质”（实体意义）的区别，而只是表现“本原活力”的程度的差异。就目的论而论，世界的本体不再是某种中性的存在，“本原活力”也不是某种盲目的本体力量，而是向着某种目的不断从低级到高级、从简单到复杂发展演进，现象世界作为“本原活力”作用的结

[1] 赫尔德：《反纯粹理性——论宗教、语言和历史文选》，张晓梅译，商务印书馆 2010 年版，第 127 页。

果，并不是杂乱地聚集在一起，而是有机地联系在一起，并不断地朝着某种目的前进。如此我们也能理解赫尔德为何要对“神（本原活力）”与万物作出本质区分并保留“神”的最高地位（区别于泛神论），因为虽然万物都由“神”创造并表现着“神”，但它们在表现“神”的完满程度上存在巨大差异，不同完满程度的被造物能和谐一致地统一于世界的根本原因就在于，“它们都是由最有智慧的善联合在一起的”[1]，每种事物都在“神”之中得以统一。“神”自身的有机性带给了现象世界统一性和目的性。

赫尔德将有机论引入对本体的理解更为重要的意义在于，它为解决近代机械论解释模式所带来的身心关系的困境提供了新的思路。根据赫尔德的“活力”理论，心灵和身体不是存在于不同领域的异质实体，而只是同一个“活力”的不同表现形式，它们之间的区别只是表现“活力”的程度的不同。“对赫尔德而言，心灵可以看作是最高层次的身体组织形式，如同身体可以看作心灵最低层次的组织形式。”[2]依据这种观点，身体就不再是机械论解释下的僵死的机器，而是一个有内在生命力的有机体。由于心灵和身体这种一体的关系，赫尔德认为：对心灵的解释必须以生理为基础，“依我拙见，没有生理学，心理学的任何进展都是不可能的”。[3]有了“活力”作为本体基础，身体和心灵二者之间就不存在无法沟通的鸿沟，心灵不仅需要，而且必须与身体紧密联系，因为它对身体起着组织和控制的作用，反过来说，身体也必须在心灵的掌控之下，不然它便会停止活动。既然心灵和身体是一个整体，那么就根本无法将心灵和身体分离开来单独考察，机械论解释模式便失去了基础，自然也就无效了。赫尔德就是以有机整体的解释模式代替传统的机械论解释模式，这使得他在解决身心二元论的问题上提供了新的可能，对后世产生了重要的影响。

---

[1] 赫尔德：《反纯粹理性——论宗教、语言和历史文选》，张晓梅译，商务印书馆 2010 年版，第 129 页。

[2] Alsex Englander, HERDER'S “EXPRESSIVIST” METAPHYSICS AND THE ORIGINS OF GREMAN IDEALISM, 21（5）BSHP,（2013）,p.912.

[3] Johann Gottfried Herder, Herders sämmtliche Werke, herausgegeben von Bernhard Suphan,（Berlin : Weidmann, 1877–1913）, vol8, p.177.

## 四、“活力”之为“悟性(Besonnenheit)”与“人道(Humanität)”

赫尔德的思想虽然涉及文学、美学、神学、历史哲学、语言哲学、文化哲学等众多领域，但从实质上来说它们都是对“人性”和“人类命运”这两个主题的探讨。在赫尔德思想中，“人性”主要被理解为人类所独有的一种“悟性”，“人类命运”则主要被理解为“人道”。然而，赫尔德并未对其思想的这两个核心概念作出清晰的阐述，研究者也历来聚讼纷纭，未形成一致的意见。[1] 下面我们从“活力”本体论的角度对这两个概念做一个解读。

1. 悟性。赫尔德探讨人类语言的起源时，主要思考两个问题，人类“为什么要”和“为什么能”发明语言。在赫尔德看来，对这两个问题的回答，都有赖于我们对人性的正确理解。西方近代启蒙思想家认为人区别于其他动物的主要标志是人的理性，理性是人性的本质特征，并且将理性与感性、欲望、情感、本能等分割开来理解。赫尔德坚决反对这样的理性观和人性观。他认为，人性就是人的知情意等方面有机结合在一起的整个生命力量，理性是这种生命力量的“总和形式”，“人的力量所具有的这种倾向，有人称为‘知性’(Verstand)或‘理性’(Vernunft)，也有人称为‘意识’(Besinnung)，等等；只要不把它们理解为分割开来的力量，不

[1] 关于“悟性(Besonnenheit)”，国外早期主要是翻译为“Reflection”[Robert T. Clark(1969)]，主要的理由是赫尔德自己经常将 Besonnenheit 与 Reflexion 混用，但这一翻译的一个主要缺陷是容易让人误解赫尔德在这里强调的是一种理性的反思能力，而这恰恰是赫尔德所反对的，在赫尔德看来，“Besonnenheit”是人的整个生命力量所体现出的一种表达和认知倾向，因此，近年来英语世界的研究者主张将该概念翻译为“cognitive disposition of human beings”或“disposition to create language”[Jürgen Trabant(2009)]，又或者直接使用“Besonnenheit”[Sonia Sikka(2007)]。汉语学界主要是姚小平先生在翻译《论语言的起源》时，将“Besonnenheit”翻译为中文的“悟性”，强调了“Besonnenheit”所具有的感知力、思考力和洞察力的方面，但事实上在赫尔德这里“Besonnenheit”没有中文充满佛教意味的“悟性”的含义，不过，为了引用的方便，我们这里沿用了姚先生的译名。关于“人道(Humanität)”思想，赫尔德的研究者认为“人道”是赫尔德思想的核心观念，但含义却相当含混。Emil Adler(1965)认为人道概念在赫尔德那里是含糊的和相互矛盾的；Hans Dietrich Irmscher(1991)也认为赫尔德本人和研究者在如何界定人道上都存在着困难；Robert T. Clark(1955)给出了一些说明，但是仍与赫尔德自己的部分表述不符；Hans Adler(2009)和 Sonia Sikka(2011)给出了较为自洽的理解，并认为赫尔德通过该概念试图揭示人类历史和文化的命运，在文化相对主义与普世价值之间实现某种调和。

把它们仅仅看作动物力量的高级形式，这些名称在我看来都是一样的。人的所谓理性，就是一切人类力量的总和形式，就是人的感性本质和认知本质、认知本质和意愿本质的结合形式，或更确切地说，是与某种机体组织相联系的唯一积极作用的思维力量”。[1]换言之，人是理性的动物不能简单地认为“人”=“理性”+“动物”，相反，由于有“理性”的加入，人的“动物性”也发生了根本的变化，“理性”与“动物性”有机地结合在一起，形成整体的人性。赫尔德用“悟性”来标识人性的这种有机性与整体性。除了强调人性的有机性与整体性，赫尔德更重要的在于不再将人性看作某种抽象的特征，而理解为一种需要不断表达和实现的生命力量。语言就产生于人类表达和实现生命力量的需要。“当人处在他所独有的悟性状态之中，而这一悟性（思考能力［reflexion］）初次自由地发挥了作用，他就发明了语言。”[2]值得指出的是，“悟性”作为人类主观的一种生命力量，是人类语言之所以得以创造、得以发明出来的人类主观方面的条件，它必须与外部世界相结合才能发挥作用，才能产生人类的语言。正如Jürgen Trabant教授在论述赫尔德的语言哲学观时明确地指出的一样：“从语言产生的过程可以清楚地看到，内部语言并非出于主体自身，它的产生需要外部世界。因此，语言并非是人类与生俱来的。只有创造语言的倾向——悟性——才是天生的，人类创造语言只能通过它和世界的相遇。”[3]单就“悟性”自身而言，它是空洞的和黑暗的（无法理解的），它只有在外部世界中实现出来才能确认自己，因此它是不断地推动着人在外部世界中实践并在此过程中逐渐地确认自己的内在生命力量。“具有感觉的人用他自己的方式来感觉万物，感觉他身外的万物，他在万物身上留下他的形象，留下他的痕迹。”[4]人只有在外部世界中留下痕迹，将外部世界“据为已有”，才能将内在的生命力量实现出来、表达出来，最终创造和确证了自己的本

［1］J.G. 赫尔德：《论语言的起源》，姚小平译，商务印书馆1999年版，第21—22页。
［2］J.G. 赫尔德：《论语言的起源》，姚小平译，商务印书馆1999年版，第26页。
［3］Hans Adler, A companion to the works of Johann Gottfried Herder, edited by Hans Adler and Wulf Koepke, Rochester,（New York: Camden House, 2009）p. 125.
［4］Herder, Johann Gottfried, *Philosophical Writings*, translated and edited by Michael N. Forster,（Cambridge : Cambridge University Press, 2002）p. 188.

质。人为什么要发明语言呢？在赫尔德看来，人类发明语言首先是为了表达和实现自我的需要，并不是如孔迪拉克所认为的，首先是为了交流的需要。那么人为什么能发明语言呢？这在于人的“悟性”，具体而言是一种能够对感官所接受的丰富感觉流进行抽取、提炼、综合和反思的能力。外物刺激我们的感官，形成丰富的感觉之流，“悟性”对这些感觉之流进行综合和提炼，形成独特的关于外物的“形象”，再用一个记号来表达这个“形象”，语言便产生了。“他必须表达那些他在自身之中看到和感受到的一切，这样，心灵内部的印象，作为可说出的符号——语言就形成了。”[1]需要指出的是，赫尔德这里所讲的“心灵内部的印象”，并不是如近代经验主义哲学家所讲的感觉材料或知觉印象，可以镜面式地客观反映世界，而是融入了人主观的情感和价值的内容，是饱含了自己的人生经验、体现着自己生命喜怒哀乐的“生活世界”。Sonia Sikka 教授明确地指出，在赫尔德这里，“语言因此就反映了被一个能感觉、有感情和具有意愿的具体存在者所遭遇的世界，而这同时也表明这个特别的存在者的最根本的特性是‘诗化’的”。[2]在这里，“诗化”意谓创造，意谓构建。为什么说在赫尔德理解中的人“最根本的特性是‘诗化’的”呢？因为人用语言来表达他的独特而丰富的生命感受，表达他所遭遇的或喜或悲的世界，这些表达都带着强烈的主观意味，是人所创造的一个主客交融的形象，是人生存其中的意义王国，人对世界的认识体现在其中，人对自我的理解也体现在其中。正是在这个意义上，赫尔德认为，语言是人的本质，“语言是人的本质所在，人之成其为人，就因为他有语言”[3]，“人被称为‘说话的动物’，不具理性的动物则称为‘哑巴’”[4]。

显而易见，赫尔德这种对“悟性”和语言的看法，是以他的“活力”本体论为基础的。“悟性”其实就是人身上的“活力”。“悟性”跟“活

[1] Johann Gottfried Herder, Werke, edited by H. D. Irmscher, ( Stuttgart: Reclam, 1979 ) vol.8, p. 420.

[2] Klaus Brinkmann ( ed. ), *German Idealism: Critical Concepts in Philosophy*, ( London and New York: Routledge, 2007 ) vol.IV, p. 172.

[3] J.G. 赫尔德：《论语言的起源》，姚小平译，商务印书馆 1999 年版，第 21 页。

[4] J.G. 赫尔德：《论语言的起源》，姚小平译，商务印书馆 1999 年版，第 36 页。

力”一样，自身是空洞的和黑暗的，无法被直接认识，只有表现出来结果才能认识。语言作为“悟性”作用和表达自身的结果，它就是作为现象存在的“悟性”。易言之，“悟性”与“语言”都是人的本质，前者是本体层面的，后者是现象层面的。值得进一步指出的是，赫尔德基于“活力”概念对人性的重新界定，被伯林和泰勒理解为开启了一种“表现主义（expressivism）”的新人性观，“表现主义早期令人瞩目的陈述，是在赫德（Herder）的著作中。……赫德与另外一些人发展出一套不同的人的概念；其主要的意象是把人看做一种表现体”。[1]这种不同于启蒙运动主流将理解为客观化的科学分析对象的“表现主义”人性观，对后来德国的“狂飙突进”运动、浪漫主义以及谢林和黑格尔哲学产生了很大的影响。

2. 人道。赫尔德曾这样来“定义”“人道”：“我希望我能够把到目前为止我关于使人具有理性和自由、具有更精细的感觉和欲望、具有最纤弱和最强壮的健康，使人布满并且支配地球的高贵教养所说的一切都概括在人道这个词当中；因为对他的命运来说人类没有比赐予他的命运本身更高贵的语言了，我们尘世生命的造物主他的形象被刻印在了这种语言中，（通过这种语言）造物主的临在得以视见。”[2]如果从下定义就是要揭示被定义对象区别于其他对象的本质特征这一点来看，赫尔德这个关于“人道”的所谓“定义”是无效的，至少也是没有意义的，因为这个“定义”无异于是说“人道”就是“人类的命运”，而“人类的命运”就是“人类被赋予的命运”，这种类似于 A=A 的逻辑重言式，虽然没有错，但是对我们理解什么是“人道”没有提供任何帮助。但这又不是赫尔德一时的逻辑失误，因为他还有其他类似的说法：“人就是人所是的那样！”[3]“地球上的万物都注定是其所能是。”[4]而且，赫尔德另外两个关于“人道”的说法进一步加

[1] 查尔斯·泰勒:《黑格尔与现代社会》，徐文瑞译，吉林出版集团有限责任公司 2015 年版，第 2 页。

[2] Johann Gottfried Herder, Werke, edited by H. D. Irmscher, ( Stuttgart: Reclam, 1979 ) vol.8, p. 154.

[3] Johann Gottfried Herder, Herders sämmtliche Werke, herausgegeben von Bernhard Suphan, ( Berlin : Weidmann, 1877–1913 ) vol8, p. 209.

[4] Johann Gottfried Herder, Herders sämmtliche Werke, herausgegeben von Bernhard Suphan, ( Berlin : Weidmann, 1877–1913 ) vol8, p. 148.

深了人们理解的困惑：一方面，“人道”是我们人类独有的特质和禀赋，“人道是我们人类的特质；它是我们天生的一种禀赋，而且必须在我们身上得到发展”[1]；另一方面，“人道”又是人类的前进的目标，“人道是人类的目标——通过这个目标大自然和上帝把人类的命运放在了人类自己的手里”[2]，赫尔德的著名传记作者 Robert Clark 教授就此认为：“‘人道’是一个抽象概念它首先意指一种人类能到达的理想状态；其次它还表示人类为了实现这种理想状态而具有的潜在能力。因此‘人道’就既是一种理想也是一种明确的特质。”[3] 可问题是，“人道”如何可以既作为人类的特质和禀赋又作为一种人类待实现目标？这正是很多研究者认为赫尔德的“人道”概念存在混乱的地方。

如果结合“活力”本体论，赫尔德的这些看似冲突和无意义的说法就可以获得一种有意义和一致的理解。“人道”其实是人类历史文化或人类命运背后的“活力”。与“活力”一样，“人道”在根本上无法被认识，因而也无法在根本上被定义，我们只能根据它已经显现出来或表现出来的现象（在这里就是人类的已有的历史和文化）来理解“人道”，但是我们不能把人类已经产生的历史和文化当成“人道”本身，因为“人道”是面向未来开放的，还会不断地产生出新的人类历史和文化来，我们不能根据人类既有的历史文化抽象几个特征来规定“人道”的本质。因此，赫尔德看似重言无意义的表达背后，其实真正道出了“人道”的本质，“人道”就是在不断地表现自身的过程中确认和成就自己的。由于“人道”表现和确认自身的过程是无限的，所以只能以重言的方式来说“人道人道着”（仿海德格尔语）或“人道是其所是”。同时，在这种重言的表达中，我们也可以获得对“人道”既作为人类的特质又作为人类的目标的合理理解。“人道”作为人类历史和文化的本体，是产生和推动人类特有的历史和文化的

[1] Johann Gottfried Herder, Werke, edited by H. D. Irmscher, (Stuttgart: Reclam, 1979) vol.8, p. 148.
[2] Johann Gottfried Herder, Herders sämmtliche Werke, herausgegeben von Bernhard Suphan, (Berlin : Weidmann, 1877–1913), vol8, p. 207.
[3] Robert T.Clark, Herder : his life and thought, (Berkeley: University of California Press, 1955) p. 314.

内在根据和动力，在这个意义上，它是人类独有的禀赋和特质；另外，不管是已经产生的还是未来产生的人类的历史和文化都是“人道”的表达和体现，都是人类在“人道”的作用下不断地实现着“人道”，在此意义上，“人道”同时也是人类历史的目标。简言之，从“活力”本体论的立场来看，“人道”既是人类特有的推动历史文化不断发展的内在禀赋，也是人类历史和文化发展的目标，“人道”在人类历史文化中不断地“人道着”。

赫尔德用重言的方式来界定“人道”有着重要的文化哲学意义。首先，它保持了人类历史和文化的开放性。人类历史和文化以“人道”为目标，并非是在趋近某个具体的终点，而是在“人道”的作用下和表现“人道”的过程中变得越来越丰富和多彩。人类的历史因此成为一场无限地表现“人道”的进程。相反，如果人类历史的目标有具体的内容作为终点，那么这些内容实现了，人类历史也就完成和终结了。在赫尔德看来，这样封闭的历史观是不行的，因为这不但限制了人类自由发展的多种可能性，而且在实现最终目标的过程中，一切历史和文化都被手段化了，都成为了通往最终目标的阶梯，丧失了自身内在的价值。其次，它在强调文化多元主义的同时避免了文化相对主义的困境。赫尔德强调，每个民族每个时代的文化都有其内在价值，不能把某个民族或时代的价值作为普世价值来对其他民族和时代的价值进行评判，“像每个球体都有自己的重心一样，每个民族也有自己幸福的中心”[1]。赫尔德这种强调不同文化间的价值差异的文化观很容易被误解成文化相对主义，但事实上，赫尔德只是认为，每种具体的文化都是一个群体独特生活方式的体现，都具有只有身处其中才能理解的内在价值，因而没有任何一种具体的文化可以作为一种普世的标准来对其他文化进行衡量，但不同的文化价值都是对“人道”的体现，它们都是以“人道”为基础的，在这个意义上它们是共通的。

[1] Johann Gottfried Herder, Werke, edited by H. D. Irmscher, (Stuttgart: Reclam, 1979) vol.8, p. 39.

## 结 语

通过以上考察，我们可以发现，“活力”本体论是赫尔德的核心世界观，也是他整个思想的根基和理解他看似混乱矛盾的各种观点的钥匙，以“活力”概念为基础，赫尔德的整个思想可以得到较为一致的解释，这在很大程度上可以消除一些学者认为赫尔德是一位观点充满混乱与矛盾的思想家的误解。

另外，一直以来，学界对赫尔德思想的关注主要集中在文化、政治和社会思想层面，对他的本体论思想讨论不多，这既容易造成他的整个思想显得不够系统和深刻的印象，也使得他本体论思想的洞见容易被忽视。出现这种情况，一方面是由于赫尔德自己没有系统地阐述他的本体论思想，他的观点都散见在各类著作中；另一方面更重要的是由于康德曾经基于自己先验哲学的立场对赫尔德的“活力”本体论思想进行过激烈的批评，后来随着康德哲学的如日中天，赫尔德的许多洞见就隐没在康德哲学的阴影之中，康德这种批评的限度也没有得到深入的考察。事实上，当我们客观深入地来理解赫尔德的本体论思想，我们可以对康德的批评作出有说服力的回应。[1]我们认为，即使和康德的本体论思想相比，赫尔德的本体论思想也是值得认真对待的，赫尔德在对本体的分析中引入了康德所缺乏的历史主义视角和立场，这对德国后来的启蒙运动，特别是黑格尔等人的思想产生了实质性的影响。[2]

## On the ontological foundation of Herder's thought

Chen Yanbo

**Abstract:** In order to get rid of the epistemological and ontological predicament caused by the modern mechanicalism, Herder put forward his vitalism

[1] 康德的批评主要集中在两个方面。第一，既然我们在经验中只能认识“活力”作用的结果，对“活力”的本质毫无经验的证据，那么对“活力”的设定就超出了可能经验的范围，是在使用一些我们完全不知道的东西来解释我们有部分了解的事物，不具有科学的有效性与合法性。第二，将人类具有的目的性通过类比，引入对“活力”的理解和对整个自然界的解释，不具有合法性。康德认为目的论根本不可能在自然科学中运用，因为它根本无法在经验中得到证明，我们一切有目的的经验活动都是来自于我们的意识，但我们不能根据这些已有的结果证明本体具有目的。我们在经验中使用类比推理，但我们却不能超出这个界限，因为我们不知道本体世界的任何性质。(参见康德:《康德著作全集》第8卷，李秋零编，中国人民大学出版社2010年版，“约·戈·赫尔德的《人类历史哲学的理念》第一部、第二部书评论”及“论目的论原则在哲学中的应用”。)针对康德的第一个批评，我们认为只要把“活力”仅理解为形而上学概念，而不是自然科学概念(在赫尔德的著作中，对“活力”概念的使用确实经常在形而上学和自然科学间摇摆，这或许是康德对其进行批评的重要原因)，那么这个批评所指的问题就不存在了。如果“活力”只是一个形而上学概念，那么就不存在经验证据的问题。因为形而上学的概念在其本性上来说是我们为了解释经验的可能性或获得世界的理解性而反思出来的概念，有没有经验的证据不是判断其是否有效的标准。如康德的“物自体”概念，其所指的对象也超出了我们人类认识能力，但这并妨碍它成为一个有效的形而上学概念。甚至像康德的“先验自我”、知性范畴这些概念，我们对其都没有经验的证据，它们都是为了解释经验的可能性和可理解性反思出来的概念。“活力”作为本体概念，它完全可以是我们为了更好地理解和解释世界而反思出来的。康德的第二个批评赫尔德自己曾作出过回应，其要点在于我们人只能用类比的方式来理解世界。赫尔德认为：除了依据类比和我们构造的“形象”，我们的大脑没有别的什么力量作为依据来理解世界［参见 Johann Gottfried Herder, Herders sämmtliche Werke, herausgegeben von Bernhard Suphan, (Berlin: Weidmann, 1877–1913) vol8, p. 171］。赫尔德如此看法的理由主要在他的语言哲学理论之中。如前所述，在赫尔德看来，人只能通过语言来理解世界，但语言是我们创造的关于世界的“形象”，该“形象”并不是镜面式地反映世界，而是加入了人主观的情感、价值、目的和各种思想等因素，因此，人理解世界的方式一定带上了人主观的内容，在这个意义上，避免用目的论的眼光来理解和解释世界，是不可能的。

[2] 赫尔德对黑格尔思想的影响可参见查尔斯·泰勒在《黑格尔》一书中的分析。

of ontology, which absorbing the idea of "force" and organicism in the natural science at that time.The key idea of herder's ontology is that the ontology of the world is understood as a kind of living force, which is defined, from the perspective of holism and teleology, as self-generating, self-organizing activity that gradually develops from simpler to higher degrees of organization. This paper argues that the vitalism of ontology is the core of Herder's world view and the foundation of his whole thought. From this point of view, we can find Herder's thought profound consistency and Systematicness, and Eliminate some researchers' misunderstanding that Heder's thought is full of confusion and contradiction.

**Keywords:** Herder; Vitalism; Ontology; Reflection; Humanity

# 后期谢林对一元论的建构

刘伟东*

**摘要：** 谢林并不满足于斯宾诺莎、耶可比对神的理解，于是通过潜能学说构建了一种包含差异于自身的一元论，借此把握神性生命的本质。神是原始意志，是本原的生命，谢林思想的神学意义在于通过存在的本原结构证明了神的实存，借此反抗启蒙哲学将神理解为一种最高观念或者理念的倾向，因为这种倾向暗含无神论和虚无论。这种一元论是谢林后期哲学的形而上学部分，并由此构成了谢林神话哲学以及天启哲学得以可能的基础。

**关键词：** 谢林；一元论；潜能；自由

1841 年谢林被普鲁士王室召回柏林，接替黑格尔去世之后空缺长达十年的哲学教席。人们对谢林的到来充满期望，希望他给哲学的未来指明方向。谢林宣讲了天启哲学以及作为其重要环节的神话哲学，而这种哲学的底基部分则是蕴含潜能于自身的同一性。通过对一元论的建构，谢林塑造了他后期哲学的理论核心。

## 一、建构的缘起

按照基督教的传统，神只有一个，就是说在神之外没有别的神存在，否则就是多神论。很明显在这样一种传统中，多神论是受到排斥的。但对

---

* 作者简介：刘伟东，哲学博士，黑龙江大学哲学院副教授，主要研究德国古典哲学与德国浪漫主义。E-mail：lwd4194@163.com。基金项目：本文受黑龙江省哲学社会科学专项项目“耶可比的直接性哲学研究”（17ZXD256）、中国博士后科学基金资助项目“绝对者及其实在化的进程”（2017M621317）支持。

谢林来说，来自于基督教传统一神论的理解仍然存在着问题。承接基督教，谢林后期哲学处理问题的核心可以说是在更深入、更根本的视野上考察神如何是一、如何启示自身这些问题。对谢林来说，澄清这些问题，将有利于理解神话学、三位一体等思想。谢林指出神话中的多神论早于基督教出现，但不能把神话视之为人类意识的幻想或者虚构的产物。神话的出现具有必然性，神话自身也具有客观性，对谢林而言，神话是神启示自身的一个环节，这些必须通过合理的神论才能得到解释。那么，什么是真正的神论?

首先，谢林认为，神不是像康德哲学理解的那样是一个抽象的概念，也不是如同斯宾诺莎泛神论所理解的“神是一且一切”，这两者都有否定神的绝对性的倾向，前者把神视为理性推论的结果，这样理性仿佛成了神存在的根据，而与神的绝对性相矛盾；在后者神虽然是整全，但缺乏精神性的东西、无生命的东西作为基底统摄一切。这种无精神的“一”在某种程度上引发了虚无主义。无可否认，神是“一且一切”这一教条是对神性的深刻洞见，但是它仍然是消极的。对谢林来说，斯宾诺莎哲学过于强调神是一切，蒂利希曾解释道：“这样，谢林把斯宾诺莎的泛神论等同于同一哲学的立场，只不过斯宾诺莎的实体是一个主客同体，主体已然退隐”。[1] 很明显在谢林那里，“一”意味着神是“一”，但这个一是精神性的一，是有活力的活生生的一。

其次，谢林同样批判了德国浪漫主义哲学家建立的情感宗教或者感觉宗教。耶可比扬弃了理性，因为理性抽象的形式无法把握神的本质；同时他也拒绝了斯宾诺莎无人格的神——无人格的神是无爱的，而无爱的神不值得信仰。情感和人格是耶可比哲学的核心内容，他试图通过虔信的情感建立人与神的直接关系。谢林将耶可比称之为“纯粹的有神论者”，并且批评了他的有神论：第一，虽然有神论的上帝是有自我意识的，“但是如果不在其中至少设定三重差别，自我意识是不可思考的”。[2] 耶可比有神论提出的自我意识能够意识到自身，是和他自身同一的存在者，但神在自

[1] 蒂利希：《蒂利希论谢林选集》，杨俊杰译，香港道风书社 2011 年版，第 27 页。
[2] Schelling, *Schelling Werke*,Total Verlag, 1997, p. 3742.

身内是无差别的，在他之内看不到差别与环节，因此虽然说神具有了人格性，但它仍然是空洞的、不可把握的。第二，在谢林看来，有神论创造了“没有自然的上帝和没有上帝的自然”。[1]依据有神论的思想，神和自然是相割裂的两个不同的东西，它造成了如下困境：它没有有机地将自然吸纳进来，而仅仅武断地判定自然的存在；同时，因为无法说明自然是神性的表现，造成了神性的空洞和不可理解。在谢林看来，耶可比的有神论是有缺陷的，它理应把自然合理地吸收进来，但是“吸收”只有通过存在于神之内的差别才得以可能。

通过以上论述，可以发现无论是斯宾诺莎的泛神论还是耶可比的有神论都存在着缺陷。这是谢林面对的难题，他试图用自己构建的一元论来克服上述理论的弊病。但是，谢林的一元论不是完全脱离斯宾诺莎、耶可比的思考，谢林一方面赞成泛神论，一方面赞成有神论，这两种理论虽然都有缺陷，但又各有其优势。斯宾诺莎的神虽然是死寂的，让人无法感受到他的生动性，[2]但是他的哲学有一个深刻洞见：神是“一且一切”。神既是物质也是精神，物质与精神同等神圣，物质不再被斥之为邪恶而受到贬抑。而有神论的洞见则在于把神理解为一个有人格性的、有生命的存在者。近代哲学倾向于把神理解为理性产物，这种做法推至极端容易导致无神论，可以说有神论有利于克服近代哲学产生的困境。通过上面的论述，可以发现谢林赞同神是“一且一切”，只是这个“一”同时具有人格性、精神性。

谢林吸收了两种思想中合理的内容，但不是对它们简单的综合。神作为有精神性的存在者，他既是一同时又是一切，但问题的关键在于如何“一”如何又是“一切”，谢林反对把“神是一且一切”这一命题理解为一个独断的教条，而是致力于发掘其深刻内涵，解释它为什么是这样、怎么是这样。对谢林来说，神在原初作为单纯的“一”还不是现实的存在，而是一个蕴含了无限潜在的、尚未施展出来的力的能够存在的存在者。神要将自身实现出来，而一切存在物就是神性生命实现自身的产物。这些产物

[1] 转自蒂利希：《蒂利希论谢林选集》，杨俊杰译，香港道风书社 2011 年版，第 28 页。
[2] 参见 Schelling, *Schelling Werke*,Total Verlag, 1997, p. 3742.

相对地蕴含着神性真理，尽管只是相对地蕴含。神的真理的现实性就存在于其实现自身的过程中，这种真理只有到达了神启示自身的终点才是完全现实的。可见，关于谢林所说的一元论绝不是静止的、直接与自身相统一的状态，而是建立在包含丰富性与差别性的动态过程之中。现在问题的关键是神如何实现这个过程，进一步而言就是神是如何从潜在变为现实，如何从自身的“一”生成庞杂的多。神具有绝对的自由，但是神还是按照一定的结构实现自身，而这个结构就是以孕育三重潜能于自身的一元论为根据的。

## 二、谢林的一元论

神是无前提的，否则神只是相对的存在者，因此可以说神直接地是他自身。神是他自身不是说神是某一个具体存在的东西，因为具体的某个东西总是有限的；其次也不是指神分有了存在，即占有了存在的一个部分；最后也不能说神是存在，存在是一个结果——神先于存在。神只能是存在者自身，对谢林来说：“我们的起点是这样一条原理：神是存在者自身（das Seyende selbst）。”[1] 其实，这个存在者自身就是同一性原则中作为基底的一，那么，该如何理解谢林的这个思想？

第一，这个“存在者自身”表明了神是一，而且表明了神绝对的唯一性。在上面，我们已经讨论过神是一且一切，但是对神的唯一性的论述是不够的，这里可以借助“存在者自身”这一概念对它做进一步的发挥。神是唯一的，否则必然与神的绝对者这一概念相矛盾，所以在神之外无神存在，也没有与之相同的存在者存在。甚至我们也不能说“一个神”，因为这个语词预设了还有两个神、三个神等等，即是说预设了多神论，因此只能说“神”。但是，神又是什么呢，该如何理解神的最原始的规定呢？对谢林来说，神不是存在，也不是存在者。不管存在还是存在者自在地都不是神，它们只是添加上来的一些规定，不能作为对神的原始规定。例如，说神是存在者，但这一命题无法回避这一诘难：在存在者之先，神是

---

[1] Schelling, *Schelling Werke*, Total Verlag, 1997, p. 3718.

什么。排除了上述可能性，仅仅剩下一种可能：神是存在者自身。对“存在者自身”有三点值得注意：一、它不是理性规定，而是神生命的本质规定；二、说神是存在者本身，就是说他是一，但是一不是作为谓词归属于他，就是说它不是添加上去，而是说神是一本身；三、通过存在者本身这一规定，不仅可以说神是唯一的，而且可以说神必然是唯一的[1]。对谢林来说，真正的神必然在自身之前，在自身的神性之前已经是存在者自身，存在者自身是神的预先概念（Vorbegriff）。可以说，神的必然的唯一性不是从神性中，而是在神性之先、在神成为他自身之先得出来的。在这里可以看到，神性以及有意志的神并不是对神的本原规定，它们是在一定过程之后的产物。当然，这里的唯一性还不是现实的、显现出来的唯一性，它还没有达到对神具体的、包含诸差别的规定。

第二，存在者自身是思想的源泉，一切思想都以此为出发点。存在者自身是一切概念的概念，是一切哲学的起点和最高的概念。我们思考一个对象，那么这个对象是被当作一个存在者来看待的。谢林写道：“每个概念，因为它是关于存在着的东西的概念，那么它已经预设了存在者自身的概念”，[2]就是说存在者必须在存在者自身中才能存在，才能得到思考。脱离了存在者自身的存在者是不存在的。前者是本原、是根本，后则是前者的产物或者具体的呈现，后者不能不受限制无条件地存在。

第三，神作为存在者自身不是说神已经是现实的存在者，他仍需外化自身，实现自身。假如在存在者自身中仅仅包含着趋向存在的可能性，很明显在它自身中不包含现实的存在。按照这种假设，存在者自身“在概念之外没有存在，它自身仅仅作为概念存在着”，因此概念和概念的对象是同一的，或者说概念和存在是同一的（这里，存在还仅仅是个概念而没有现实性），因此存在“不是在概念之外，而是在概念之中是它自己”。[3]谢林显然不会满意这种对存在者自身的理解，对他来说，哲学的真正兴趣应是指向真实的存在。存在者自身不是现实的存在者，但也不是绝对的虚

[1] 参见 Schelling, *Schelling Werke*,Total Verlag, 1997, p. 3717.
[2] Volkmann-Schluck, *Mythos und Logos*, Walter de Gruyter &Co, Berlin, 1969, p. 58.
[3] Schelling, *Schelling Werke*,Total Verlag, 1997, p. 3719.

无，而是能够存在的东西。在存在者自身之中已经潜藏着一种能、一种力。纯粹的存在者先于存在，超越于存在之上，尽管如此，这不意味着它必然地实现自身，纯粹的存在者作为精神（它不再是单纯的概念）具有自由性，它可以去存在也可以不去存在，这是精神自由的本性。黑格尔的哲学指出绝对精神实现自身的必然性，但没有指出他可以选择不去实现自身的自由性。

总的来说，“神是存在者自身”还没有达到对神的本质的规定，它既没有指出是何种东西构成了神的内在生命，也没有指出神如何实存。但是，正如刚刚指出的那样，存在者自身不是绝对的虚无，而是包含潜能于自身的存在者。神作为精神可以选择存在，也可以意愿不存在，但是如果精神要发挥作用，就要显现自身，外化自身。[1]但问题来了，是直接显现吗？显然不是，在谢林看来，在存在者和存在之间的是三重潜能，正是这三重潜能构成了蕴含于“一”之中的差别性；也是它们塑造了三位一体、神话学多神论以及万物多样性的根据。

潜能在德文中的写法是 Potenz，这个词具有多重含义，如潜力，潜能，力量，幂等等，而在谢林的天启哲学和神话哲学中，潜能主要指一种潜在的力量，即从潜在向现实过渡的欲求和努力。潜能不仅是神性生命（对谢林来说，神不是抽象的概念，而是活着的生命）的基本结构或者本原范畴，神通过潜能从纯粹的潜在走向现实，最终实现自身，而且作为本质性的因素存在于人类之中，存在于自然之中。关于潜能的学说是谢林后期哲学的根基与核心，它不仅是神启示自身的基础，而且它也是谢林对神内在生命的成功描述。谢林将潜能划分为能在、必在与应在。那么，我们该如何理解第一潜能——能在呢？

对谢林而言，纯粹的存在者进入存在的第一契机（Moment）只能是直接的能在（或者简称为能在），[2]而不能是任何别的什么东西。谢林把能在视为第一潜能是有原因的，绝不是偶然为之。第一潜能应该具有直接性，试想如果是间接的东西，它就是有前提的，而有前提的东西不能成为第一

[1] 参见 Volkmann-Schluck, *Mythos und Logos*, Walter de Gruyter &Co,Berlin, 1969, p. 60.
[2] 参见 Schelling, *Schelling Werke*,Total Verlag, 1997, p. 3729.

潜能。例如在经验世界中的存在物，它受制于他者，很明显不能成为首要的东西；在纯粹理智的世界里，只要有哪个概念或者什么东西是理性的产物，它也是间接的、有条件的，因为它受理性形式规律的支配，而受理性形式规律支配的东西，终究不可能作为第一潜能存在。因此，作为神性生命本原范畴的第一潜能一定是先于时空、先于理性概念的，甚至是先于存在，它绝不是有条件的、间接性的东西，而是直接性的，就是说第一潜能直接是它自身。

这个直接是它自身的能在先于一切存在，可以说能在是尚未存在，但在它自身中已经蕴含着潜在的意欲存在的力，“是趋向实存的权能，是存在着的潜能本身”。[1]能在是绝对自由的，它意味着一种不受任何限制的、本原的主体性和能动性，可以说它是一切存在之物的在先者和第一因。但是，能在绝不是我们为了理解现实世界而作出的预设，它是孕育在神性生命中本真的力。神为实现自身，激活能在。神是有意志（Will）的存在者，而能在本质上就是意志。有了意志，神才有了意愿存在的能力。假若神是无意志的，是无欲求的，那么神就只能停留在纯粹存在的抽象性中，而无法让自身成为一个现实的、客观的存在者。对谢林来说，意志因素不仅是神实存的基本条件，而且也构成了未来一切存在者存在的基本条件。在这里，我们可以清楚地看到后期谢林哲学有着明显的唯意志论色彩，这与他之前对理性哲学的反思有着密切关系。谢林把通过理性建立起来的哲学规定为本质论，本质论关注事物的本质、事物永恒的相，不管是康德、费希特还是黑格尔哲学其实都是建立在理性、概念基础上的本质论，它关注的是事物的普遍本质和普遍形式，而不是事物的具体存在和真实存在。理性是自我的理性，本质论所理解的世界是通过自我建立起来的，但是这个被把握的世界也只是共相，而永远无法与实存的世界相等同。对谢林而言，理解万物的实存（不仅有神的，还包括人与自然万物的）只能凭借意志才得以可能。意志或者说作为第一潜能的能在，具有渴望，具有自由，它是鲜活的东西，只有它才能作为生命的原始根据。

---

[1] Volkmann-Schluck, *Mythos und Logos*, Walter de Gruyter &Co, Berlin, 1969, p. 61.

此外，对谢林而言神的能在具有无限性，[1]但这不是说神在空间、时间上的无限性，而是说它蕴含着一切可能性。万物皆有意志，意志贯彻于一切事物之中，神有意志，人有意志，一粒种子也有意志，但是神的意志是最本原的意志，它具有最高的自由。一粒树种的欲求仅仅在于成长为一棵大树，它的欲求局限于自身之中；人的能在（或意志）具有较高的自由，它可以指向一种高于自身的东西，但是也可能被恶的东西所吸引；唯有神的能在囊括了一切可能性，而这种可能性绝不能被外在于自身的东西规定。能在的无限性彰显了神的绝对自由，如若缺失，神的自由则只是相对的。无限性的特质已经将必然性排斥在外了，因为必然性是对无限可能性的毁灭，因此能在作为绝对的在先者在自身之中并不带有必然性，同时它在向存在转化的过程中也不具有必然性。

不过，能在就其自身而言或者说在其将自身现实化之前是无所指向的、没有意愿（Wollen）对象的意志。这意味着能在是安静地保持在自身之中的，并不意欲某个具体的东西，而只是一个普遍的意欲。在此阶段，神还是沉静的、尚未施展自身的存在者。能在为什么有这样的特性呢？在上文我们提到神是纯粹的存在者，在这个存在者自身之外无物存在，能在停留于此，无对象可以意愿。但是，意志的目的、潜能的实现借助于意愿得以可能，因为意志自身只是潜能，只有意愿才能把自身中的力实现出来，成为现实。在这里谢林对意志与意愿做了区分："意志是潜能，是意愿的可能性，而意愿自身是行动"，[2]就是说意愿是意志的行动，意志自身中的潜能要通过这一行动施展出来。对于能在来说，从非存在过渡到存在就是从意志过渡到意愿，相应的沉静的意志正是通过意愿这种行动才构造了存在，正如谢林所说的那样："存在恰恰存在于欲求之中。"[3]

通过以上分析可知，能在仅仅是纯粹的主体，在它之内不存在任何杂多。但能在不是相对的主体性，而是绝对主体性，它作为非理性的意志打

---

[1] 参见 Schelling, *Schelling Werke*,Total Verlag, 1997, p. 3729.
[2] Schelling, *Schelling Werke*, Total Verlag, 1997, p. 3722.
[3] Friedrich Wilhelm Joseph Schelling, *Urfassung der Philosophie der Offenbarung*, Hamburg, Felix Meiner Verlag, 1992, p. 26.

破了存在者自身那个静止的同一性，使得神的创世得以可能，并让所有的个别事物都获得了自身性。自身性意味着受造物拥有自己的意志，就是说人的自身性体现在人的独特意志里，自然的自身性体现在自身独特的意志里。自然事物的意志相对于人而言具有较低的主体性，它关注的仅仅是它自身（谢林的这个观点与其自然哲学密切相关，在他看来自然是世界灵魂的一种表现）。依据上述分析可以看到，一切个别本质或者个别意志的根据，一切千差万别的事物的主体性都来自于能在。蒂利希进一步解释道："自由和历史就仰仗着在存在的概念里始终都保持着一个主观的、潜能性的、非理性的唯意志论因素。"[1]可以说，能在是谢林解决绝对与相对差异性以实现自身同一性的起点，亦是以演进的方式彻底把握神性生命的起点。

虽然能在是无限的主体，但它就其自身而言只是一个停留于自身的潜在者，而尚未转化为实际的存在者。它仅仅拥有了这样做的权能，因此也可以说能在是"非存在者"。正因为在能在之内不存在任何客体性，所以能在对客体充满了饥饿感，它渴望无限的存在。在这里我们看到了能在自身的局限，但这正是潜能学说演进的动力。然而，能在无法直接地生成存在或者现实的存在者，正如上文所述能在和存在之间存有中介的环节，因此能在的下一个环节仍然是潜能，即一个与能在相对立的潜能。那么，第二潜能来源于哪里呢？首先，第二潜能无法直接地存在，否则将与作为一切可能性来源的能在的规定矛盾；其次，既然第二潜能只能是一个间接的存在者，它的来源只能是作为第一潜能的能在。也就是说能在作为一个纯粹的主体，为实现自身在自身之外设定了一个与自身相对立的东西，即客体。如果能在无法将自身的潜能施展出来，它就只是一个未将自身客观化的纯粹主体。然而神，即存在者自身要将自身实现出来就需要激活能在，让能在运动起来。能在若要让自身成为现实的东西，就无法通过外在于自身的东西（因为这些东西尚未存在），而只有通过它自己才有可能。显然，两种潜能的关系不是外贴的，不是本无关系的两个东西的综合。对谢林来说，第二潜能作为被设定的客体隐藏于主体之内。能在在它的发展过程里

[1] 蒂利希：《蒂利希论谢林选集》，杨俊杰译，香港道风书社 2011 年版，第 65 页。

没有增加什么新东西，也无须借助于外在之物，第二潜能作为被设定的客体本身就隐藏于能在之中。可以说，一个潜能向另一个潜能转化的过程不是转化为一个与自身完全相异的他物的过程，而是潜能自我实现、自我展开，把蕴含于自身的东西引申出来、推演出来的过程。那么，能在实现自身的过程完全是一个纯粹由自身完成的过程。

能在作为本原的主体性完全未被限定，因此可以说能在是贫乏的。能在如果仅仅停留在自身之中，它就如同永恒的黑夜无所彰显；能在若意欲成为可限定且可理解的，则必须让自身运动起来。那么，该如何进一步理解这个被设定的客体呢？

既然能在是无限的主体，它的对立面就是无限的客体。[1] 正如上文所言，能在自身蕴含无限的可能性，但它也只是无限的“能”；从相反的视角来看，能在也可以说是无限的非存在。能在对存在的缺乏不是相对的，而是绝对的，它不能通过设定某个特殊的存在满足自身（这种存在无法填满无限的匮乏）。这意味着它设定的那个对立面具有无限的丰富性，舍此不能成为能在的直接对象，因此只有无限性的客体才能满足能在的饥饿。如果说能在是贪求存在的意志，无限的客体则是对存在无所兴趣的意志，它泰然自若，无须贪求存在。能在因为无限的匮乏而对存在有强烈的欲求，无限的客体因为自身绝对的丰盈而对存在无欲无求，它不再需要设置客体，它对自身满足，安于自身，因此缺少生成的动力。然而，这个客体并不因其无限性而完全自主，它是属于能在的，所以能在与之的关系是互补的：无限的客体有了主体性，而能在也因为它弥补了自身的缺陷。

第二潜能虽然具有无限性，但不是说它拥有无限多的质料与杂多，相反它具有纯粹性，因此谢林将其称之为“纯在”。纯在具有现实性，但也只是纯粹的现实性，而非显现的、具体的现实性。如果说能在是绝对的主体性，那么纯在则是绝对的非主体性，对谢林而言这无主体性的纯在具有一种不可拒绝流溢的品质。纯在是纯之又纯的现实性，但这并不是说它是一切现实的东西的来源，是现实之物的最高者，因为它缺乏一种生成的力

[1] Schelling, *Schelling Werke*, Total Verlag, 1997, p. 3730.

量，缺乏从自身出发设定与自身不同之物的权能。在谢林看来，遗憾的是很多哲学家对神的理解仅仅停留于纯在的层次，神只能被理解为静止的、无欲无求的存在者，由此神的能动性的自由、意志就被消解掉了。斯宾诺莎曾经说道："自因，我理解为这样的东西，它的本质即包含存在，或者它的本性只能设想为存在着。"[1]斯宾诺莎把神理解为一个直接且纯粹的存在者，这是谢林所不能赞同的，对他而言斯宾诺莎的泛神论把神理解为必然且盲目的存在者，却没能说明神为什么是以及怎样是一个纯粹的存在者。正如上文所述，神的最原初的潜能是能在，是一个蕴含一切可能性的自由意志，而不是存在或者纯粹存在，斯宾诺莎对神的理解还没有达到最原初的根基点。神是一切存在的主人，神不能直接地被理解为存在，这是谢林对斯宾诺莎的根本性批判。

然而，纯在是能在显现自身所必须，因此又被称之为必在。必在之"必"表明了能在与存在之间的必然关系，就是说能在过渡为纯在是必然的。简而言之，两者关系绝非偶然、任意。在这里出现一个问题：既然能在蕴含着一切可能性，它何以和纯在有必然的关系，如果设想纯在仅仅是一切可能性之中的一种？笔者尝试作出如下回答：神在能在之中有任意的自由，即是说他可以启示自身，也可以不启示自身，然而因为神在潜能之中还不是现实的，需要启示自身，他必然开启能在与纯在的关系。但这并不是说，神在启示自身按照一定必然关系表现的自由高于任意的自由，即便它是有内容且现实的自由。对谢林来说，神的意志在任何一个阶段都是自由的、可选择的，即是说它完全可以这样也可以不这样，这是神的自由的一个根本表现。

能在通过纯在为自身带来了确定性与规定性，同时这一规定性也是其他一切规定性与确定性的根本。[2]纯在虽然缺少主体性和生成性，但它的客观性具有本原性和普遍性，可以说万物之中无不蕴含着纯在这一潜能。例如，植物有其规定性，例如颜色、质地甚至它之为植物的内涵等等，这

---

[1] 斯宾诺莎：《伦理学》，贺麟译，商务印书馆 2013 年版，第 1 页。
[2] 参见王建军：《灵光中的本体论——谢林后期哲学思想研究》，南开大学出版社 2004 年版，第 108 页。

些规定性虽然庞杂但是都以纯在为根据的。既然说纯在是无限且纯粹的规定性，一切有限的存在物的规定性则是有限且包含杂多的规定性。但是，无论有限的存在物包含多么丰富的规定性，它都不能与纯在相提并论。后者是根据，万物之规定性皆因此而成。

由上所述，能在是本原的主体，是纯粹的能，而纯在是能在设定的客体，是纯粹现实。

但是能在与纯在作为潜能互不相容——能在包含着对纯粹存在者的匮乏，纯在则是对主体性的否定，两者每一个都有其片面性，那么这两者都不能设定为潜能演进过程的终点，因此需要设定一个第三潜能。[1]第三潜能不是单纯的主体，也非单纯的客体，它克服了这两种片面性，是不可分的主客统一体。第三潜能作为统一体具备能在与纯在所不具备的完整性，即是说它作为主体有客观性和规定性，它作为客体又不乏自由的主体性。蒂利希对第三潜能做了如下解释："它是那始终随着自己的东西，是不可能失去自己的东西。"[2]显然，第三潜能也不是一个偶然的产物，相反它是神性潜能演进的必然结果。

谢林一般将第三潜能称之为应在，既然是"应当存在"，它也不是现实，而是潜在。应在是要达到的目标的潜能，指明了道德的理想。对谢林而言，应在是最本质的潜能，它赋予万物神圣的使命感。谢林在《自由论》中将神区分为两个相异的层面：神自身的东西与神的自然，前者涵盖神的光明、理智与爱，后者则是"一个虽然与上帝分离，但却有区别的东西"，[3]神的自然是在神之中，但不是神自身的东西，是神的低级层面。为了克服这种低级的东西，神启示自身，创造万物，为的是把低级之物倾泻出来，加以克服。一切有限的存在物虽然为神所造，但必然蕴含着神的低级的东西。然而神之伟大不在于对有限物加以彻底摧毁，而是引领它们克服低级的存在，重归完整的神性中去。当然，这一重归不是简单的复归，

[1] 参见 Schelling, *Schelling Werke*, Total Verlag, 1997, p. 3732.
[2] 蒂利希：《蒂利希论谢林选集》，杨俊杰译，香港道风书社 2011 年版，第 67 页。
[3] 谢林：《对人类自由的本质及其相关对象的哲学研究》，邓安庆译，商务印书馆 2008 年版，第 71 页。

而是一种经历苦难、痛苦之后的生命之升华，是与神自身的东西完满的统一；同时也是神完全实现自身的体现。但是，没有应在的指引，有限物永远与完满的神性处于分离的状态，而神也无法克服低级层面，完全实现自身。蒂利希说，正是“基于第三幂次的意味，他（神）是保持那被从异化状态中带回去的存在主人的权力”。[1] 在这里，我们看到了应在对于神启示自身的意义。

通过应在，谢林完成了对三重潜能的讨论。这所谓三重潜能是神启示自身、创造万物之根据。一般来说，人们会以为三重潜能中的每一个只是完善之精神的一个部分，最终三个潜能共同构成了作为整体的完善精神。但对谢林来说，每个部分不少于整体，每个部分自在地是整体。这意味着能在是完善的精神，纯在（或者必在）与应在都是完善的精神。谢林说道：“这正是完成的精神性的品格，在那里开端不存在于终点之外，终点不存在于开端之外。”[2] 这正如基督所指出的那样：他的道路的每一个点既是开端又是终点。精神无处不在，在任何一点都保持为不可分割的整体。可见，谢林所指的完善之精神虽然设定矛盾以表现自身的自由，但是潜能之间的关系不是肯定与否定的对立，而是肯定与肯定的对峙，[3] 因为潜能的每个阶段都是完整的神性，能在与必在的对立就可以说是完整神性与完整神性的对立。在黑格尔哲学里，精神意识自身必须通过设定一个与其纯然对立的他者才得以可能，而这个他者一定是潜藏于精神之中，绝非外加的。因此，肯定（精神）只有通过否定（即他者）才能达到更高层次的“合”。人们以为谢林三重潜能存在着类似于黑格尔哲学中正反合的关系，显然这是对谢林的误解。

## 三、结　语

在后期哲学，谢林没有放弃一元论，他认为单纯地指出神是一，绝对

---

[1] 蒂利希：《蒂利希论谢林选集》，杨俊杰译，香港道风书社 2011 年版，第 74 页。

[2] Friedrich Wilhelm Joseph Schelling, *Urfassung der Philosophie der Offenbarung*, Hamburg, Felix Meiner Verlag, 1992, p. 62.

[3] 参见蒂利希：《蒂利希论谢林选集》，杨俊杰译，香港道风书社 2011 年版，第 62 页。

者是一，仅仅只是说明了神之外无物存在。对谢林而言，这种同一性还是抽象的同一性，是对神笼统的规定。有内容的、真正的同一性不仅涉及“一”，而且涉及“多”，涉及差别，而恰恰通过三重潜能，谢林让一种更高的一元论得以可能。

三重潜能不仅是对神的内在生命展开描述的尝试，而且是神创世的基础。潜能学说是谢林后期哲学的基础核心部分，借助于潜能学说，谢林思辨地阐释了神话的生成过程，三位一体的可能，神如何创造万物；借助于三重潜能，神从抽象达到现实，从一达到多样与差异。潜能学说是谢林后期哲学的基础和形而上学部分，理解了它就掌握了打开后期谢林哲学的钥匙。通过潜能学说，谢林构建了包含差异于自身之内的一元论，即是说这种一元论是绝对者可分化自身，最终克服差异与对立，从而回到自身的原则。在此基础上，谢林刻画了神从潜在到分离、再到将万物统一在自身神性之下的恢弘过程。后期谢林没有放弃同一性思想，可以说这种思想贯穿于谢林的先验哲学、同一哲学以及整个后期哲学。如果说谢林早期的同一性思想影响了黑格尔哲学，那么他后期的一元论思想则对 19 世纪、20 世纪的多数神学家产生了重要影响。

## The Construction of Monism in Later Schelling

Liu Weidong

**Abstract:** Not consenting himself with Spinoza's and Jacobi's understanding of God, Schelling constructs the doctrine of monism which contains diversity in itself through the theory of potentiality, the aim of which is to grasp the essence of divine being. God is the original will and the life of the source. The theological significance of Schelling's ideology lies in proving the existence of God through the original structure of being, and thus resisting the tendency of Enlightenment philosophy to view god as the supreme concept or idea, because this tendency implies atheism and nihilism. This monism is the metaphysical part of Schelling's later philosophy, and thus constitutes the foundation for the possibility of

Schelling's mythological and apocalyptic philosophy.

**Keywords:** Schelling; monism; potentiality; freedom.

# 胡塞尔意识概念的
# 多重意蕴：意识、前意识、无意识

陈志伟*

**摘要**：我们将以不同的文本为依据，对胡塞尔的意识作出三个层次的划分：意识、前意识和无意识，并尤其注重突出其中的前意识和无意识这两个环节，发掘出其中被遮蔽的意蕴。最后，指出意识、前意识和无意识最终可以统一于内时间意识之中。通过对意识的不同层次的划分，我们可以从总体上把握胡塞尔的"意识"，从而更加全面地认识到他的意识哲学的进步意义，尤其是在前对象层面的进步意义。

**关键词**：意识；前意识；无意识

## 一、导　言

胡塞尔的现象学的哲学，从总体上看，可以被看作为是意识哲学。意识，是胡塞尔的现象学的核心范畴：意识是现象学的研究起点、研究的对象、研究的范围、研究的最终归宿和目的。胡塞尔一开始就通过悬置的方法将外在世界的自在存在的问题悬置起来存而不论[1]，明确地表示，只有在意识范围之中意识现象才是现象学所关心的问题，所谓的外在世界的自在存在的问题要被最终还原到意识范围的内部，即外在的事物最终被还原

---

* 作者简介：陈志伟，哲学博士，工作单位：广州大学政治与公民教育学院暨广州大学文学思想研究中心，主要研究领域为现象学。E-mail：chenzhiweiguangda@aliyun.com。
基金项目：2017 年度教育部哲学社会科学研究重大课题攻关项目"当代国外社会科学方法论新形态及中国化研究"（项目批准号：17JZD041）。

[1] 胡塞尔说道："为了对抗这类谬误，我们必须坚持依靠在纯粹体验中的所与物，并将其置于明晰性的范围内，正如它所呈现的那样。于是'现实的'客体应被'置入括号'。" HUSSERLIANA BAND III, 1, S .187；中译文参见李幼蒸译：《纯粹现象学通论——纯粹现象学和现象学哲学的观念》第一卷，商务印书馆 2012 年版，第 264 页。

为先验自我在意识范围之中所构造出来的“看起来”外在的事物，其所谓的“外在性”本身只不过是意识构造的一个特点，意识将之构造为显现地外在于意识，但是其终究还是内在于意识范围之中的。可以说，胡塞尔的现象学所研究的就是意识范围之中的意识现象。意识是现象学的原起点，“现象学”这个名词中的“现象”所标识的就是意识现象。而胡塞尔所进行的现象学的研究的最终目的也在于：构建起作为严格科学的哲学，为人类的知识在意识中找到最终的奠基点。因此，称他的哲学为意识哲学、关于意识的哲学，是完全没有问题的。然而，我们知道意识哲学并不是一个新鲜的东西，从古希腊以来就有关于努斯（Nous）的探讨，进而又有中世纪的奥古斯丁对于“心灵”的探讨，以至于柏格森的绵延、尼采的权力意志、狄尔泰的生命哲学等等，无不是对于意识领域的哲学探索。那么，胡塞尔的意识哲学相对于历史上的这些意识哲学有何独到之处呢？他是否对意识本身有什么新的发现呢？对于这个问题的回答，在哲学史上似胡塞尔早有定论，即胡塞尔对于意向性以及本质直观的方法的发现等等。萨特在《胡塞尔现象学的一个基本概念——意向性》一文中说道：“这种意识作为对与自我不同的东西的意识存在的必然性，胡塞尔称之为意向性”，海德格尔说道：“关于现象学的决定性的发现，我们要讨论三个方面的内容：第一是意向性，第二是范畴直观，第三是先天的原本意义。”[1]然而，不管是萨特还是海德格尔都是从一个特定的意识角度来谈论胡塞尔的意识的，即对象化的意识的角度。在这里，他们并没有从总体上对胡塞尔的意识进行仔细的区分，他们对胡塞尔的意识这种评价还仅仅停留在静态现象时期的对象化的意识的范围之中。实际上，进入到发生现象学时期的胡塞尔对于意识又有了新的重大的发现，重新发现了意识所具有的更深层次的新的维度，而且，正是这种新的深层次的维度才为表层的对象化的意识奠定了最终的基础。胡塞尔对于意识的贡献不仅仅在于他发现了意识当中的意向性。具有意向性的意识仅仅是意识的第一个层面即对象化的意识，在对象化的意识之下还有前对象化的意识以及更深层的无意识。只有借助于发

[1] 海德格尔：《时间概念史导论》，欧东明译，商务印书馆 2009 年版，第 31 页。

生的视角，进入到胡塞尔的前意识和无意识当中的时候，我们才能够更清晰地看到胡塞尔的意识理论的进步意义。在笔者看来，这种进步的意义首要的是从发生的维度中彰显出来的。其从发生的角度对于前意识和无意识的发现和探讨，或许具有相对于静态的现象学时期的意向性更大的意义。

因此，在本文中，我们将在对对象化的意识进行简要的说明之后，转入到对于前意识和无意识的论述之中。意识的三种维度中的后两者，前意识和无意识将是我们所着重论述的，是我们分析的重点。这一方面是因为，哲学家和研究者们过分地偏重于第一个层面的意识，而忽略了最后两个层面的意识。更重要的是因为，如果我们从发生的角度去进行考察的话，就会发现，处于底层的前意识、无意识是表层的对象化意识的最终的基础。正是在这种前对象化的意识的基础上，对象化的意识才最终得以可能，才最终能够成为“意识总是关于某物的意识”。

## 二、对象化的意识

在此，首先需澄清的是，胡塞尔自己本人并没有在专门的意义上将意识划分为三重的维度：意识、前意识和无意识。这种划分，是笔者在仔细阅读胡塞尔自身的文本的基础上总结出来的，在此笔者仅仅是抛砖引玉，至于这种划分方式是否合理，还有待各位专家学者的批评指正。

不过，虽然胡塞尔本人并没有在他的书中明确提出这种对意识的三重划分，但是，如果我们从发生的角度对其意识思想进行仔细考察的话，就会发现他本人确实在这三种意义上展开对于意识的讨论。当然，最为熟悉的首先是意识的最表层的、最明显的第一个维度，即对象化的意识的维度。这种意识的维度指的是：对象化的意识，即按照“意向行为—意向对象”的认识模式所进行的，对于某个特定对象的认识。胡塞尔关于意识的论述在大多数时候，都是关于这种对象化的意识的论述。尤其是在静态现象学时期，这种对象化的意识一直都居于主要的地位，虽然在其中也有一部分关于前意识的论述。在从《逻辑研究》到《观念 I》的静态现象学时期，胡塞尔所认为的“意识总是关于某物的意识”，就是对于这种第一层次的意识的核心的概括和描述。其中的某物，指的就是意识所意向的对象，而对这个某物的指向行为则是意识行为。也就是说，这种意识的一个最为基本的结构特点就是意向性，也即意识行为总是指向某个对象。这种层次上的意识是我们所最为熟悉的，也是最为容易理解的。实际上，这种意义上的意识所遵循的依旧是主体、客体的模式，意识只不过是主体对客体的指向。《逻辑研究》中对意识的探讨总体上所遵循的模式就是：立义—立义内容的模式，而这模式背后所隐含着的依旧是主体、客体的区分。而在《观念 I》中，胡塞尔对于意识的探讨，则总体上采用的是意向行为（Noesis）—意向相关项（Noema）的模式。同样，在这种模式背后所隐含着的依旧是主体、客体的区分。而且，甚至在“意识总是关于某物的意识”的发现上，胡塞尔也并不是第一人。

那么，在对象化的意识的这个层面，胡塞尔的进步意义在哪里呢？他是否对意识有所推进呢？在笔者看来，尽管此时他仍旧处在主客体的传统的思维模式之中，但他仍旧在意识领域之中取得了重大的突破，这种突破的意义首先在于：主体和客体不再是分属于两个领域中的不同事物，主体和客体都处在同一个领域之中，即都处在意识的领域之中。由此，也就避免了一个很大的麻烦：主体意识如何超出意识自身的范围而通达到意识范围之外的客体对象。实际上，由于意识领域和非意识领域的区分和它们之间的异质性，要想在二者之间建立起关联，进而使得非客体的意识能够“认识”客体本身，是非常之困难的，甚至是西方几千年以来的认识论所一直难以回答的难题。[1] 在胡塞尔那里，问题变成了：意识如何构造出意识对象。进而，胡塞尔所要做的工作也就是沿着意向性的角度对意识的意向性结构和构造的功能进行探讨。意识的对象本身就处在意识的范围之中，并且，是意识的构造活动的产物，因此，在二者之间当然不存在所谓异质性的鸿沟的问题。意识不需要超出自身去认识在自身之外的某物。对于认识何以可能以及知识的普遍必然性的问题，胡塞尔所采取的思路是：先验自我通过本质直观的方法在具体项的基础上，构造出不同层级的本质范畴（形式本体论和区域本体论），并把这些本质范畴以及其中的公理作为认识先天条件来指导认识，进而形成普遍必然的本质知识。

关于胡塞尔在意向性上所做的推进，已经有了非常之充分的论述，在此我们不想再做重复工作。我们需要指出的是，在意向性的结构隐含着前对象的、前意向性的因素。根据胡在《观念 I》中的论述，意识的基本结构可以展现为：意向行为—意向内容。而这种意向结构相对于《逻辑研究》的不同之处在于，其中的意向内容这个环节也具有了其自身的结构——对象本身（X）、内核、晕圈。而且，意向行为对于晕圈的指向仅仅是一种附带的指向，它同意向行为对于意向对象的指向在本质上不同。实际上，它是一种前对象化的指向。另外，意向行为本身对其自身也有着一个基本的体验（erleben），这种体验也不同于对于一个对象的指向，这种体验并不是一种对象化的行为，而是一种前对象化的行为，因此也归到前意识当中。在此，我们仅做简单的提示，在下文中将作出具体的论述。

[1] 实际上，如果我们仔细考察这个难题的前提的话，就会发现，之所以会出现这样的难题就是因为意识中的主体和非意识的客体之间的本体论上的区分。因此，关键不在于对这个问题的回答，而在于对这个问题之所以产生的前提条件的考察。就像维特根斯坦所说的，重要的不在于问题的回答，而在于问题的化解。对于这个问题，现象学给出了不同的回应：在胡塞尔那里，通过悬置的方法，而将意识之外的客体悬置起来，将客体还原到意识范围之中，进而把问题转换为主体在意识之中对客体的构造；而对于海德格尔来说，这个问题则完全是一个存在论的问题，Dasien 的存在本身从一开始就不是一个孤立的存在，Dasein 从一开始就是一个 Da，一个境域，一个缘在场，而不是一个孤立的主体之点，Dasein 从源头上就存在在一个因缘关联体之中，并对这种关联性有着存在论上的最本原的领会。因此，认识论上的问题最终要还原到存在论的基础上，并在基础存在论中得到化解。在海德格尔看来，这个所谓的认识问题的提出，从一开始就在存在论上定错了方向。

## 三、前意识

所谓的前意识指的也就是前对象化的意识，在对象化之前的意识。胡塞尔自己本人并没有经常使用前意识这个词语，但是，在胡塞尔那里有前对象、前自我、前意向、前谓词等类似的表述。在此，我们暂且使用前意识这个词来表示尚未进入到对象化层面的，处在对象化之前的意识。从发生现象学的角度看，严格意义上的、与自我相对应的对象，是有着其漫长的发生历史的。从最初的被动性的、处在发生的最低层的内时间中的感性材料（尚没有对象和自我的区分）到自我通过主动的意向行为所明确指向的对象，需要经过众多的发生性环节，如，内时间意识—原联想（Urassoziation）—凸显（Abhebung）—触发（Affektion）—朝向（Zuwendung）—注意（Aufmerksamkeit）—朴素的把握和观察（说明性观察、关系性观察）等众多的环节，意识的构造过程同时涉及被动性与主动性，“在横向上，‘构造’涉及被动性领域和主动性领域的动态关联方式”[1]。胡塞尔后期的发生现象学告诉我们的是，在对象化的意识之前，还存在着一个更为广阔的、更为深层的前对象化的意识。正是这种前对象性的意识才从发生学上为对象性的意识奠定了基础，使得对象性的意识得以可能。

在此，笔者试图结合胡塞尔的发生现象学和静态现象学中的相关论述，对之从总体上进行一个初步的分类，并尤其注重突出发生最底层的内时间意识的重要意义。接下来，我们从两方面对之进行介绍：对于晕圈的附带的意识、意向行为的自身体验。

### （一）对于晕圈的附带的意识——以《观念I》为例

在此，我们以胡塞尔自身的一段话来开始我们对于晕圈的附带的意识的论述。胡塞尔说道：

作为一种感知活动的严格意义的感知中，我朝向对象，（例

[1] 韩骁：《胡塞尔“构造”概念的三种图式》，《云南大学学报》，2018（6）。

> 如）朝向那张纸，我把它把握为这个此时此地的存在物。把握行为（Erfassen）是一种选出行为（Herausfassen），任何被感知物都有一个经验背景。在这张纸周围有书、铅笔、墨水瓶等等，这些被感知物也以某种方式在“直观场”中被感知为在那儿；但当我朝向这张纸时，我一点也未朝向和把握它们。它们显现着，但未被抽出，未因其本身之故被设定。每一物感知都以此方式有一背景直观的晕圈（或“背景看”，如果人们已在把被朝向物包括进直观中去的话），而且这也是一种“意识体验”，或者简单说，“意识”，特别是“关于”一切事实上存于其一同被看的客观“背景”中的意识。但是显然，我在这样说时并未谈论那种应在可能属于被看背景的客观空间中被“客观地”发现的东西，也并未谈论有效的和向前涌进的经验可能在那儿发现的一切物质物和物质事件。[1]

在这段话中，我们需要注意以下的几点：我对于一个对象的严格意义上的当下的朝向是感知[2]；而感知对象必然处在一个背景域中；这种背景域或者晕圈虽然显现着，但是并未被抽出，也就是并未被对象化；对于这种背景域的意识是一种特殊意义上的“体验”；对于背景域的意识并不是一种客观的意识，进而晕圈也非客观物。显然，通过对于上面的这段话的分析，我们实际上已经可以看出：这种对于晕圈的意识实际上是完全不同于对象化行为的，它不同于感知，也不同于想象、回忆等对象化的行为，它是一种特殊的“体验”。这种体验并不是一种像感知行为那样的朝向、指向、把握的行为，“我一点也未朝向和把握它们”，对于晕圈的意识并非是对象化的意识。与此相应，晕圈本身也不是严格意义上的对象，它还处在对象之前，还没有被对象化，“它们显现着，但未被抽出，未因其本身之故被设定”。在此，有必要专门地对“体验”进行一个简短的说明。在

[1] HUSSERLIANA BAND III, 1, S. 62；中译文参见李幼蒸译：《纯粹现象学通论——纯粹现象学和现象学哲学的观念》第一卷，商务印书馆 2012 年版，第 119—120 页。

[2] 在胡塞尔的理论体系中，对于对象的朝向、把握的对象化的行为可以分为感知、回忆、期望、想象等行为，其中感知居于最为主要的地位，因为在感知中可以获得最为充分的对象物的“被给与性”。因此，前对象的前意识是完全不同于感知、回忆、期望、想象等对象化的行为的。

《观念 I》中的体验，可以分为意向性的体验（即对象化的意向行为）和非意向性的体验（前对象化的意向行为），或者分为实显的体验（也即意向性的体验）和非实显的体验（非意向性的体验），而且这两种体验之间是可以相互转换的，对象性的体验必然伴随着前对象性的体验。胡塞尔说道："非实显的体验的'晕圈'围绕着那些实显的体验；体验流绝不可能由单纯的实显性事物组成。正是这些实显物在与非实显物对比时，以最广泛的普遍性（这可能超出了我们例子的范围）决定着'我思'、'我对某物有意识'、'我进行着一种意识行为'这些词语的隐含意义"[1]，"连续不断向前的思维链索连续地为一种非实显性的媒介所环绕，这种非实显性总是倾向于变为实显样式，正如反过来，实显性永远倾向于变为非实显性一样"。[2]

不同于在《逻辑研究》中对意向行为和意向内容之间的简单区分，在《观念 I》中，胡塞尔对意向内容的结构作出了卓越的洞察：意向内容本身也具有自身的结构，意向内容的内核必然被晕圈所环绕。这也就意味着，对象必然伴随着前对象的东西，而对象化的行为也必然伴随着前对象化的行为。因此，从静态现象学时期开始，前对象性的意识也即前意识已经是一个必然性的环节了。但是，在此需注意的是，作为对晕圈的附带性意识的前意识，还仅仅是对象性的意识行为的附带物，它还是从属于对象化的意向行为的，而并非居于主导地位。居于主导地位的始终是意向行为和意向对象，而晕圈以及对于晕圈的意识最终还可以转变为意向对象和意向行为。另外，从篇幅上讲，胡塞尔在大观念中对于晕圈的论述也仅仅出现在 35 节、67 节等少数的几个章节中，并非是论述的主要的主题，胡塞尔此时关注的重心无疑还是在对象化的行为上面的。

### （二）对于意向行为的自身体验——以《逻辑研究》为例

对于意向行为的自身体验，是一个非常容易被忽略的领域，因为通

[1] HUSSERLIANA BAND III,1,S .63; 中译文参见李幼蒸译：《纯粹现象学通论——纯粹现象学和现象学哲学的观念》第一卷，商务印书馆 2012 年版，第 121 页。
[2] HUSSERLIANA BAND III,1,S .64; 中译文参见李幼蒸译：《纯粹现象学通论——纯粹现象学和现象学哲学的观念》第一卷，商务印书馆 2012 年版，第 122 页。

常情况下我们都把我们的关注点放在了意向行为所指向的意向对象上了，而对于指向意向对象的意向行为本身却缺乏关注。但不容否认的是，我在看电脑的时候，我不但看到了电脑，同时也知道“我在看”，即我对我的“看的行为”有一个基本的体验，虽然这个体验还不是一个对象化的体验（我尚未将我的“看的行为”当作一个主题对象进行反思，主题是看的对象）而仅仅是附带的体验，但是，它却不可或缺地必然伴随着我的任何一个意向行为。因而，完整意义上的意向性的结构不仅包括意向行为对意向内容的指向，即意向行为—意向内容，而且还包含对意向行为的自身的体验。而且，从原则上讲，这种对意向行为的自身体验和对意向对象的指向，在性质上是完全不同的，一个是前意识（前对象化的行为），一个是对象性意识（对象化的行为）。

在此，我们依旧从胡塞尔自身的文本出发。下面是从《逻辑研究》中可以找出的，能够最为清晰将这种差别展现出来的一段话：

> 感觉以及对它进行“立义”或者“统摄”的行为在这里被体验，但是它们并不对象性的显现出来；它们没有被看到、被听到，没有被带着某个“意义”被感知。另一方面，对象则显现出来，被感知，但它们没有被体验。不言而喻，我们在这里要排除相即感知的情况。[1]

在这里，处于描述现象学时期的胡塞尔所使用的术语同先验构造现象学时期所使用的术语略有不同，大致而言，前者的立义—立义内容同后者的意向行为—意向内容相互对应。这段话中所说的“立义”或者“统摄”的行为实际上也就是意向行为。在这句话中，我们要尤其注意胡塞尔自己所加的带有着重号的地方，实际上，其中蕴含着如下的逻辑关系：“意向行为、被体验、前对象性”—“意向对象、显现（被感知）、对象性”。也就是说，意向行为只能被体验，而不能被感知或者显现，因为它是前对象的，而这里的体验行为也是一种前对象性的行为；意向对象只能被感知或者显现出来，而不能被体验，因为它是对象性的，而感知、显现等则是对

[1] E. Husserl: LU II/1, A363/B1385. 中文版参看胡塞尔：《逻辑研究》第二卷第一部分，倪梁康译，上海译文出版社 2006 年版，第 451 页。

象化的行为。

也就是说，通过对于胡塞尔在《逻辑研究》中的这段话的解读，我们可以清楚地看到，对于意向行为自身的体验是一种前意识，完全不同于作为对象性意识的感知、显现等。而且，这种前意识的行为是一种普遍性的行为，甚至于比对象化的行为还要普遍。我们所进行的任何一个意识行为都伴随有对于这个意识行为本身的体验，因为我们在任何情况下都“知道”我们在进行着某种意识行为。并不存在这种情况：我进行了某种意识行为，但是我对这种意识行为的进行却一无所知。如果我对某种意识行为的进行一无所知的话，那么，我们就不能说，这种意识行为是“我的”意识行为。但是，可能存在着没有特定的对象的意识行为。例如，我们在日常的生活中可能会感到莫名的忧伤、突然的喜悦等等，在这些意识行为当中并不存在着特定的意向对象。胡塞尔说道：“似乎并非每一个欲求都要求一个与被欲求之物的有意识的关系，因为我们常常活动于一些含糊的要求与渴望之中，而且，追求一个未得到表象的终极目标；并且，尤其是如果人们指明那些自然本能的广泛的领域，这些本能至少在原初时缺乏意识的目标表象”[1]，也就是说，胡塞尔自身实际上也是承认存在着没有特定的意向对象的意识行为。但是，即便对于这样的没有特定对象的意识行为来说，我们对这种意识行为本身也是有着体验的，例如，我知道我在感到莫名的悲伤，虽然我暂时还不知道我到底为何而悲伤。因此，从这个角度讲，作为意识行为自身的体验的前意识有着更为广泛的普遍性。

但是，在此我们紧接着就面临一个问题，即我们是否应当将这种没有特定对象的意识行为也看作是前意识，甚至是前意识的重要的一类呢？在此，我们的回答是否定的。因为，实际上，此种意义上的没有特定对象的意识行为可以看作是变样了的对象化的意识行为，它同对象化的意识行为处在同一个层面上。严格来讲，二者的区别不在于有没有意向行为所意向的对象，而在于是否意向着一个明确的、特定的对象。实际上，二者都是意向于某个对象的，只不过一个是泛泛的指向，一个是明确的指向。我之

[1] E. Husserl: LU II/1 , A373/B1395. 中文版参看胡塞尔：《逻辑研究》第二卷第一部分，倪梁康译，上海译文出版社 2006 年版，第 461 页。

所以莫名的忧伤，总是有所原因的、有所指向的，虽然我暂时还不明确，但是，它总是指向“某”物，而不是无所指。对于这一点胡塞尔自身也有着明确的认识，胡塞尔说道：“或者我们说：这里所涉及的虽然是意向体验，但这些体验［应当］被描述为具有不确定朝向的意向，在这里，对象朝向的‘不确定性’不具有匮乏的含义，而是必然标志着一个描述性的特征，亦即一个表现特征”[1]，而这个“不确定性”在这里属于这样的一些意向本质，这些意向的确定性恰恰在于，表象一个不确定的某物。因此，虽然此种行为所意向的对象是不确定的，但是这种对某物的意向却是确定的。这种没有特定对象的意识行为从本质上仍旧可以被认为是属于对象化的行为的。

在此需要注意的是，这种对意向行为的自身体验绝不是可有可无的，它有着极为重要的意义，是现象学之能够成立的基础。这是因为，如果没有这种对意向行为的体验，那么，我们将无法知道我们具有意向行为，从而我们也就无从知道我们的意识总是对某物的意识，无从知道 Neosis-Neoma 中的 Neosis。在此我们仍旧有必要作出一个严格的区分：对意向行为的体验不同于对意向行为所进行的反思。当我们要对意向行为进行研究的时候，必然要对之进行反思，但是此种反思的行为已经是一种对象化的行为了，是一种指向意向行为的行为（对意向行为的反思以意向行为为对象）。而意向行为的自身体验却没有指向任何的对象，处在任何的对象化之前，“它们并不对象性的显现出来”。

## 四、无意识

### （一）对无意识的界定——以《被动综合分析》为例

在上文中，我们从意识追溯到处在意识之前的前意识，但是以上的意识都是“清醒的”“明亮的”意识。对象化的意识自不用说，它必然是清醒

[1] E. Husserl: LU II/1 , A373/B1396. 中文版参看胡塞尔：《逻辑研究》第二卷第一部分，倪梁康译，上海译文出版社 2006 年版，第 462 页。

的意识；前意识虽然处在对象化之前，但是，它依旧在某种程度上是清晰的、明亮的。例如，就对晕圈的意识而言，显然它并不处在最为明亮的核心，但是，作为环绕核心的周围区域，它仍然被附带“照亮”，并且可以转变为对象化的意识，从而被完全“照亮”，这个过程，我的意识也始终都是清醒的，自我始终都是清醒的自我；对于意向行为的自身体验来说，它也总是清醒自我的体验，我可以明晰地知道“我在看”“我在听”；对于内时间意识中来说，其中的处在当下视域中的“滞留—原印象—前摄”也必然是“明亮的”“清醒的”，因为，在“原印象”中具有最高的“触发性的活力”。但是，如果我们去追问，不断沉降下去的滞留的链条，不断进入到越来越深的过去中的滞留是否还是清醒的呢？其是否能够一直保持为“明亮的”呢？显然，答案是否定的，意识不可能在任何时候都是明亮的，而自我也不可能在任何时候都是清醒的，胡塞尔说道：“在我们的心灵生活的过程中，清醒的生活仅仅是其中的一种类型；除了这种类型外，还存在着另外的一种类型，即深度的无梦睡眠，无意识（Unbewussten）。”[1]

过渡到发生现象学时期的胡塞尔已逐渐地将无意识的领域纳入到他的视野当中，胡塞尔自身明确地承认存在着无意识的领域，并且认为有必要并对无意识展开了它的现象学的探讨。胡塞尔说道：“不用我说，这些我们所从事的探究的整个领域都可以被冠之‘无意识’的著名标题。因此，我们的思考相关于一个所谓的无意识的现象学。”[2] 而胡塞尔对于无意识的探讨，实际上是顺着对内时间的探讨而来，可以说，无意识是对于内时间的探讨的必然的延伸。具体而言，就是在内时间中的滞留链条随着向着过去的维度不断的沉降，会经历连续的变样，从滞留转变为滞留的滞留、再到滞留的滞留的滞留，等等。而随着这个过程的持续，滞留会逐渐沉入到昏暗的领域当中，最终以至于陷入到完全的黑暗之中，而这个黑暗的领域，也就是无意识的领域。

关于无意识，在胡塞尔的语境中，有很多相同或者相近的表达方式，如：背景意识、零度区域、沉睡的意识、零度意识等等。在此，我们从胡

[1] HUSSERLIANA BAND XI, S. 362.
[2] HUSSERLIANA BAND XI, S. 154.

塞尔自身的文本出发，去澄清无意识的准确含义。胡塞尔说道：

> 存在着一个活力等级，而且这种区分依旧在注意的范围之内。这种等级决定着某种意识和意识等级的概念和与相应意义上的无意识的对立。而无意识所指的也就是意识的活力的零点，而且就像将要表明的，它绝不是一个无。仅仅就触发力而言、就那种恰好以一个正值的触发性为前提的成就而言，它是一个无。因此它无关于那种质性要素的那种零强度式的零，例如声音的强度上的零，我们在这里指的是声音的完全的停止。[1]

在这里我们尤其需注意的是，无意识中的"无"应当如何来理解——无意识的无指的仅仅是意识的触发力的无，而并不是指意识自身的无、意识内容的无。按照胡塞尔的触发力的理论，触发力在当下中达到了它的最高值，当下的意识具有最大的活力，但是，此种活力会随着当下中的原印象向滞留的转变而逐渐减弱，当滞留过渡为滞留的滞留，随着滞留的链条不断地向着过去的维度延伸，这种触发力会越来越趋向于无，当这种触发力完全没有、成为无的时候，也即跨越过了触发力的零点而进入到触发力的零度区域中的时候，也就进入到了无意识之中。此时的意识虽然完全丧失了触发力（只要有一点触发力就不是无意识），但是，这并不意味着它的完全消失，相反，这种沉睡着的意识还依旧保留着被唤醒的可能性，而它之所以可能被再次唤醒，就是因为它并没有消失——意识当中的意义积淀依旧被保留着，胡塞尔说道："但是首先：唤醒之所以可能是因为被构造的意义实际上还暗含在背景意识当中，被暗含在被称为无意识的非活跃的形式当中。"[2] 被构造出来的意义在无意识当中依旧得以保留，虽然是以一种不再具有活力的零触发力的方式被保留着，但是我们依旧可以通过主动的或者被动的联想综合而对之进行重新激活。例如，我可以通过主动回忆来把它重新回忆起来，或者，某一天它突然自己在我的脑海中闪现出来等等。在此，无、零点、零度区域等用来刻画无意识的词汇都是而且仅

[1] HUSSERLIANA BAND XI, S.167.
[2] HUSSERLIANA BAND XI, S.179.

仅是从触发力的角度而言的，而并非是从意识内容的角度而言的。而这一点也将无意识和被动性区分开来。无意识的区域虽然是被动性的区域，但是，被动性的并不必然是无意识的，在被动性的领域当中依旧可能存在着多多少少具有触发力的意识，例如，可能存在着这种情况：一个意识内容有触发力（不属于无意识），但是这种触发力的强度又没有足够大，没有大到可以对自我极施加足够多的刺激，进而使得自我极朝向并注意它（没有自我极的主动的朝向，因而依旧属于被动性领域）[1]。

同样，从触发力的角度对无意识的严格的界定，也可以把它同弗洛伊德的无意识区分开来。虽然，从表面看来，二者具有很大的相似性，使用的是同样的词语——无意识。弗洛伊德的无意识是一种被压抑的意识，但是这种意识又可以以某种拐弯抹角的方式绕过意识的审查，以一种伪装的方式而逃逸到意识，例如，做梦、口误、丢东西等等。通过对它们分析，则可以窥探到无意识的领域。它之所以被压抑，往往是因为它不符合意识的规范，不为意识所接受，如违背道德的恋母情结等等。胡塞尔虽然也会说到一个意识对于另外一个意识的压抑或者遮蔽，但是，他的这种压抑仅仅是指触发力强的一方对触发力弱的一方的遮盖而言。例如，当下意识的触发力最强，从而它对自我极的刺激和吸引最大，最能够引起自我极的朝向和关注，与此同时，也使得自我极忽略了对过去的意识，也即压抑了过去的意识。但是，这种被压抑的意识是随时都可能被重新唤醒的。总之，两者是从不同的角度来谈论无意识的，虽然二者具有表面上的相似性。

## （二）无意识是否可以还原为对象化的意识或者前意识？

在上文中，我们从触发力的角度对无意识进行了严格的界定，在胡塞尔的语境中，无意识指的就是触发力为零的意识。这种意识丧失了活力，

[1] 胡塞尔说道："感觉材料仿佛会对自我极（Ichpol）发出一股刺激性的力量，但是如果这种力量还仅仅是处在一种微弱的状态之中，那么它也就不能够到达自我极（Ichpol），因而，这个刺激对于自我来说并没有起到唤醒的作用。" HUSSERLIANA BAND XI, S.149。"一个旋律虽然响起，但是却并没有对我们造成触发力。" HUSSERLIANA BAND XI, S.155.

对自我极不再施加任何的刺激、不能对自我极产生吸引并使得自我极对之具有兴趣并进而朝向它。无意识是没有触发力的黑暗的、沉睡的区域。

在此，可能有人会问，我们将无意识单列出来作为意识的一个层次，是否合理呢？它能否作为意识的一个单独的层次呢？对于以上的问题，我们在此将之区分为以下的几个层次：首先，无意识也是一种意识，它处在广义的意识范围之中；其次，无意识有其自身的独立性，而不可还原到对象化的意识或者前意识之中，无意识可以通过被唤醒而转变为对象化的意识或者前意识。

首先，从广义上讲，胡塞尔的整个哲学都是对意识现象的探讨，他并不考虑处在意识之外的自在之物的问题，就像我们在开始的时候所说的，通过悬置、还原的方法，胡塞尔从一开始就已经将自在之物的问题进行了排除和还原。因此，从这个角度讲，胡塞尔对无意识领域的探讨也必然属于广义的对意义领域的探讨。另外，在此我们可以从意识的时间河流的角度来考虑。实际上，如果从发生的角度去考察，就会发现所有的对于意识现象的探讨其实都可以最终回归到对时间河流的探讨上来。例如，所有的对象性的意识（包括对意向行为的自身体验、对晕圈的附带的指向[1]）都可以回归到时间河流的横意向性上来，而内时间河流的自身意识则当然地归属于纵意向性。而我们在这里所讨论的无意识，实际上也必然同意识的时间河流关联在一起，其本身就是丧失了触发性活力的沉降下去的时间河流的滞留链条。因此，它也是可以还原到意识的时间的河流上面去的，因而，从这个角度看它当然也属于广义的意识范围。

但是，它又不同于一般意义上的清醒的、明亮的意识，相反，它已经丧失了全部的触发性的活力，而处在沉睡的、黑暗的区域之中。因而，它不可以还原到清醒的意识当中。而所谓清醒的意识，在这里也可以划分为两个层面：对象化的清醒的意识、前对象化的清醒的意识。对于上面所说的意识的第一个层面的对象化的意识来说，它是一种主动性的对象化的行

[1] 由于对意向行为的自身体验和对晕圈的附带的指向都是必然地和对象化的意识行为联系在一起的，二者同时发生和结束。因此，在这个角度上讲，二者虽然是前意识的，但总是附属于对象化的意识，因而，总是同时间河流的横意向性必然关联到一起。

为，这种意识意味着自发性的自我通过意识活动对于意向对象的明确的指向，因而，它必然是清醒的意识。而与之伴随的对意向行为的自身体验和对晕圈的附带的指向，虽然是前对象的，但是，对意向行为的体验意味着我总是清醒地知道我在进行的看、听等的意向行为；而对于晕圈的附带的指向虽然并不清晰和明确，但是，这种附带的指向也总是清醒的自我的附带指向，而且，所附带指向的东西也随时可以进入到晕圈所环绕的内核之中，进而得到明确的、清晰的认识。因此，沉睡的无意识自然无法还原到这些清醒的意识上面去。最后，在内时间意识当中，按照胡塞尔的说法，触发力在当下中达到它的顶点，当下视域是时间河流中最为明亮的区域，这也就意味着，只有环绕着当下的时间河流的区域才是所谓的清醒的意识，而处在触发力的零点之外的滞留链条，则必然与之相区别，而属于沉睡的区域，也即无意识，因而它必然不同于明亮的当下区域，也无法还原到其中去。但是，不管是对象化的意识、前意识，还是无意识，都可以在时间意识河流中得到解释，都可以最终还原到作为整体的时间意识河流之中（既包含明亮的当下视域，也包括黑暗的零度区域）。

另外，就无意识与对象化的意识和前意识的关系而言，无意识却可以通过重新被唤醒而转变为对象化的意识或者前意识。这是因为，无意识就其本质而言其实是时间河流的无活力的意义积淀，此种意义在原初形态上（处在当下视域中的时候）可以是对象性的意义也可以是前对象性的意义。随后，这种意义在无意识当中得到了保存。而当它们被重新唤醒的时候，从原则上依旧可以保留着其对象性或者前对象性的特征。

## 五、总　结

实际上，不管是意识、前意识还是无意识都可以统一于内时间意识。内时间意识当中包含着前意识、包含着对象性意识，也包含着无意识。下面，我们就对之进行阐述。

内时间的基本结构就是：滞留—原印象—前摄。滞留、原印象和前摄构成内时间的明亮的当下视域，原印象是这个当下视域的核心，而前摄和滞留则作为晕圈而环绕着这个内核。[1] 其中，原印象不断地转变为滞留，而滞留则不断地转变为滞留的滞留，形成一个滞留的连续统[2]。在此我们需要注意的是，不管是滞留、原印象还是前摄，三者都不是严格意义上的意向行为，虽然在 protend（前摄行为）和 retend（滞留行为）同 intend（意向行为）之间存在着词源上的关联，但是，严格意义上的意向行为只能是对象化的行为，而内时间中还远远谈不上对象或者自我，滞留、前摄、原印象也完全是前对象的，其所涉及的仅仅是一些感性材料，赋予这些感性材料以最初的合规律性，这些感性材料还远称不上是对象。因此，从这个角度讲，明亮的当下视域中的滞留、前摄和原印象是前意识。而滞留本身则不断滑入到过去之中，变为滞留的滞留，成为滞留的连续统。而随着滞留向着过去的不断沉降，它自身触发性的活力也在不断丧失，当这种触发性的活力降为零的时候，它也就变成了所谓的无意识。这一点是比较容易理解的，我们在上文中也已经作出了交代。

接下来，我们从内时间意识当中的横意向性与纵意向性的角度做进一步的分析。我们知道，任何的意识行为都是在时间当中发生的，不管它是对象化的行为还是前对象化的行为。超越的、实在的东西，总是可以还原到内在的、实项的时间意识河流当中。但是，这仅仅是一种笼统的回答，对于这个问题的细致分析，必然要求我们回溯到在内时间中所存在的两种基本的意向性中：横意向性与纵意向性。其中，对象化的意识所对应的就是横意向性，而前对象化的时间河流的自身意识，所对应的则是纵意向性。胡塞尔在《内时间意识现象学》中的《滞留的双重意向性与意识流的构造》这一小节中说道：

---

[1] 在这里，我们会发现，内时间的这种视域结构同感知的视域结构具有非常大的类似性。二者都是一个视域，而且都具有一个内核和环绕着内核的晕圈。但是，在此需要注意的是，对于感知的行为来说，其所感知到的东西总是“外在”的空间事物，因而它是超越的（空间事物总是有着尚未显现的背面），但是对于内时间的这种由滞留、原印象、前摄所构成的当下视域来说，它是内在的。从原则上讲，依照现象学的原则，所谓的外在的东西也都是可以还原为内在的，外在性最终还是在内在中构造出来的，因此，从这个角度讲，感知的视域完全可以还原到内时间的视域当中来，感知行为本身也必然是在时间过程之中得以展开的。

[2] 在这个滞留的连续统中存在着纵意向性和横意向性。

> 因此，在这条唯一的河流中有两个不可分离地统一的、就像一个事物的两面一样相互要求的意向性彼此交织在一起。借助于这一个意向性，内在的时间构造起自身，它是一个客观的时间、真正的时间，在它之中有延续和延续者的变化；在另一个意向性中构造着自身的，是这条河流的各个相位的拟—时间编排，这条河流始终并且必然具有流动的“现在”—点，具有现时性相位，并且具有前现时的相位串和后现时的（尚未现时的）相位串。这个前现象的、前内在的时间性是作为构造着时间的意识之形式而意向地构造起自身的，而且是在此意识之中构造起自身的。[1]

下面，我们就通过这段话，来开始我们对时间河流中的横意向性和纵意向性的分析（尤其注意其中的：“内在的”“客观的”与“拟—时间”“前现象”“前内在”之间的区分）。在胡塞尔看来，在内时间的河流的滞留链之中，同时存在着两种意向性，[2]胡塞尔在此使用了“目光”的比喻[3]，朝向着在河流的每一个瞬间中所构造出来的客体的目光，也就是所谓的横意向性，而朝向着河流自身的过渡、自身的统一性的目光也就是纵意向性。例如，我在听一段旋律的过程中，既可以把我的目光朝向我所听到的作为客体的旋律，也可以朝向着我的意识河流自身的流动过程。前者是横意向性，而后者是纵意向性。然而，虽然我们可以进行这样的表面上的简单区分，但是，在此我们不想仅仅停留在表面上的简单区分上面，而是试图深入地分析这两种意向性的本质差别所在。在此，我们要着重回溯到上面所列出来的那段话中。如果我们仔细阅读这段话的话，就会发现，胡塞尔从

---

[1] HUSSERLIANA BAND X, S.436, 中文版参看胡塞尔：《内时间意识现象学》，倪梁康译，商务印书馆 2010 年版，第 130 页。

[2] “每个‘滞留’类型的意识映射都具有双重的意向性：一个意向性是为内在客体的构造、为这个声音的构造服务的意向性，我们将它称做对（刚刚被感觉的）声音的‘原生回忆’，或者更清楚地说是这个声音的滞留；另一个意向性是在河流中对这个原生回忆的统一而言的构造性的意向性。” HUSSERLIANA BAND X, S. 434, 中文版参看胡塞尔：《内时间意识现象学》，倪梁康译，商务印书馆 2010 年版，第 128 页。

[3] “目光可以穿越那些在持续的河流进程中作为对声音的意向性而彼此‘相合’的相位。但目光也可以朝向这河流，朝向这河流的一个片段，朝向这个流动的意识从声音—启动到声音结束的过渡。” HUSSERLIANA BAND X, S. 434, 中文版参看胡塞尔：《内时间意识现象学》，倪梁康译，商务印书馆 2010 年版，第 127—128 页。

本质上作出了如下的区分：纵意向性、前客体、内时间—横意向性、客体、内在时间。其中，我们使用“前客体”这个词语来对应胡塞尔所说的“前现象的”，用“内时间”来对应胡塞尔所说的“前内在时间的”。也就是说，在纵意向性和横意向性之间所隐含着的是根本性的差别，一个是前对象性的意向性，另外一个则是对象性的意向性，虽然二者不可分割地统一在一起，“就像一个事物的两面”，但是在此我们却必须注意到这个“两面”是性质不同的两面，分属于对象化的意识和前意识的不同的领域之中。纵意向性是时间河流的自身体验，胡塞尔说道：“以至于在它之中还能够必然有一个河流的自身显现，因而这河流本身必然是可以在流动中被把握到的。”[1]纵意向性是时间河流对时间河流自身的自我显现，它决然不是一种对象化的意向行为，并不是对象之外的自我通过意向行为对对象的指向。在这里，指向者和被指向者是同一个东西，它是一种“自体验”，自身对自身的前对象化的原意识，“这个河流自身显现并不需要第二条河流来，相反，它是作为现象而在自身中构造起自身的”[2]。而且，值得注意的是，正是通过这种前对象的时间河流的自身体验——纵意向性，胡塞尔才成功地避免了时间意识中所可能隐含着的无穷倒退的悖论。如果套用对象化的意向行为—意向对象的模式来探讨时间的话，就可能会面临着如下的问题：我们之所以能够感知到时间，是因为我们对时间的意向行为，而这种指向时间又处在时间中的意向行为本身，则又必然要求具有另外的一条更高层次的时间河流来指向它，而这种高层次的时间河流又会同样地预设更高层次的时间河流，如此倒退以至无穷。但是，如果对河流的指向是一种前对象性的自身体验，则可以成功避免这种悖论。而且，纵意向性的意义不仅局限于此，更为重要的是，它作为时间河流的自身呈现，使我们得以“知道”我们是有时间的，进而，使得对时间性本身的反思成为可能，在此基础上，才有可能建立起关于时间的“内时间意识现象学”。而

[1] HUSSERLIANA BAND X, S. 437, 中文版参看胡塞尔：《内时间意识现象学》，倪梁康译，商务印书馆 2010 年版，第 131 页。
[2] HUSSERLIANA BAND X, S. 381, 中文版参看胡塞尔：《内时间意识现象学》，倪梁康译，商务印书馆 2010 年版，第 485 页。

时间河流的横意向性的意义在于，通过这种横意向性的视角，我们可以理解对象化的行为是如何奠基在内时间之中的。通过横意向性，我们的“目光可以穿越那些在持续的河流进程中作为对声音的意向性而彼此‘相合’的相位”，进而看到被构造出来的对象。在时间河流的瞬间中，我们通过横意向性而指向着看起来“处在时间河流之外”客体，但是，这些客体又都可以最终还原到时间河流中的对客体的构造过程之中。任何客体，都通过时间河流的横意向性而显现出来，并在时间河流的过程中而被构造出来。任何的客体构造的过程，都必然是一个时间中的过程，任何客体的显现都必然是在时间之中的显现。[1]

总之，本文的目的在于试图从几个不同的层面澄清胡塞尔的意识哲学之最为重要的概念——意识。只有这样，我们才能够从总体上理解胡塞尔的意识哲学，看到他的意识哲学的不同维度。从对象性意识、前意识和无意识的不同维度的视角出发，我们也可以更容易理解胡塞尔从描述的现象学、先验构造的现象学最终到发生的现象学的过渡，也能够更清楚地看到胡塞尔意识哲学的意义所在：胡塞尔哲学的意义不仅仅在于发现了对象性意识中的意向性或者本质直观的方法，更重要的还在于，他对前意识、无意识领域的开创性的探索。正是沿着这种“前”“无”的维度，才有了海德格尔的此在哲学。海德格尔的此在的优越性在于，它不同于一般意义上的对象化的意识，而是进入到了“前”意识、“无”意识的维度。可以说，海德格尔的此在突破了胡塞尔的对象性意识，却并未从根本上突破胡塞尔的“前意识”和“无意识”。而萨特推崇“反思前的我思”，认为“正是非反思的意识使反思成为可能：有一个反思前的我思作为笛卡儿的我思的条件”，“反思一点也不比被反思的意识更优越”，[2]这种观点也完全可以用胡塞尔的前意识、无意识来说明，实际上萨特也并未从根本上突破胡塞尔的“意识”理论。至于梅洛–庞蒂的前反思的身体现象学等等，也都可以用胡塞尔的多重意识理论来解释。然而，由于胡塞尔的意识的第二重、第三

[1] 在此需要注意的是，虽然如此，但这并不意味着作为构造的结果的客体，必然是在时间中的，例如，作为观念、本质的构造物就是超时空的。

[2] 萨特：《存在与虚无》，陈宣良等译，三联书店 2008 年版，第 11 页。

重的维度没有被充分彰显，当提到前反思、前我思的时候，人们更多地想到的是海德格尔、萨特、梅洛－庞蒂等人，而非胡塞尔。在此，希望通过本文对于胡塞尔的意识的多重揭示，使我们意识到：胡塞尔之后的现象学家对于存在、前反思、身体等领域的探讨，在胡塞尔的意识哲学那里已经有了源头。

## Multiple Implications of Husserl's Concept of Consciousness: Consciousness, Pre-consciousness, Unconsciousness

Chen Zhiwei

**Abstract:** Based on different texts, we will make a three-level division of Husserl's consciousness: consciousness, pre-consciousness and unconsciousness, and pay special attention to pre-consciousness and unconsciousness, and discover the obscured meaning. Finally, we will point out that consciousness, pre-consciousness and unconsciousness can finally be unified in inner time consciousness. By dividing the different levels of consciousness, we can grasp Husserl's "consciousness" in general, and thus more fully realize the progressive significance of his philosophy, especially the progressive significance at the pre-object level.

**Keywords:** consciousness; pre-consciousness; unconsciousness

# 法哲学与政治学研究

## 生命与惩罚

### ——青年黑格尔论犯罪与刑罚

王兴赛*

**摘要：**黑格尔关于犯罪与刑罚的哲学思想可追溯至其法兰克福时期的一个文本。他试图从统一哲学或生命哲学角度克服康德刑罚理论中的强制性和对立性。与刑法中规定的刑罚相对，他提出了“作为命运的惩罚”，希望在爱和生命中，法律自身、罪犯与法律、罪犯与受害者以及罪犯与他自己能达到真正和解。此时黑格尔的刑罚思想具有浓重的宗教色彩，但他提出的一些观点在其后的法哲学中延续下来，对其成熟的刑罚理论有重要影响，且在当代仍有生命力。

**关键词：**犯罪；刑罚；爱；生命；和解

在西方刑法哲学（尤其是刑罚理论）发展史中，黑格尔与黑格尔学

---

* 作者简介：王兴赛，中山大学哲学系、马克思主义哲学与中国现代化研究所博士后暨副研究员，实践哲学研究中心成员，研究领域为黑格尔和马克思实践哲学，E-mail：wxingsai@126.com。基金项目：本文为中国博士后科学基金第63批面上资助“青年黑格尔与青年马克思政治哲学思想比较研究”（2018M633263）、2016年度教育部人文社会科学重点研究基地重大项目“马克思主义实践哲学与全球化时代的人类理想”（16JJD710015）与中山大学2017年度高校基本科研业务费青年教师培育项目“青年黑格尔与青年马克思现代性思想比较研究”（17wkpy49）阶段性研究成果。

派占有一席之地，至今仍有影响，其重要性可见一斑。[1] 对此，德国和英美学界多有阐述，国内学界的相关阐述相对较少。[2] 值得注意的是，这些对黑格尔刑罚哲学的研究大部分是从黑格尔成熟时期的法哲学著作入手的。众所周知，在《法哲学原理》中，黑格尔关于犯罪与刑罚的论述主要集中在第 90—103 节（“强制和犯罪”）与第 218—220 节。最能体现黑格尔犯罪和刑罚理论特色的莫过于他对犯罪和刑罚之本质的阐述。黑格尔强调犯罪的本质在于对法本身的破坏，而非对社会（或他人）的危害。这决定了刑罚的本质就在于法本身的恢复，而不在于对罪犯的矫正、预防犯罪、威吓、儆戒等等。在黑格尔看来，人只有在意志自由的情况下才能接受惩罚。而且人只能是目的。只有如此，刑罚才是正义的。黑格尔的刑罚理论常常被称为“报复论”。他所谓的刑罚正义就是报复（Wiedervergeltung）。[3] 报复不同于同态复仇（Rache）(如以眼还眼，以牙还牙)，报复主要是从普遍的价值方面来确定，而非局限于被侵害的东西的质和量。报复与复仇在内容上是一致的，都是正义的。但在形式上，复仇因为是主观意志或特殊意志的行为，这不免就会超出罪刑适当原则，成了一种应受刑罚的新的侵害，因此是不正义的。[4] 而报复则是客观且普遍法律所规定的行为，即用法院审判的方式实现刑罚正义。值得注意的是，黑格尔认为刑罚正义表现为法律同自身的和解以及罪犯与自身的和解。[5]

其实黑格尔在伯尔尼时期（1793—1796）就对犯罪与刑罚制度感兴

[1] 这从德国当代著名的刑法学者和法哲学家帕夫利克（Michael Pawlik）教授的一系列著作中可以明显看出来。比如他在《人格体 主体 公民：刑罚的合法性研究》(*Person, Subjekt, Bürger: Zur Legitimation von Strafe*）一书中就借鉴黑格尔的刑罚理论资源批判预防论，并提出一种新版本的报复论：“刑罚是要制裁公民的不法，并且通过正是履行忠诚义务与享有自由之间的相互性，得以将法作为法进行恢复。”(帕夫利克：《人格体 主体 公民：刑罚的合法性研究》，谭淦译，中国人民大学出版社 2011 年版，第 79 页）作者指出，自 20 世纪 80 年代以来，德国刑法学界出现了报复论的复兴，黑格尔的刑罚理论是这股复兴潮流中得到借鉴的重要传统资源。

[2] 德语学界关于黑格尔刑罚理论的重要研究文献，请参见帕夫利克：《人格体 主体 公民：刑罚的合法性研究》，第 34 页注释 3，第 45 页注释 4。英美学界的相关研究，可参见伍德：《黑格尔的伦理思想》，黄涛译，知识产权出版社 2016 年版，第 179、181 页。

[3] 黑格尔：《法哲学原理》，范扬、张企泰译，商务印书馆 1961 年版，第 104 页。

[4] 黑格尔：《法哲学原理》，范扬、张企泰译，商务印书馆 1961 年版，第 107 页。

[5] 黑格尔：《法哲学原理》，范扬、张企泰译，商务印书馆 1961 年版，第 230 页。

趣。在法兰克福时期（1797—1800），当他刚开始构建其观念论体系时就尝试着从统一哲学方面去探讨犯罪与刑罚，这算是黑格尔正式对犯罪与刑罚进行哲学讨论，有些想法一直延续到《法哲学原理》中。在耶拿时期（1801—1806），黑格尔在新的哲学体系中不断更新和加深对犯罪与刑罚问题的讨论（如《论自然法》和《伦理体系》）。本文着重探讨的是黑格尔法兰克福时期的犯罪与刑罚思想，首先分析黑格尔阐述犯罪与刑罚思想时的历史语境与哲学前提，然后重点分析黑格尔法兰克福时期对犯罪与刑罚问题所做的哲学分析。最后，本文将联系康德的《道德形而上学》与黑格尔的《法哲学原理》对黑格尔法兰克福时期的犯罪与刑罚思想进行比较和反思。

## 一、青年黑格尔刑罚思想的历史语境与哲学前提

福柯在《规训与惩罚》开头曾描述了1757年3月2日在法国实施的一场公开处决的场面，其后又引述了1837年左右一处监管所的监禁规章，他通过这两个例子来说明欧美当时刑罚思想和制度的重大变革："正是在这段时间里，无论在欧洲还是在美国，整个惩罚体制在重新配置。这是传统司法'丑闻'迭出、名声扫地的时代，也是改革方案纷至沓来、层出不穷的时代。当时出现了一种新的有关法律和犯罪的理论，一种新的关于惩罚权利的道德和政治论证；旧的法律被废弃，旧的惯例逐渐消亡。各国各地纷纷酝酿或制定'现代'法典：俄国在1769年，普鲁士在1780年，宾夕法尼亚和托斯坎尼在1786年，奥地利在1789年，法国在1791年、共和4年、1808年和1810年，这是刑事司法的一个新时代。"[1]关于福柯所说的"一种新的有关法律和犯罪的理论，一种新的关于惩罚权利的道德和政治论证"，他并未明说，对此，罗森（Rosen）在《剑桥十八世纪政治思想史》第十九章中曾加以概述，即"18世纪后半期关于犯罪与刑罚的哲学思考的发展，重点是孟德斯鸠、贝卡里亚与边沁的著作……把这些重

---

[1] 福柯：《规训与惩罚》，刘北成、杨远婴译，生活·读书·新知三联书店2012年第4版，第7页。

要思想家的哲学观点与那些更为现实的讨论，主要是在英国进行的讨论联系到一起，这些讨论涉及废除死刑以及诸如流放和监禁等各种替代惩罚方式”。[1] 显然，罗森所考察的孟德斯鸠、贝卡里亚和边沁等人的刑罚思想应该属于福柯所说的新理论和新论证。它们的共同之处或可概括为“将个人自由问题作为立论的基础”，并强调“惩罚的确定性要比严厉性更重要”，以及“罪罚相称的观念或惩罚分级的观念”。[2] 在新时代，就像福柯所洞见到的那样，“作为一种公共景观的酷刑消失了……将肉体作为刑罚主要对象的现象消失了……肉体痛苦不再是刑罚的一个构成因素。惩罚从一种制造无法忍受的感觉的技术转变为一种暂时剥夺权利的经济机制”。[3]

显然，这也正是黑格尔所处的时代，这种变革自然就构成了他思考刑罚问题的历史语境。正如福柯所描述的时代转变一样，黑格尔在伯尔尼时期就开始关注“作为公共景观的酷刑”，思考监禁制度，关注普鲁士刑罚制度的改革。在对《卡特密信》的翻译和评注中，黑格尔曾就书中提到的某些刑事制度做了自己的理解和发挥。比如针对瓦特和本邦德语居民部分实行不同的刑事制度，黑格尔强烈批评了那种刑事审判权由政府掌控的情况，他强调司法权与立法权、行政权分立的必要性。黑格尔还针对当时刑事诉讼程序上的一些不正当表现作了批评。[4] 在大约 1795 年，黑格尔从福斯特（Forster）的《来自莱茵河下游的观点》(*Ansichten Vom Niederrhein*）中摘抄过福斯特对于监禁制度（Gefängnißwesen）的看法。福斯特强调，“人格的自由”(die Freiheit der Person）比单纯活着更重要，前者才无可争议地是“与人的规定不能分开并因此不能转让的善”，监禁（甚至终生监禁）的初衷是对犯人进行道德改造，使他们悔罪等，但实际情况是它往往并不能达到这些目的，因为在监禁中，人格

[1] 马克 · 戈尔迪、罗伯特 · 沃克勒主编：《剑桥十八世纪政治思想史》，刘北成、马万利、刘耀辉、唐科译，商务印书馆 2017 年版，第 527 页。
[2] 马克 · 戈尔迪、罗伯特 · 沃克勒主编：《剑桥十八世纪政治思想史》，刘北成、马万利、刘耀辉、唐科译，商务印书馆 2017 年版，第 531、541、543 页。当然这些思想家之间的理论在某些方面仍具有很大的不同。
[3] 福柯：《规训与惩罚》，刘北成、杨远婴译，生活 · 读书 · 新知三联书店 2012 年第 4 版，第 7—12 页。
[4] 见黑格尔：《黑格尔政治著作选》，薛华译，中国法制出版社 2008 年版，第 4 页。

自由被压制了。[1]根据罗森克朗茨的记载，黑格尔曾对普鲁士邦法改革中的监禁制度表达过一些看法。尤其值得注意的是如下这段话："隔绝和人交往是正当的，因为罪犯已把自己孤立起来。用冷冰冰的理智，把一些人时而看作能劳动和能创造的东西，时而又看作须得改良的东西，并且指令人们这样做，这会成为最可恶的暴政，因为整体的福利作为目的如果并非是正当的，就对这些人是异己的。"[2]黑格尔在这里似乎表明了监禁的某些正当性，但他否定从手段方面来理解人，相反要从人是目的这个方面来理解刑罚的本质和目的。黑格尔还专门写过关于公开实施死刑的思考片段，他反对基于预防犯罪和教育民众的刑罚理论而为公开实施残暴的死刑辩护。他最后强调，如果公民拥有正当的权利，那些因不公开实施死刑而引发的不安（如法官实行不法）就会消失。[3]

黑格尔在法兰克福时期关于犯罪与刑罚的论述集中体现在《黑格尔全集》历史考订版第二卷 Text 55，它是所谓的《基督教的精神》（Text 52—Text 60）这组文本中的一篇。构成这组文本的哲学基础的其在伯尔尼后期和法兰克福初期从康德式主体哲学所转向的统一哲学（Vereinigungsphilosophie）或生命哲学，主要表现在《黑格尔全集》历史考订版第二卷 Text 40—Text 42 以及 Text 49 中。一般认为，黑格尔之转向统一哲学与荷尔德林以及席勒的《审美教育书简》有密切关系。[4]简而言之，这种统一哲学强调存在一个"先于意识和自我的统一"，这种统一

[1] Hegel, *Gesammelte Werke*, Band 3, hrsg. von Friedhelm Nicolin,（Hamburg: Felix Meiner Verlag, 1991）S. 217, 293–294.

[2] 黑格尔：《黑格尔政治著作选》，薛华译，中国法制出版社 2008 年版，第 16 页；Hegel, *Gesammelte Werke*, Band 2, hrsg. von Walter Jaeschke,（Hamburg: Felix Meiner Verlag, 2014）S. 586。不能确定黑格尔的这个片段是写于伯尔尼时期，还是法兰克福时期，对此见 S. 663。

[3] Hegel, *Gesammelte Werke*, Band 2, hrsg. von Walter Jaeschke,（Hamburg: Felix Meiner Verlag, 2014）S. 602–604.

[4] 参见朱学平：《古典与现代的冲突与融合——青年黑格尔思想的形成与演进》，湖南教育出版社 2010 年版，第 74—75 页；罗久：《黑格尔论命运与惩罚——早期文本中的康德批判与同一哲学的构想》，《北京社会科学》2015 年第 4 期，第 107 页。值得注意的是，荷尔德林在 1795 年初也写作了一个与惩罚有关的片段，即《论惩罚的概念》（*Über den Begriff der Straffe*）。黑格尔对犯罪与刑罚的论述或许也受到了这个断篇的影响。

先于一切对立，它是一种原初的统一，它也被称为“存在之一般（Seyn schlechthin）”，这是一种本体论原则。反思或判断（Urtheil）[1]意味着原初统一性的分裂，即主体和客体的分裂。[2]为了克服这种分裂，我们要“倒回去设定一个更高的统一性”。[3]在黑格尔看来，康德和费希特理论哲学和实践哲学中存在的二元对立就是分裂的表现。为了克服这种分裂，黑格尔提出“爱”的概念和生命哲学体系：“只有在爱里面人才是同客体合而为一的。”[4]在生命哲学中，生命“从这种未经发展的合一出发，经过曲折的圆圈式的教养（Bildung），以达到一种完满的合一”。[5]根据这种统一哲学或生命哲学，康德所谓的道德法则和法律（包括司法审判和刑罚处罚）在本质上就不是原初的统一或生命的统一，而是内含着对立的统一，即对立面在一个概念里的统一，因此具有强制性和支配性。对此，黑格尔提出用爱来扬弃道德和法律。由此，黑格尔直接推论出用爱来扬弃刑法和刑罚的主张，并提出作为命运的惩罚的概念。

## 二、爱对犯罪和刑罚的扬弃

在某种程度上，黑格尔在《黑格尔全集》历史考订版第二卷 Text 55 中直接针对了康德在《道德形而上学》“法权论”部分关于犯罪和刑罚的思想。[6]康德在《道德形而上学》的“惩罚的法权与赦免的法权”中首

---

[1] 在司法中就表现为审判。

[2] 刘皓明：《荷尔德林后期诗歌》（评注 卷上），华东师范大学出版社 2009 年版，第 69 页。

[3] 刘皓明：《荷尔德林后期诗歌》（评注 卷上），华东师范大学出版社 2009 年版，第 69—70 页。

[4] Hegel, *Gesammelte Werke*, Band 2, hrsg. von Walter Jaeschke,（Hamburg: Felix Meiner Verlag, 2014）S. 9；黑格尔：《黑格尔早期著作集》（上卷），贺麟等译，商务印书馆 1997 年版，第 494 页，译文稍有改动。

[5] 黑格尔：《黑格尔早期著作集》（上卷），贺麟等译，商务印书馆 1997 年版，第 499 页。

[6] 康德于 1797 年分别出版了《法权论之形上学根基》和《德行论之形上学根基》，这两部分合在一起就是所谓的《道德形而上学》。根据罗森·克朗茨的报道，黑格尔从 1798 年 8 月 10 日开始对康德的《道德形而上学》作了评释，于是可以猜测，黑格尔在这里对刑法和刑罚的批判针对的是康德该书《法权论》第二篇（“公法”）第一章（“国家法”）中的“惩罚的法权与赦免的法权”。

先对惩罚的法权与犯罪（Verbrechen/crimen）作了定义，并区分了私人犯罪（Privatverbrechen）与公共犯罪（öffentliches Verbrechen）——前者是对私法的违反，后者是对公法的违反。[1]康德还区分了司法的惩罚（Richterliche Strafe）与自然的惩罚（natürliche Strafe）。[2]司法的惩罚不能作为促进另一种"善"的手段而使用，而只能因为有人犯了罪，因为人不能是手段，而只能是目的。因此惩罚只能来自刑法（Strafgesetz）所规定的"应当"。对于刑法，康德强调，它是一项定言令式。因此它是普遍的、确定的、必然的。刑罚正义就在于刑法本身的满足，即按照刑法的规定进行处罚，其他任何试图免除刑罚或减轻刑罚的行为都是不正义的。康德进一步指出，刑罚的原则是对等（Gleichheit）原则，即罪犯给别人造成多大的伤害，他自己就要受到同样的伤害。就此而言，"只有报复法权（Wiedervergelgungsrecht/ ius talionis［罪罚相等的法权］），但听好了，是在法庭面前（而不是在你的私人判断中）的报复法权，才能明确地规定惩罚的质和量；其他一切法权都是摇摆不定的，而且由于其他种种干预性的考虑，不能与纯粹的和严格的正义之判决相符合"。[3]康德尤其强调要对杀人犯判处死刑，"在此并无任何替代物可以满足正义"——但要禁止任何形式的虐待。[4]他批判了贝卡利亚基于人道的同情性伤感而提出废除死刑的主张。

在 Text 55 中，黑格尔也首先讨论了犯罪与刑罚。从字面来看，犯罪（Verbrechen）行为当然就是指违反了法律（Gesetz）规定的行为，或者说做了法律所禁止的行为。如杀人违反了"不要杀人"这条法律，偷窃违反了"不要偷窃"这条法律。很明显，犯罪行为损害了法律的内容，并因此

［1］康德：《道德形而上学》，《康德著作全集》第 6 卷，张荣、李秋零译，中国人民大学出版社 2013 年版，第 342—343 页。原文参见 Kant, *Gesammelte Schriften*, Bd. 6, hrsg. von der Königlich Preußischen Akademie der Wissenschaften,（Berlin: Druck und Verlag von Georg Reimer, 1914）S. 331。

［2］康德：《道德形而上学》，《康德著作全集》第 6 卷，张荣、李秋零译，中国人民大学出版社 2013 年版，第 343 页。

［3］康德：《道德形而上学》，《康德著作全集》第 6 卷，张荣、李秋零译，中国人民大学出版社 2013 年版，第 344 页。

［4］康德：《道德形而上学》，《康德著作全集》第 6 卷，张荣、李秋零译，中国人民大学出版社 2013 年版，第 345 页。

损害了法律的统一性。针对犯罪行为，为了补救法律的统一性，也为了对受害人进行救济，法律往往都作了相应的刑罚规定，如“以眼还眼、以牙还牙”等最古老的同态复仇规定。这种针对犯罪行为的法律，就是“刑法”( strafendes Gesetz )。[1]

与一般的法律一样，刑法具有普遍性、确定性、必然性和强制性。对于个人而言，在他未犯罪时，刑法主要是一种恫吓性、警告性的存在。当他犯罪后，刑法既不能赦免罪行，也毫不留情，否则它就把自身给取消了，因为这是与它的性质相悖的。[2] 根据对等原则，罪犯所受的刑罚就是“丧失同他由于犯罪而损害别人的权利相等的权利”。[3] 把罪犯施加给别人的伤害同等地返回到他自己身上，这就是法律上的公平和正义。黑格尔还指出阻碍刑罚正义实现的几种可能性，比如刑法本身仅仅是一种概念性规定，所以它仅仅还只是一种应然状态，为了使惩罚成为现实，刑法必须与享有权力的执法者（Exekutor）和法官（Richter）等有生命者联系起来，而这些因素都可能会使刑罚正义的实现成为偶然的。[4]

很明显，黑格尔上面关于刑法的性质以及刑罚正义的实现的论述，与康德关于刑法的性质、对等原则和刑罚正义的讨论差别不大。但黑格尔下

[1] 黑格尔:《黑格尔早期著作集》( 上卷 )，贺麟等译，商务印书馆 1997 年版，第 499 页；Hegel, *Gesammelte Werke*, Band 2, hrsg. von Walter Jaeschke, ( Hamburg: Felix Meiner Verlag, 2014 ) S. 182。本文按一般理解将“strafendes Gesetz”译为“刑法”，或许将其翻译为“惩罚法”更好一些，因为它既包括客观的、实定的惩罚法，也包括主观的“愧悔的良心”( böses Gewissen )。即使仅就实定的惩罚法而言，它也不等同于现代意义上的刑法。黑格尔在这里似乎没有区分现代意义上的侵权与犯罪，而只是强调应对犯法者给予何种惩罚以及给受害人何种救济。在这个意义上，黑格尔所使用的“strafendes Gesetz”类似于罗马法中的惩罚法，对于后者可参考王华胜:《罗马法中的“刑法”与“惩罚法”》,《西南民族大学学报（人文社会科学版）》2010 年第 11 期。但在 Text 55 中，黑格尔似乎主要是就杀人这种最极端的犯罪行为来讲述惩罚与命运的，因此将其翻译为“刑法”也有道理。

[2] 黑格尔还曾形象地指出，罪犯以为破坏了刑法的内容后，他就成了法的主人，但因为刑法的形式仍旧存在，所以刑法现在就按照规定对罪犯施加刑罚，此时刑法变成了惩罚人的具体行动的形式，即刑罚，而不再是恫吓的静止形式了。[ 黑格尔:《黑格尔早期著作集》( 上卷 )，贺麟等译，商务印书馆 1997 年版，第 39 页。]

[3] 黑格尔:《黑格尔早期著作集》( 上卷 )，贺麟等译，商务印书馆 1997 年版，第 393 页。

[4] 黑格尔:《黑格尔早期著作集》( 上卷 )，贺麟等译，商务印书馆 1997 年版，第 393—394 页。

面就开始从统一哲学角度直陈刑法、刑罚和正义本身的问题所在，并提出解决之道：爱一方面扬弃刑法的形式，另一方面扬弃它的内容，即刑罚和正义。

黑格尔强调，刑法的普遍性和必然性，使得和解成为不可能：不论是罪犯与受害者或复仇者之间的和解，还是罪犯与刑法之间的和解，都不可能。具体来说，对于罪犯而言，客观的、实定的刑法是异己的力量和敌对的存在。刑罚的实施并不代表罪犯与刑法的和解，它只能使刑法得到满足。在这之后，刑法就仍旧返回到它一开始针对所有人的恫吓形象，而没有成为友好的东西。[1]就此而言，惩罚之前、惩罚过程中和惩罚之后，罪犯与刑法一直处于对立、敌对状态。在刑法面前，罪犯就只是罪犯，是罪恶的存在，是孤立的人，似乎与人类无关，这个孤立的人受到刑罚就是事情的全部。

对此，黑格尔指出，只有从生命、命运和爱等角度来理解犯罪和刑罚，才能有和解。从统一哲学或生命哲学来看，在犯罪行为之前，不存在分离、对立和统治他的东西。[2]犯罪就等于脱离统一的生命、杀害生命。比如，杀害了别人的生命并不是指把别人的生命变成无，而是指整体生命的分离(Trennung)，把生命变成自己的敌人："生命是不死的，生命被杀害了的它就表现为它的可怕的鬼魂，这个鬼魂要维护生命的每一方面，报复任何仇恨。"[3]比如在《麦克白》中，麦克白谋杀了班科，但班科并不因此不存在了，他作为恶的鬼魂重新出现在麦克白的宴会上，宣告麦克白的命运。[4]

从统一哲学或生命哲学来看，"生命不与生命相区别"，所以罪犯对异己生命的杀害就是罪犯对自己生命的摧毁。他摧毁了生命的友好性，生命

---

[1] 黑格尔：《黑格尔早期著作集》(上卷)，贺麟等译，商务印书馆 1997 年版，第 394—395 页。

[2] 黑格尔强调，作为全体和统一的生命既不由法律所调整，也不是不法的。[黑格尔：《黑格尔早期著作集》(上卷)，贺麟等译，商务印书馆 1997 年版，第 397 页]

[3] 黑格尔：《黑格尔早期著作集》(上卷)，贺麟等译，商务印书馆 1997 年版，第 397 页。最后一句直译就是："这个鬼魂要使它的一切方面都是有效的，抛弃它的仁慈。"[Hegel, *Gesammelte Werke*, Band 2, hrsg. von Walter Jaeschke, (Hamburg: Felix Meiner Verlag, 2014) S. 190.]

[4] 黑格尔：《黑格尔早期著作集》(上卷)，贺麟等译，商务印书馆 1997 年版，第 397 页。参见莎士比亚：《麦克白》，第四场第三幕。

成为他的一个敌人或异己的力量。[1] 这就是命运或作为命运的惩罚。被伤害了的生命作为一个反对罪犯的敌对力量，虐待罪犯，就像罪犯之前所做的一样。就此而言，作为命运的惩罚就是罪犯本身的力量反作用于自己。

但与刑法上的惩罚不同，命运或作为命运的惩罚能够得到和解，因为“命运是在生命的范围之内发生的”。[2] 作为生命、统一整体的分离，命运或作为命运的惩罚是人对自身的侵犯，因此可以返回到自己的生命和爱。用更形象的语言来说就是：“生命可以重新医治它的创伤，使分裂了的敌对的生命重新返回到自身，并且可以扬弃犯罪行为的罪过、扬弃法和惩罚。”[3] 具体说，在作为命运的惩罚中，罪犯感觉到自己的生命受到摧残，这也是对被摧毁的生命的感觉，这种生命感就是爱。罪犯重新认识到生命，因此罪犯对那业已失去了的生命产生一种渴望（Sehnsucht），即渴望返回到生命本身。只有通过“愈益强烈的爱”，犯罪行为引起的命运才能停止。[4] 这就是命运在爱中的和解。

就此而言，对命运的恐惧是对分离的恐惧，是对自己本身的害怕。而对刑法中惩罚的恐惧，则是对一个异己的东西的恐惧。[5] 同时命运的和解意味着罪犯的矫正（Besserung），因为命运的惩罚让罪犯产生对生命之丧失的感觉，使他认识到，丧失了的东西是生命，是一度对它很友好的东西——这种认识本身就是生命的享受本身。而刑法的惩罚并不能使罪犯有所矫正，因为刑罚对罪犯而言仅仅是一种受苦，让他产生一种无力感。[6]

---

[1] 换一种说法就是，犯罪是对本性（Natur）或统一的破坏，就此而言，侵害者与被侵害者所遭受的破坏同样多。

[2] 黑格尔：《黑格尔早期著作集》(上卷)，贺麟等译，商务印书馆 1997 年版，第 397 页。

[3] 黑格尔：《黑格尔早期著作集》(上卷)，贺麟等译，商务印书馆 1997 年版，第 398 页。

[4] 黑格尔：《黑格尔早期著作集》(上卷)，贺麟等译，商务印书馆 1997 年版，第 406 页。

[5] 黑格尔：《黑格尔早期著作集》(上卷)，贺麟等译，商务印书馆 1997 年版，第 398 页。

[6] 黑格尔：《黑格尔早期著作集》(上卷)，贺麟等译，商务印书馆 1997 年版，第 399 页。

## 三、比较与反思

与黑格尔在法兰克福时期的刑罚理论相比，黑格尔在《法哲学原理》中的论述与康德在《道德形而上学》中所阐述的刑罚理论具有更多类似性。首先，成熟时期的黑格尔和康德都强调意志自由（个人自由或主体性）是刑法和刑罚强制之正当性的前提。其次，刑罚的目的仅在于恢复受到侵害的法，刑罚的本质规定是报复。而在黑格尔法兰克福时期，作为其刑罚理论前提的不是意志自由，而是生命的原初统一。粗略而言，意志自由对应着主体性，生命的原初统一对应着实体性。从这种实体性原则出发，黑格尔在法兰克福时期就强调，以主体意志自由为基础的刑法及其规定的刑罚在本质上内含着对立、分裂和强制，刑罚正义本身也不过是一种幻象。为此，他才提出一种没有强制的惩罚，即作为命运的惩罚。它不是一种外在的强制，而是让犯人产生一种内在的悔恨和对恢复统一的渴望。只有这种惩罚才能实现真正的和解。

这也表明，虽然黑格尔在法兰克福时期批判了康德的刑罚理论，但他后来其实在某种程度上又回到了康德。一般认为，黑格尔到了耶拿后期才重新以康德式的主体性或意志自由作为其法哲学的基点。[1] 这说明，黑格尔在法兰克福时期囿于一种原初的实体性原则之中，还没有把主体性原则作为其体系的出发点。同时我们也要看到，黑格尔此时并不像后来那样是在法哲学意义上来讨论刑罚问题的，而是在宗教意义上来论说的。简而言之，在《基督教的精神》这组文本中，黑格尔写作的思路是"德行—爱—宗教"，即德行、法律（包括审判和刑罚）被爱所扬弃，然后爱与反思综合到宗教之中。这种思路决定了黑格尔此时不可能在一般法律意义上来讨论刑罚问题。也就是说，黑格尔在法兰克福时期把爱和法律以及道德和法律混在一起，而到了成熟时期才对它们进行划界。

虽然成熟时期的黑格尔与康德在刑罚的前提和本质问题上具有诸多类似之处，但不可否认，两人在论述上仍有一些差别，而这些差别可以部分

---

[1] 朱学平：《古典与现代的冲突与融合——青年黑格尔思想的形成与演进》，湖南教育出版社 2010 年版，第 257—258 页。

追溯到黑格尔在法兰克福时期的讨论。一方面，与康德不同，黑格尔非常强调刑罚所具有的和解作用，即通过刑罚，被破坏的法同自身得到和解，犯人同自身得到和解，而和解正是黑格尔在法兰克福时期从爱、生命和统一出发所特别强调的。另一方面，在《法哲学原理》中，在论述完强制和犯罪后，黑格尔就从抽象法过渡到道德上去，而这与康德的叙述方式显然不同。在这一点上，黑格尔或许也与他在法兰克福时期的刑罚思想相关。在法兰克福时期的文本中，黑格尔将刑法规定的刑罚转变为作为命运的惩罚后，外在的强制就转化成了内在的悔恨。后续在谈到如何面对侵害时，黑格尔提出了主动放弃权利并退回自身的“灵魂之美”(Schönheit der Seele)。[1] 这似乎类似于黑格尔在《法哲学原理》中提到的从犯罪向道德(主观领域)的过渡——当然黑格尔在《法哲学原理》中是从意志自身的发展来论述这种过渡的。

虽然黑格尔很快就否弃了从统一哲学或生命哲学出发对刑罚的讨论，但这并不能否定这些讨论自身所具有的独立意义。一方面，如何克服法律本身的强制性，这确实是一个重要的问题，对此问题的提出和回答在中外法学理论史上不断出现。就西方法学理论而言，爱和法律常常被对置起来加以讨论，这说明了用爱来克服法律的强制性并非仅仅是青年黑格尔自己的主张。这种回答的经典版本当然就是黑格尔此时所借用的耶稣之爱对犹太律法的克服，这个版本也一再被拿出来加以运用，黑格尔所做的只不过是给这种回答赋予了生命哲学或统一哲学的论证。另一方面，正如本文第一部分所示，黑格尔正生活在欧美刑罚思想和制度发生重大变革的时代，黑格尔在法兰克福时期的刑罚思想或许可算作是对这场变革的一种回应，这种回应虽然不同于康德、贝卡里亚和他后来所强调的自由意志、刑罚确定性和罪罚相称原则等，但它似乎也符合福柯对这场变革的判断，即刑罚对象主要不再是肉体，而是转向了诸如权利和灵魂等方面。

---

[1] 黑格尔:《黑格尔早期著作集》(上卷)，贺麟等译，商务印书馆 1997 年版，第 402—403 页。

# Life and Punishment
## ——Young Hegel on crime and punishment

Wang Xingsai

**Abstract:** Hegel's thoughts of crime and punishment can be traced back to one text written in 1798–1799. He tries to overcome the nature of coercion and contradiction in Kant's theory of punishment. By proposing the concept of punishment as fate which is different from punishment in penal law, Hegel hopes to arrive true reconciliation of penal law and itself, reconciliation between trespasser and the penal law, reconciliation between trespasser and victim, reconciliation of trespasser and himself in love and life. During this period, though strong religious features permeates through Hegel's thoughts of punishment, a few important ideas have an important influence on his later theory of punishment and still have vitality in the contemporary.

**Keywords:** crime; punishment; love; life; reconciliation

# 当前国内“分配正义之争”的分析批判

张　茜*

**摘要：**分配正义问题是当前国内学界共同关注的核心论题。近年来，国内学者就“何种分配是正义的”这一问题展开了激烈的争论。质言之，这场“分配正义之争”的核心是“分配正义原则之争”。分配正义的原则究竟是平等、应得、资格还是需要？学者们就此给出了自己的回答和理由。尽管国内学界的既有研究都相应存在着各自的理论困难，但分配正义无疑是关乎社会正义的最重要的理论和现实问题，对它的进一步深入研究将为我国的社会建构及制度设计提供更多有价值的参考。

**关键词：**分配正义；平等；应得；资格；需要

20世纪70年代起，西方哲学开启了“实践理性转向”的新纪元。自此，政治哲学开始居于舞台的中心，成为当代世界哲学的显学。以罗尔斯1971年发表《正义论》为标志，分配正义问题开始进入人们的视野，并一跃成为哲学界热议的焦点。在上述大背景下，国内学界的政治哲学研究也在热度的基础上，不断从广度和深度上推进分配正义问题的理论研究，并尝试在此基础上建构适应中国当前社会现实的分配正义原则。一方面，近年来，国内的众多学术期刊（特别是《哲学研究》），发表了一系列以分配正义为主题的学术论文，并由此引发了学界关于这一论题的诸多争论；另一方面，近四年的全国政治哲学论坛也都将分配正义作为会议的主要论题，并对其相关问题展开了广泛而又深入的激烈探讨。这些迹象表明，分

* 作者简介：张茜，女，吉林大学哲学社会学院博士研究生，主要研究方向为政治哲学和道德哲学。E-mail：xixi89813@sina.com。基金项目：教育部人文社会科学重点研究基地重大项目“制度文明的哲学理念创新”（16JJD720008）。

配正义已经成为国内学界共同关注的核心论题。

对于分配正义而言，最核心的问题是分配正义原则，因为它决定了根据什么来规范资源、机会和财富的分配。无论是在西方还是在国内，关于分配正义问题的争议都集中地体现为对可供选择的分配正义原则的争论。总的来说，分配正义的原则大体上可以分为平等、应得、资格和需要四种。其中，平等是最流行和最重要的分配正义原则，平等主义在分配正义诸理论中占据核心地位。

## 一、分配正义与平等

虽然平等主义者都支持平等，但当问题聚焦“什么的平等”这一关键问题时，他们之间又存在着激烈的内部纷争，并因为平等的“通货”而内部分化为福利平等、资源平等以及能力平等三种基本的平等主义理论。与此同时，在如何实现平等的问题上，平等主义者也分别持有结果平等和机会平等两种不同的主张。

其中，平等的通货关系到“分配什么”的问题。姚大志认为，就分配的是什么而言，福利平等主张是“福利”，基本善的平等主张是“基本善”。首先，福利是主观的，它意指偏好的满足（即资源和利益对人们实际生活所产生的影响）；基本善则是客观的，它意指资源和利益本身。其次，牵涉到人际比较的问题，福利平等将福利作为唯一标准来衡量人们之间是否平等，而基本善的平等则包含了多元性的评价指标，囊括了包含平等在内的多种重要价值。[1]但是，无论是福利平等还是基本善的平等，它们都存在一些问题。一方面，因为并未对偏好的来源和性质进行区分，福利平等面临着如下理论困难：第一，对令人反感的偏好进行补偿是违反道德直觉的；第二，对昂贵偏好进行补偿将会导致责任困境；第三，对便宜的偏好进行主观评判是有失公平的。另一方面，基本善的平等也面临着一系列理论难题：第一，罗尔斯认为，相较于福利平等所需要的基数比较，基本善的平等只需要运用序数比较来区分出最不利者，这使得他在人际比

[1] 姚大志:《平等主义的图谱》,《吉林大学社会科学学报》, 2015,（3）。

较的问题上更具优势。然而，一旦考虑到多重指标的权重，基本善的平等终将被简化为收入的平等。第二，罗尔斯所界定的基本善的内容及其排序会招致中立性的质疑，因为用基本善来对个人拥有的特殊善观念进行评判或有失公平。第三，也是重中之重，罗尔斯要求补偿最不利者，他却并不追究这些人是否就其现有处境负有个人责任。

如前所述，平等理论的福利主义路径和资源主义路径都陷入了困境。因此，一些平等主义者转而尝试第三条道路，试图在主观与客观之间找到一个“平衡点”，这就是以森为代表的能力分析路径。高景柱认为，森提出了超越福利主义与资源主义的“中间路线”，他的能力平等关心的是人们能够从资源中获得的可行能力，以及由此成就的实现各种不同生活方式的实质自由。福利主义和资源主义都忽视了普遍存在的人际相异性，但恰恰是这一点对于评价不平等至关重要。这是因为，即便拥有相同的收入，人们在使用既有资源做事的能力上也存在着巨大的差异。因此，森将人际相异性作为建构其能力平等理论的起点，并提出了“功能”和“可行能力”这两个核心概念。简言之，功能可以被理解为包含人的活动和生存状态的集合，而可行能力则是一种实现各种可能的功能性活动组合的实质自由。[1] 然而，尽管能力平等看似具有很强的包容性，但这种平等理论仍面临着一系列困难：第一，森并未对“能力”这一核心概念进行清晰的界定，无论是他前期所说的“基本能力”还是后期关涉人的自由的所有能力都是模糊不清的；第二，将能力作为平等的通货也是不可行的，因为人的能力多种多样，无论是对某种能力进行衡量还是对不同能力的权重进行确定都会遭遇明显的困难；第三，即便能够通过繁杂的人际比较鉴别出能力不足者，这种能力上的缺失也往往难以补偿。退一步讲，即便可以补偿，它的代价也通常是高昂的，更不用说这可能会忽视人们在能力差异上应负有的个人责任。

以上表明，无论平等的通货是福利、基本善还是能力，在“分配什么”的问题上，平等主义的三种主要路线都分别存在着各自的理论困难。

---

[1] 高景柱：《超越平等的资源主义与福利主义分析路径——基于阿玛蒂亚·森的可行能力平等的分析》，《人文杂志》，2013，(1)。

然而，较之“什么的平等”，更为复杂的是如何实现平等的问题，因为它关系到“如何分配”。结果平等虽然是平等主义者追求的理想，但它并未对“责任”问题给予恰当的考虑。因此，一种更为合理的平等主义就要求我们作出如下区分：一方面，如果不平等源于人们自愿的选择，那么他们就应当对此负责，这种不平等将不在平等理论的调节范围之内；另一方面，如果不平等源于人们无法控制的环境因素，那么这就是不公正的，这种不平等理应得到平等理论的矫正。

运气平等主义正是这样一种理论，它将“责任”纳入到平等主义的理论框架中，反对由原生运气所产生的不平等，同时尊重人们的个人选择。近30年来，运气平等主义几乎支配了当代的平等理论研究。葛四友认为，德沃金基于责任对原生的运气和选择的运气进行了区分，并认为正义的分配应当“敏于抱负”“钝于禀赋”，国家有义务纠正原生运气的不利影响，而选择的运气则属于个人应当承担的责任范围。[1]但是，德沃金真的能够抵消原生运气对人们的不利影响吗？事实上，他并未真正区分开原生的运气和选择的运气，它们互嵌于彼此之中。如此一来，也就无法明确地判定人们在何种意义上应当对何种运气负有个人责任。因此，这种思路既面临无法克服的困境，也缺乏合理的道德辩护。

“责任批评”对结果平等的反驳促成了运气平等主义，而“拉平反驳”对结果平等的挑战最终导向了一种更为温和的平等主义——优先论。在国内学界，平等还是优先的问题激起了大量的争论。姚大志认为，拉平反驳的力量在于，平等可能违反“帕雷托改善”这一效率约束。为了克服拉平反驳，他提出优先论是一种消极的平等主义的主张，认为“社会安排应该把弱势群体的利益放在第一位，以最大程度地提高其成员的福利”，进而得出“优先论是一种比平等主义更合理的平等观念”的结论。[2]然而，也有一些学者对此持不同意见。段忠桥认为，优先论只是优先关注弱势群体的分配策略，它并不是一种平等观念，正义的分配只能是平等主义的，因

[1] 葛四友：《运气均等主义与个人责任》，《哲学研究》，2006，(10)。
[2] 姚大志：《分配正义——从弱势群体的观点看》，《哲学研究》，2011，(3)。

而并不存在优先论和平等主义哪一个更合理的问题。[1]李石也认为，平等主义与优先论之间存在着深刻的分歧。正如帕菲特所指出的，目的论的平等主义会遭遇拉平反驳困境。但是，通过将差别原则界定为道义论的，平等主义就能够避免拉平反驳，从而优先论并未被证明比平等主义更为合理。[2]杨伟清则进一步明晰了优先论与平等主义的如下差异：首先，从结构上说，优先论关心的是弱势群体的绝对困境，而平等主义则更为关注关系平等；其次，从实践上讲，优先论只要求帮助弱势群体达到一个特定的程度，而平等主义则要求实现他们与他人之间的平等。

至此，我们已经粗略地再现了平等主义的内部争论。鉴于结果平等面临的以上困难，绝大多数的平等主义者转而接受机会平等的观念。质言之，这种平等观念要求判定人们是否对其现实处境负有个人责任，并据此来进一步确认国家是否应当对此进行补偿。但是，从根本上来说，对责任的追问最终将不可避免地回溯到道德形而上学中的自由与道德责任问题。这个问题既复杂又艰深，因此，一旦无法确定责任，机会平等就可能沦为维持不平等现状的帮凶。更为重要的是，机会平等还可能使平等主义陷入另一个更加危险的陷阱——既然它允许源于努力和抱负的不平等，那么，一旦我们占据一个从前向后的视角来追索不平等的原因，最终就将使平等的原则让位给应得的原则。平等理论在当今正义话语体系中的隐秘前提地位是不可动摇的吗？应得理论对此给出了自己的质疑。

## 二、分配正义与应得

就分配正义问题而言，应得正义观是平等主义正义观最重要的挑战者和批判者。一方面，应得的观念是如此的重要，以至于无论是在自古希腊以来的正义思想史中，还是在人们琐细的日常生活中，它都是一个得到了最为广泛应用的高频词语；另一方面，对应得的理解又是最成问题的，因

[1] 段忠桥：《关于分配正义的三个问题——与姚大志教授商榷》，《中国人民大学学报》，2012，(1)。
[2] 李石：《差别原则与优先主义——在罗尔斯与帕菲特之间》，《道德与文明》，2017，(2)。

为从分配正义的视角看，国内学界对此还远没有达成共识。学者们对应得有着非常不同的理解，其中，最具代表性的有如下三种。

王立持有一种“个人应得”的立场。在他看来，虽然自罗尔斯以来就形成了“正义意味着平等”的正义语境，但是向更为久远的西方正义思想史深处寻开去，应得才是名副其实的正义最初的源头。应得是其他正义观赖以成立的基础，无论是在理论上还是在实践上，它都是应当被优先考虑的分配正义原则。[1]

首先，虽然罗尔斯“反应得”，但是平等主义的立论需要应得来提供深层的道德理由，这就使应得较之平等具有理论上的优先性。另一方面，作为市场经济的初次分配原则，应得还能够在最大程度上改变当前的不平等现状。在我国，依靠劳动来获取收入的阶层占绝大多数，因此，作为一种典型的个人应得，劳动收入的直接增加能够最为明显地矫正当前的不平等现状，这就使应得较之平等具有实践上的优先性。其次，正义原则的来源问题至关重要，它要求人们在主张某种正义原则时给出用以支撑它的根据和理由。从道德推理的视角看，平等主义正义观是“向前看”的论证，它忽视了善的来源，只考虑对善的预期，从而割裂了生产和分配；应得正义观则是“向后看”的阐释，它正视生产环节与分配正义之间的内在联系，这就使得应得成为比平等更有根据和理由的正义原则。再次，平等主义无法回避责任问题，而责任问题恰恰是正义理论建构过程中应得发生实际作用的重要体现。从伦理学原则的视角看，一个合理的正义观必须既考虑平等的重要性，又要遵循个人责任原则。最后，平等主义者试图从“自然天赋在道德上不是一种应得”出发来拒绝所有的应得，但是，这造成了“个人应得”在分配正义领域的“空场”。个人应得是反击平等主义的有力武器，基于努力的个人应得是“人们总是应该‘应得’什么”这一直觉信念的集中体现，也是整个社会正义价值体系的重要组成部分。

但是，应得究竟能否成为分配正义的原则？姚大志对此提出了质疑。他认为，将应得用于讨论分配正义问题犯了一个根本性的错误。在政治哲

[1] 王立：《也论分配正义——兼评姚大志教授和段忠桥教授关于正义之争》，《哲学研究》，2014，(10)。

学的语境中，应得应被理解为“道德应得”，应得只能作为道德评价，而不能成为分配原则。

首先，在应得的基础问题上，应得理论家们提出了三种富有代表性的观点，即基于贡献的应得、基于表现的应得和基于努力的应得，它们都构成了一个人应当受到某种对待的理由。但是，无论这个基础是什么，应得理论都面临难以克服的困难：一方面，无论是贡献还是表现，甚或是努力，它们最终都无法摆脱天赋运气或环境运气的影响，从而人对于运气以及由运气所产生的任何东西都不是应得的；另一方面，将应得视作分配的原则还存在着一个更深层的问题——在初次分配中，“在市场经济条件下，人们的收入根本上是由劳动力的供求关系决定的，从而应得不能成为分配正义的原则”。[1] 其次，应得能够作为道德评价，是因为它表达了应得物与应得者之行为或品质的一致性，不仅如此，它还传达了评价者对行为者之行为的道德态度。此外，当作为一种道德评价时，应得还能够以否定的方式用于分配正义问题，即对现行的分配制度进行批判。最后，也是最重要的，应得之所以不能成为分配原则，其理由在于：一、应得是前制度的，不能制度化决定了它不能成为一种分配原则；二、应得无法以“再分配”的方式来矫正社会经济利益的分配，这决定了它不是一种分配正义的原则；三、应得本质上是不包含特定价值内容的形式概念，它既不是价值，更不是政治价值，这决定了它不能被制度化，从而不能成为分配正义的原则。[2]

张国清明确反对王立和姚大志的观点。他认为，无论是将应得理解为“个人应得”还是“道德应得”，都低估和否定了应得在分配正义中本应占有的重要地位。他主张从“社会应得”的视角来理解应得，认为分配正义在于人得其社会应得。社会应得不仅仅关乎分配，更为重要的是，它所内含的分享和共享的观念为解决分配正义的现实困境提供了一种新的可能。

首先，社会应得意谓所有人都能够从社会中获得的共享资源。对它而言，社会公平就意味着人人都能够在社会经济领域中得其应得。作为分配

[1] 姚大志：《应得的基础》，《社会科学研究》，2016，（5）。
[2] 姚大志：《谁应得什么？》，《中国人民大学学报》，2017，（2）。

正义的核心概念，社会应得关心的是社会基本制度安排对人们的实际生活质量所产生的影响，它以人在共同体中享有的社会成员资格为基础，而这种资格又进一步取决于人在基本社会结构中，特别是社会和经济结构中的地位。其次，从分配正义的要求看，社会应得不是一种对正义诉求的道德回应，而是一种基本制度层面的应得，它关注的是所有普通民众均应享有的基本社会价值，主张通过社会基本制度设计来从起点上赋予社会成员共享社会基本资源的社会权利。最后，社会应得理论的核心命题被表述为，“在均等地享有社会基础资源方面，只要拥有社会共同体的成员资格 C，P 都应得 X”。[1]这也就是说，相较于自然天赋、家庭出身、个人能力、努力程度、环境运气以及收入财富而言，社会应得理论在分配正义的相关考虑中将共同体成员资格放置在首要地位。不仅如此，社会应得理论还承认、接受甚至鼓励人们在天赋、出身以及运气方面的个人差异，它将分配的重心放在由国家和社会所掌握的社会基础资源以及公共财富的共享上，因而本质上是一种温和的、增量的社会资源分配理论。

这样一来，应得理论就不得不陷入一种两难境地：如果应得应当被理解为“道德应得”，正如姚大志所认为的那样，那么应得就不能成为分配正义原则。事实上，这也是当代西方主流政治哲学家（反应得理论家）的观点；另一方面，如果应得原则能够用于分配正义问题，那么应得应当被理解为“个人应得”还是“社会应得”？我们认为，无论对应得抱持哪种理解，在分配正义的现实情境中，“谁应得什么”都是一个很难给出明确回答的问题。与此同时，这一问题也暴露了应得在其运用中的不确定性。虽然应得原则自身面临着一系列理论困难，但是换个角度看，它也在很大程度上为其他正义原则留下了发挥作用的余地。

## 三、分配正义与资格

除应得之外，还有一种强硬的反对平等主义的理论，即资格理论（entitlement theory）。这种理论与两种重要的分配正义原则密切相关。其

---

[1] 张国清：《分配正义与社会应得》，《中国社会科学》，2015，（5）。

一，当前国内经济学界所主张的公平的分配正义原则，实际上可以归结为政治哲学意义上的"资格原则"；其二，自由的分配正义原则在国内鲜有人主张，但在西方却十分盛行，这种原则正是诺奇克的"资格原则"。

首先我们来看公平的分配正义原则。经济学家大多从国家再分配与市场经济的视角谈公平的分配正义原则，而从政治哲学的观点看，这个问题要从罗尔斯与诺奇克的经典争论谈起。第一，对罗尔斯而言，分配正义的背景是国家，而对于诺奇克来说，分配正义的背景是市场经济。罗尔斯主张通过国家"再分配"的方式来解决不平等，而诺奇克却认为市场是万能的，它既能保证生产效率，也能维护分配的公平。第二，罗尔斯将社会合作视作差别原则要求的再分配的根据，但在诺奇克看来，社会合作体系的实质是基于市场制度的自愿交换，从而并不存在分配、再分配的问题。第三，罗尔斯将自然天赋视为一种集体资产，主张天赋较高者不应得其利益，但在诺奇克看来，差别原则的心理基础是嫉妒，罗尔斯的理论并不是中立的，只有以"持有正义"为核心的资格原则才能捍卫个人权利。

其次是自由的分配正义原则。朱万润将诺奇克的"资格原则"界定为无强制义务的自由原则，认为这正是诺奇克对自由理论发展史的贡献所在。首先，在诺奇克看来，罗尔斯以平等为由而主张的再分配，是对个人施加的强制性义务。在平等的理由这一关键问题上，罗尔斯并未给出一个令人信服的解释。其次，对诺奇克而言，自由意味着权利。权利和自由内在地包含着两个层面的问题：其一,一个人要"被动遭受"什么？即他人和社会能够对个人做什么的问题；其二,一个人应"主动负担"什么？即个人应当为他人和社会做什么的问题。传统的自由主义对第一个问题作出了回答，即自由意味着无干涉，而诺奇克则对第二个问题作出了回答，即自由意味着义务无强制。无干涉和义务无强制共同构成了自由的完整逻辑。[1] 最后，诺奇克资格理论的积极意义在于，它警示人们，追根究底，平等的问题关乎义务何以得到说明的问题，再分配的强制义务将侵犯人们的自由。

[1] 朱万润：《无强制义务的自由：诺奇克自由观探析》,《理论探讨》, 2012,(6)。

王立另辟蹊径，从应得与资格的关系入手来思考问题，认为资格不能取代应得在分配正义语境中具有的特殊地位。首先，罗尔斯用资格来代替应得，以此拒斥应得在“制度中”发挥的作用。在罗尔斯那里，资格建基于可变的合法期望，但决定资格的价值根基应得却是不变的。当制度的规则与应得不一致时，资格不能替代应得。其次，诺奇克也用资格来代替应得，以此拒斥应得在“前制度中”发挥的作用。然而，虽然在涉及制度和规则时，资格自身也具有“权利”的含义，但即便如此，资格也不能替代应得。最后，应得与资格有三个本质性的区别：其一，应得是内含着“应该”的规范性概念，而资格不是；其二，哲学家们在表述“前制度性的应得”时使用应得，而在表述“制度性的应得”时使用资格；其三，应得与正义是一而二、二而一的关系，应得的基础在于主体行动，它是否是正义的只取决于它自身，而资格的基础在于制度和规则，它是否是正义的取决于它背后的制度或规则是否是正义的。[1]

从根本上看，诺奇克资格原则的实质是反对分配正义，即反对以再分配的方式侵犯个人的自由和权利。他批评罗尔斯，认为差别原则倾向处境更差者有失公平。但是，由于他的“资格”强调对财产所有权的尊重，所以正义的天平在诺奇克那里倒向了处境更好者那一边。资格理论的上述性质决定了它与当前中国语境下分配正义问题的疏离，因而在国内鲜有学者主张。

## 四、分配正义与需要

在分配正义的论域内，除了以上三种原则之外，还有以需要为根据的正义原则。不仅如此，“按需分配”还往往被视作最理想的分配正义原则。在国内学界，有很多学者研究需要理论，其中不乏一些马克思主义者，他们各自从不同的角度阐释了以需要为根据的正义观。

首先，狭义上的需要理论聚焦于基本需要。王立认为，需要作为正义原则意谓国家和社会应尽的内在的道德义务。基本需要为国家和社会如何

[1] 王立:《应得与资格》,《社会科学研究》, 2018,(1)。

履行自己的义务提出了最低限度的要求。因此，满足人们的基本需要就成为了一个国家和社会的道德底限。一方面，对需要的证明可以诉诸基本需要。必然性、基础性、严重伤害性与无可逃避性共同决定了生物学需要就是基本需要。然而，生物学需要并非是基本需要的全部，因为人不仅要求生存，更要求过一种人之为人的“体面的生活”。[1]另一方面，对需要的证明可以诉诸公民资格。公民资格是正义的边界，它在政治生活中的作用表明其自身即基本需要。公民资格所规定的各项权利能够统摄各种基本需要，并为其满足提供坚实的理论基础以及长效的制度保障。

其次，广义上的需要理论也包括充足主义，它对平等原则进行了有力的批判。晋运锋认为，相较平等与否的“比较”而言，充足主义更加关注人自身的生活状态，力图缓解严重的匮乏，关心每个人的所得是否足够多，这为援助弱势群体提供了更为恰当的理由。具体说来，第一，“足够的”意谓达到一种特定水准，社会正义应当优先考虑处在这一水准之下的弱势群体，这样一来，位于水准线之上的人就没有了分配正义意义上的重要性。第二，缓解严重匮乏之所以能够成为援助弱势群体的独立理由，是因为他们的生活低于一定的福利水平，从根本上来说，人之所以成为人的需要理应得到满足。第三，充足主义还通过设置多层次的边界来进一步说明为什么弱势群体的利益更重要。其中，最低的充足边界即满足基本需要，最高的充足边界即人们所有的生活计划都有机会得到实现。不仅如此，在这两种边界之间还可设定可变的多重边界，从而实现对人们生活水平的多方面衡量。[2]

再次，另一种广义上的需要理论与可行能力相关。谭安奎指出，纳斯鲍姆将可行能力作为构件，试图在此基础之上建立一种社会正义的最低值理论。在她看来，可行能力包含两个部分，一部分是人们通过教育、家庭关怀而发展出的内在的个人能力，一部分是社会环境赋予人们的运用内在能力的外在的可能性空间，正是这两部分的结合构成了一个人的综合可行

[1] 王立：《正义与需要》，《社会科学辑刊》，2011，(6)。
[2] 晋运锋：《弱势群体为什么那么重要——兼论充足主义正义观》，《中国人民大学学报》，2015，(2)。

能力。此外，她还罗列了一张可行能力的清单，划定了每一种可行能力的底线水准，用来说明“存在一种最低的必要条件，它使得一个社会堪称为一个基本上合乎正义的社会”。[1]也就是说，这种需要理论要求将每个公民的每种可行能力都提升至底线水准的层次。与此同时，这也意味着，要平等地尊重和对待那些有能力缺陷的人，就要给予他们所有相关资格。

最后，一些马克思主义者也以人的需要为视角来阐释马克思的正义观。林进平指出，在怀特和米勒看来，马克思在《哥达纲领批判》中提出了“各尽其能，按需分配”的正义原则。这种正义观所意指的需要“指的是使人们在社会中过上一种最低限度的体面生活的那些条件”[2]。在马克思那里，人的需要体系是一个立体的结构，它包含三个层次的内容，即生存需要、生产需要和自我实现的需要。从这个视角看，马克思所谓的正义就在于合乎人的需要体系，其中，生存需要是基础性的、具有优先性的需要，生产需要是核心性的、本质性的需要，自我实现的需要则更多地表达了人的需要的理想性诉求。[3]

以上我们已经对几种重要的以需要为根据的正义观进行了简要的说明。但是，无论是哪种需要理论，都将面临一系列诘难，比如：如何清晰地界定什么是第一位的需要？在所有的需要当中，又有哪些需要具有正当性，从而能够引发正义的要求？当两种甚至多种需要之间发生冲突时，又该如何确立相互冲突的需要之间的优先性？当没有充足的资源满足所有需要时，按需分配的原则应当如何对各种不同的需要作出权衡？凡此种种都是需要原则亟待解决的难题。

## 五、批判性评论

综上所述，作为分配正义原则，平等、应得、资格和需要都面临着各

---

[1] 谭安奎：《古今之间的哲学与政治——Martha C. Nussbaum 访谈录》，《开放时代》，2010，(11)。
[2] [英] 戴维·米勒：《社会正义原则》，应奇译，江苏人民出版社 2008 年版，第 234 页。
[3] 林进平：《论马克思正义观的阐释方式》，《中国人民大学学报》，2015，(1)。

自的理论困难。首先，对于平等来说，面对“什么的平等”这一诘问，平等主义者各执一词，莫衷一是。平等主义者不仅在“分配什么”（分配的内容）和“如何分配”（分配的方式）的问题上面临着激烈的内部纷争，同时还面临着其他正义原则的外部挑战。其次，对于应得而言，其本身是否能够作为分配正义原则就是受到质疑的，“谁应得什么”更是暴露了应得自身含义与应用的不确定性。再次，对于资格而言，无论是被理解为公平的分配正义原则还是自由的分配正义原则，它都一定程度上游离在当前中国语境下的分配正义问题之外，从而与其他的正义原则相比具有较少的重要性。最后，对于需要来说，其自身的正当性与各种不同需要之间的优先性问题都亟待清晰有效的说明。虽然按需分配是最理想的分配正义原则，但在现实的资源状况和社会生产力条件下，它还远远无法得以实现。

鉴于平等、应得、资格和需要原则面临的上述困难，一些理论家提出了反对一种正义原则支配所有分配领域的观点。姚大志指出，沃尔策将平等、需要和应得的原则视为有限的，并认为它们只能在各自所适用的不同领域内发挥作用；应奇也指出，米勒从正义三原则分别与其适用的社会关系相结合的视角，提出了更为适用于当今时代的复合、多元的分配正义观。[1]

至此，在分配正义问题上，我们可以得出如下结论：当前国内“分配正义之争”的核心是“分配正义原则之争”。面临“何种分配原则是正义的”这一追问，国内学者给出了自己的回答和理由。尽管现有的分配正义理论都存在着各自的理论困难，国内学界对这一问题的研究也仍处于未完成形态，但所有这些探究性努力无疑为建构更为完善的、适应我国当前社会现实的社会正义原则作出了前提性的理论准备。分配正义是关乎社会正义的最重要的理论和现实问题，对这一问题的进一步深入研究将为我国的社会建构及制度设计提供更多有价值的参考。

[1]［英］戴维·米勒：《社会正义原则》，应奇译，江苏人民出版社 2008 年版，第 2 页。

# Analysis and Criticism of Current Domestic Debate on Distributive Justice

Zhang Xi

**Abstract:** The issue of distributive justice is the core topic in domestic academic circles. In recent years, domestic scholars have had a serious argument on what distribution is just. The central issue of this controversy is a debate on the principle of distributive justice. What exactly is the principle of distributive justice? Is it equality, deserve, entitlement or need? Scholars have given their own answers and reasons for this question. The existing theories of distributive justice have some theoretical difficulties, however, distributive justice is the most important theoretical and practical question of social justice. Further research on this issue will provide more valuable reference for the social construction and institution design of our country.

**Keywords:** distributive justice; equality; deserve; entitlement; need

# 书　评

## 被忽视的意会知识

### ——评费耶阿本德《科学的专横》

赵　伟*

**摘要:**《科学的专横》是费耶阿本德著作最新的中译本，意会知识是该书的核心概念。借助这个概念，费耶阿本德不仅推翻了实证论的所有方案，也使他自己的多元主义方法论获得了更新的表达。费耶阿本德指出，对科学的逻辑重构忽视了意会知识，而哲学知识应该成为科学的意会知识的一部分，只有包含意会知识的现场“干预”才能实现科学理论的增生。意会知识不受重视，源于古希腊兴起的理性主义，科学的霸权应该追溯到古希腊哲学家对自然的抽象。《科学的专横》用意会知识这个概念把费耶阿本德的科学哲学与自然哲学关联在一起，可视为他一生思想的结晶。我们在对待费耶阿本德的科学观时，既要考虑他背后的人道主义动机，也要注意中西方文化传统的差异。

**关键词:** 费耶阿本德;《科学的专横》; 意会知识; 理性主义

费耶阿本德著作的最新中译本《科学的专横》(*the Tyranny of Science*)由郭元林教授翻译，韩永进教授审校，中国科学技术出版社 2018 年 11 月出版（下文引用此书时只夹注页码）。该书是费耶阿本德 1992 年在意大利特伦特（Trent）大学面向普通听众所作的演讲，可视为他“最后的思考”(XII)。意会知识（tacit knowledge）是《科学的专横》的核心概念，本文

---

* 作者简介：赵伟，江西省社会科学院《江西社会科学》杂志社助理研究员，主要研究科学哲学、分析哲学，E-mail：wisdomexpert@126.com。基金项目：本文受全国哲学社会科学规划项目“费耶阿本德哲学研究”资助，项目编号：17BZX007。

围绕这一概念概述该书的主要内容，并指出我国学术界对费耶阿本德的科学观应该采取的态度。由于国内学界对费耶阿本德比较熟悉，对他提出的一些口号——“反对方法”“告别理性”“怎么都行”，都耳熟能详，而《科学的专横》交织了费耶阿本德不同阶段的思考（XVI），下文在重述费耶阿本德的这些常见观点时尽可能引用《科学的专横》的文字，必要时再辅以其他著作的内容。

## 一、意会知识的特点

郭元林教授说，他原先想把书名中的“专横”（tyranny）译为“暴虐”，又觉得太刺眼，才用了现在的译法（154）。实际上，“tyranny”这个词在费耶阿本德的著作中出现过，《反对方法》就提过两次，中译本分别译为“专政”和“专制”，还有一个意思与之相近的词是“极权主义”（totalitarianism）。[1] 费耶阿本德在自传《虚度此生》（*Killing Time*）中提到，他写《反对方法》的动机之一，就是让人们摆脱“哲学迷雾的专横”（tyranny of philosophical obfuscator）。[2]“专横”“专政”“专制”“极权”，这些词的意思比较接近，哪一种译法更好，取决于具体的语境，重要的是知道用“专横”这个字眼的目的是什么。费耶阿本德的学生穆内瓦（Gonzalo Munévar）在专门为《科学的专横》中译本写的序言中指出，用“专横”旨在强调意会知识：“把一种科学规则（或理论）强加到人们头上，而没有考虑意会知识，这是（科学）精英专横的例证。”（IV）

意会知识是英籍匈牙利裔物理化学家波兰尼（Michael Polanyi）提出的，是指实践过程中“不能言说的细节知识，用这些细节思考一个判断，是一种不可言说的思维方式”[3]。提到不可言说，我们首先会想到维特根斯坦，郭元林教授也专门写过一篇文章，指出费耶阿本德在科学的不可言说

---

[1]［美］法伊尔阿本德：《反对方法——无政府主义知识论纲要》，周昌忠译，上海译文出版社 1992 年版，第 126 页、第 142 页、第 229 页。

[2] Feyerabend, *Killing Time*, Chicago : Chicago University Press,1995,p.179.

[3] Polanyi, *Personal Knowledge: Towards a Post-Critical Philosophy*, London: Routledge & Kegan Paul Ltd,1962, p. 92.

方面确实受维特根斯坦的影响。[1]值得指出的是，这里的不可言说，并不是指完全无法用语言表达，而是指我们“知道某个东西，但对它的描述没有通常那么精确，甚至只是非常模糊”[2]。或许穆内瓦说得比波兰尼更清楚："意会知识是一种隐含知识，即使我们不能明确地描述或解释它，也可以在实际中运用它。"（III）在科学实践活动中，总有一些内容是语言不能精确而完整地表达出来的，比如，要熟练地操控实验仪器，只看使用手册肯定不行，还必须反复训练。可见，意会知识强调实际的操作，局限于一个封闭的范围，没有理论知识那样的普遍性。

库恩在《科学革命的结构》中对意会知识大加赞赏[3]，他与费耶阿本德讨论过该书的手稿[4]，按说费耶阿本德早该知道科学活动中存在这种类型的知识。但是，在《科学的专横》之前，费耶阿本德几乎从未提及意会知识，即使在偶尔提到波兰尼时，也只是将他作为批判的对象："在波兰尼看来，外行无法对科学作出判断。科学知道得最多。"[5]波兰尼认为，科学理论的评价标准是由科学共同体决定的，局外人不能肆意干涉，而对素来主张科学的民主化、大众也可以参与科学的费耶阿本德而言，“普通人也能发现专家的错误”[6]，波兰尼恰恰是他要讨伐的那种自视甚高的科学家。

但是，在《科学的专横》中，费耶阿本德共 7 次明确提到意会知识，而与意会知识的意思相近的表达就更多了，我们的考察主要按明确提到意会知识的这 7 处文字展开。先看费耶阿本德对意会知识的界定："信奉意会知识的人并没有主张不能传递意会知识，而是主张不能用书面文本来传递意会知识。意会知识能通过操作训练来传递"（124），“在科学的实验部

[1] 郭元林、郑鑫：《维特根斯坦对费耶阿本德思想发展的影响——以科学哲学为视角》，载《江西社会科学》2016 年第 10 期，第 30 页。
[2] Polanyi, *Personal Knowledge: Towards a Post-Critical Philosophy*, London: Routledge & Kegan Paul Ltd,1962,p.91.
[3] [美] 库恩：《科学革命的结构》，金吾伦、胡新和译，北京大学出版社 2002 年版，第 41 页注释①。
[4] [美] 法伊尔阿本德：《自由社会中的科学》，兰征译，上海译文出版社 2005 年版，第 127 页注释③。
[5] Feyerabend, *Knowledge, Science and Relativism: Philosophical Papers Volume 3*, Cambridge: Cambridge University Press,1999, p.218.
[6] [美] 法伊尔阿本德：《自由社会中的科学》，兰征译，上海译文出版社 2005 年版，第 103 页。

分，这种‘意会知识’所起的作用很大；为了变得有效，它需要个人的直接反应，而不是仅需要‘客观’陈述”(114)。其实，费耶阿本德早就注意到实验在科学中的重要作用，比如，他分析伽利略为支持哥白尼的日心说，不断寻找新的事实，“新型仪器制造出来，‘证据’以新的方式同理论相关”[1]，伽利略发明望远镜，“改变日常经验的感觉核心”[2]。但是，费耶阿本德从未指明实验中包含意会知识，他对实验的看法与逻辑实证主义者和波普尔并无实质的不同，他只是笼统地说：“创造一个事物，并完全理解其正确的概念，通常是同一个不可分割的过程两部分，只有在这一过程结束时才能分开。”[3]因为此时的费耶阿本德并没有发现实验内部的奥秘，他显然认为，实验的作用是获得尽可能多的观察陈述，他还不知道实验能激发通常条件下的观察无法获得的自然现象，进而揭示自然界深藏的规律。

随着科学哲学的发展，涌现了以哈金(Ian Hacking)、卡特赖特(Nancy Cartwright)为代表的新实验主义和以皮克林(Andrew Pickering)为代表的实践学派，对科学实验的研究也迈上一个崭新的台阶：“在历史、哲学以及理论家和实验家密切合作的领域中，实验家及其主张有几分复兴，受限于理论的旧哲学逐渐被明智的人抛弃了。”(58)在《科学的专横》中，费耶阿本德明确提到哈金和卡特赖特(66)，虽然他并未提及皮克林，但他对实验的看法却明显使用了皮克林的术语：“实验层面成为科学内部的一种独立文化。”(58)因为实验仪器要“依靠你的反应……而不是依靠你已记住的陈述来使用”(114)；实验需要对随时出现的反应作出及时的判断，因为“事实本身没有告诉我们任何事情，需要思想来发现事实意味着什么……但是，如果进一步假定只有理论家在思想，而实验家却不思想——那就走得太远了。毕竟，实验家所提供的并不是事实，而是深奥的自然界的效应，这些‘效应’用相当直接的方式来显示基本规律的运行”

[1][美]法伊尔阿本德：《反对方法——无政府主义知识论纲要》，周昌忠译，上海译文出版社1992年版，第4页。

[2][美]法伊尔阿本德：《反对方法——无政府主义知识论纲要》，周昌忠译，上海译文出版社1992年版，第129页。

[3] Feyerabend, *Against Method: Outline of an Anarchistic Theory of Knowledge (3rd edition)*, London:Verso, 1993, p.17.

（57）。

关注科学实验和意会知识，不仅让费耶阿本德此前对科学哲学的批判获得了新的表达形式，也使他自己的思考更连贯。费耶阿本德早年在逻辑实证主义者克拉夫特（Victor Kraft）门下学习，一度是“狂热的实证主义者”[1]，后来却无情地批判逻辑实证主义，甚至把与他愉快相处过的波普尔与逻辑实证主义归为一类：批判理性主义是“最自由的实证主义方法论”[2]，因为两者的科学方法论都依赖对科学的逻辑重构（logical reconstruction）。在察觉到意会知识的重要性后，费耶阿本德对实证主义的批判也不同于以往，他指出，用实验家获得观察陈述的方式就足以推翻所有的实证论方案：实证主义者“没有看到实验室”（56），无法提出新的行动、思想和方法，因而“大多是贫乏的”（104）。“实验家依赖大量的意会知识……实验层面形成了一种整体文化，这种文化与理论的关系还远远不清楚。”（100）所以，科学方法论不能像实证主义那样，指定一个外在的标准，进而对科学指手画脚，“哲学中已经取得的成就应当成为科学中意会知识的组成部分，而不应当成为从外部添加进来的一件‘物品’”（118）。也就是说，科学方法论应该内化到科学理论产生的过程中，因为科学家在实际的科学活动中受制于很多相互抵牾的要求，在这些要求之间作出取舍时，他们的“选择会受到意会知识所累积的任何东西诱发……许多因素决定研究成果”（103），包括提出新科学理论在内的所有创造活动都是如此。

这就等于说，科学的理论部分也需要意会知识。比如，在理论不太明朗的阶段，科学家必定会不断修改与调整，更极端地说，当理论预测与实验结果完全对立时，是修改理论还是再次检查各个实验环节，取决于科学家长年累积的直觉知识，“这又意味着意会知识”（115）。所以，理论家也使用意会知识，因而“理论和实验之间的对立不是理论与一种活动的、部分主体的实践之间的对立，而是两种（活动的和主体的）实践之间的对

---

[1]［美］法伊尔阿本德：《自由社会中的科学》，兰征译，上海译文出版社 2005 年版，第 122 页。

[2]［美］法伊尔阿本德：《反对方法——无政府主义知识论纲要》，周昌忠译，上海译文出版社 1992 年版，第 138 页。

立：一种实践应用于行动，另一种实践应用于公式”（115）[1]。换言之，借助意会知识，费耶阿本德把科学的理论部分与实践部分都视为实践，也可以说，理论家和实验者都在思考，只不过二者的思维方式不同：理论家偏向于抽象的概念思考，而实验家则侧重于思考如何熟练地操作实验，敏锐地捕捉实验现象。

长期以来，科学哲学习惯于把理论当作科学的中心，“几乎不关注实验层面”（99），对很多哲学家而言，实验“与科学的关系如同打印机与诗人的关系，它是一种产生陈述的方式”（57）。即使费耶阿本德自己也只是一度强调，为了科学理论的增生（proliferation），就要对经验保持宽容（tolerance），连最荒诞的念头也不要压制，因为科学要用各种方法和成果来丰富自己，“增生与宽容之间的互动也相当于在一个新的层面延续人类的发展，甚至能推动生物向有益的方向变异。这是防止我们人类停滞不前的唯一可能的方式……是反对传统的知识论最终的、最重要的论证”[2]。只有在了解到哈金所谓的实验对自然的“干涉”（intervention）后，费耶阿本德才在《科学的专横》中直言不讳地说：“唯一有价值的干涉是现场的人们的干涉……因为他们知道细节。”（117）这些细节，显然是指意会知识。那么，意会知识只在科学实验中才有吗？显然不是，“大多数手工艺从前是以意会知识为基础的，现在仍然如此”（98），既然意会知识一直存在，那么，重理论知识、轻意会知识的传统，又是什么时候形成的呢？

## 二、意会知识被忽视的根源

一般而言，科学取得的惊人成就，是吸引其他领域的研究者纷纷效仿

[1]《反对方法》第三版出现了类似的内容：“所谓的‘理性’与‘实践’是两种不同的实践，差别在于，一个清楚地揭示了某些简单且容易产生的形式方面……另一个则把这些形式方面淹没在大量的偶然属性中。”（Feyerabend, *Against Method: Outline of an Anarchistic Theory of Knowledge（3rd edition）*, London:Verso,1993, p. 224.）费耶阿本德在《科学的专横》中把“理性”替换为“理论”，可以认为，这是他在发现“意会知识”这一关键概念后为保持行文一致而做的适当修改，这再次印证了本文的观点。

[2] Feyerabend, *Knowledge, Science and Relativism: Philosophical Papers Volume 3*, Cambridge: Cambridge University Press, 1999, p. 111.

科学方法的根本原因："科学告诉你世界的一切，与科学冲突的思想不值得一提。"（47）科学的表达和传播形式当然是理论，因而理论知识受到重视是理所当然的，久而久之，"我们所能做的全部事情就是沉默，关注其意识形态"（29）。因此，科学取得的成就是理论在科学哲学占据首位的罪魁祸首，这种说法是有一定道理的。

但是，费耶阿本德早就指出，科学并没有什么值得炫耀的地方，"科学到处都在利用非科学的方法和非科学的成果来丰富自己，而那些常常被看作科学之必要部分的程序却被打入冷宫"[1]，"今天科学的优势并不是因为它的相对优点，而是因为情况被操纵得有利于它"[2]，费耶阿本德也由此落得一个骂名——"科学的最坏的敌人"。除了这个"头衔"以外，费耶阿本德还是一位鲜为人知的"自然哲学史家和古希腊哲学史家"[3]，他在研究古希腊的自然观时发现："古代人没有所谓的统一性，他们体验到的世界也不象我们现在这样压抑。事件不是由个人塑造的，而是各个身体零件的排列组合。个人生活的世界就是艺术家构造的世界。"[4]费耶阿本德指出，古代人与自然之间遵守泛灵论契约（animist covenant），但撕毁这一契约的，不是现代科学的理论体系，而是古希腊兴起的理性主义，因为理性主义提倡抽象的概念思考，"工匠制造了许多有用的东西，但哲学家却否认他们有'知识'"（25），"知识分子从一开始就对不同于自己的方法表现出自负与轻蔑"[5]。在费耶阿本德看来，意会知识被忽视，根源不在现代科学取得的巨大成就，而在古希腊的理性主义倡导的抽象方法。

费耶阿本德关于古希腊哲学的研究在他各个阶段的作品中都可以见到，而最完整、最全面的阐述则集成于《自然哲学》（*Philosophy of*

---

[1][美]法伊尔阿本德：《反对方法——无政府主义知识论纲要》，周昌忠译，上海译文出版社 1992 年版，第 265 页。
[2][美]法伊尔阿本德：《自由社会中的科学》，兰征译，上海译文出版社 2005 年版，第 109 页。
[3] Feyerabend, *Philosophy of Nature*. Trans by Dorothea Lotter, Malden: Polity Press, 2016, p. 1.
[4] Feyerabend, *Against Method: Outline of an Anarchistic Theory of Knowledge (3rd edition)*, London:Verso, 1993, p. 184.
[5] Feyerabend, *Problems of Empiricism: Philosophical Papers Volume 2*, Cambridge: Cambridge University Press, 1981, p. 3.

*Nature*),《科学的专横》就是援引该书的材料指出,“把实践的那些知识置于较低层次”(123),不过是“古代‘偏见’的无意守卫者”,这个“偏见”就是古希腊的理性主义,它有两个起源:一个是理智起源,另一个起源则是“原始”起源,即理性主义的神话(60)。

理性主义的理智起源当然以柏拉图为代表,他著名的“洞穴比喻”告诉我们,只有理念世界是真实存在的,经验世界不过是一种表象。在柏拉图眼中,数学是知识的典范,他把对社会有用的学科分为四门——算术、几何、音乐和天文,其中只有天文学没有理论基础,但找到天文学理论基础的方法不是通过经验观察,而是通过数学模型。至于其他东西,比如医生掌握的人体信息,因为是含蓄的和经验的,因而根本算不上知识。

理性主义的另一个起源是理性主义的神话。从费耶阿本德在《科学的专横》中对理性主义神话的探讨,我们可以再次领略他对科学哲学的一个重要贡献:“引入此前在科学哲学中毫无作用的文学,成果斐然。”[1]他分析古希腊的“吟游诗人”(13)色诺芬尼(Xenophanes)的作品,揭示古代的神从各个地方神,逐渐演变为只有力量而没有人的特征的抽象神,“神是一”(62)。后来的巴门尼德(Parmenides)则走得更远,他只关注一个术语——存在(being)(75),即所有多样性的统一基础。在巴门尼德眼中,不会有“非存在”,因而也不会有变化,因为变化就意味着要从“非存在”转变为存在。这样,神的面孔就被毫无个性的原理代替:“最基本的层次是没有变化和差异的,是静态的统一体。”(75)这差不多就是现代科学的世界观,也是科学霸权最重要、最深刻的表现。

后来的哲学家在抽象的道路上越走越远,仿佛抛弃意会知识不是损失,而是收获。这种“集体的肤浅和健忘”(62),经过柏拉图的理念论升华后,连神都是多余的,费耶阿本德称之为“古希腊革命”,“在某种程度上,科学的独特性及其‘客观性’冲动都与这遥远的‘革命’有关”(15)。因此,现代科学的基本假定和霸权主义早在古希腊的理性主义兴起之时就埋下了祸根,“从此,人类的生活与实在之间就出现了一道鸿沟:

---

[1] Preston et al.(eds), *The Worst Enemy of Science? Essays in Memory of Paul Feyerabend*, Oxford: Oxford University Press, 2000, p. 8.

一边是愚蠢和混乱，另一半则是完美但无人性的秩序”( 21 )，“一方面是激动人心的伟大发现……另一方面是战争、谋杀、残酷”( 3 )，我们把尽量多的“资金投入人类基因组计划。与此同时，成千上万的无家可归者却可能离开人世”( 39 )。费耶阿本德把诸如此类的现象统称为理论与实践的断离（disconnected），这是“我们文明的主要特征，也许甚至是我们时代的主要特征”( 3 )，但是，这种断离不是从现代科学的诞生才开始的，古希腊的理性主义提出的抽象的概念思考，由于漠视意会知识，早已在经验与思想之间画定一条界线，撕毁了人与自然之间的泛灵论契约，等到这种抽象方法在科学中大获成功时，概念就形成理论体系，意会知识被定义取代（99）。

借助意会知识这个关键概念，费耶阿本德把他关于科学哲学与自然哲学的思考衔接在一起，并澄清了他早年在《反对方法》中没有说清楚的实验的作用。围绕意会知识来审视现代科学，确实是《科学的专横》与费耶阿本德其他著作的不同之处，但这只是从认识论的角度看，而对费耶阿本德而言，“认识论，或我们接受的知识结构，以选择的伦理为基础”[1]。他选择的伦理是人道主义，而从伦理学的角度看，《科学的专横》的动机与他以往的著作又是一致的：“理性单独不足以指导人们的生活，有其他的因素”( 95 )，人类的生活“是涉及感情、责任和传统的事情，包含着生生不息”( 41 )。抽象的概念思考确实是古希腊哲学留下的“思想财富”，但是，“问题在于，这些财富缺少幸福生活的重要成分”，古希腊哲学家“在追求客观性和稳定性时……倾向于忽视这些成分”[2]，现代科学在把理性主义的威力发扬光大的同时，也使这种思考方式的弊端暴露无遗。“现代科学的兴起，是同西方入侵者对非西方部落的镇压相重合的”[3]，“现代科学压服而

[ 1 ] Feyerabend, *Knowledge, Science and Relativism：Philosophical Papers Volume 3*, Cambridge: Cambridge University Press, 1999, p. 71.

[ 2 ] Feyerabend, *Conquest of Abundance: A Tale of Abstraction versus The Richness of Being*, Chicago : Chicago University Press, 1999, p. 269.

[ 3 ] [ 美 ] 法伊尔阿本德：《反对方法——无政府主义知识论纲要》，周昌忠译，上海译文出版社 1992 年版，第 259 页。

不是说服它的反对者”[1]，科学既没有给世界带来和平，也没有改善人类的生活。

科学的进步不等于文化和社会的进步，科学理论也会给人类带来灾难，因此，对科学的评价就不能停留在科学家的范围内，而是应该拓展到所有人，这就是费耶阿本德提出的科学的民主化，他自己坦言：“我站在实践一边，因为它好像更民主”（112），“即使你没有成为一个科学家，也能批判科学。更为特别的是，即使你没有成为一个科学家，也能批判科学的贪求——贪求更多的金钱、更大的权力、更大的政治影响，尤其是更大的教育影响。科学的民主批判不仅不荒谬，而且它属于知识的本性”（30），因为知识是用来改善人类生活的。更重要的是，科学的理论知识只是知识的一种，此外，不仅有科学的意会知识，还有人文、宗教和艺术等学科的知识。因此，“理论与形而上学观点的多元论不仅对方法论是重要的，也是人道主义观点的一个基本要素”[2]。专家、学者、普通人和业余爱好者都可以自由参与涉及科学的争论，“我们需要的不是侵略性愈来愈强的科学应用，而是专家和当地人之间更密切的合作……这种方法比纯客观的方法更人道”（42），每个人都可以为促进人类的文化发展、丰富人类的生活方式作出自己的贡献。

## 三、对费耶阿本德科学观的态度

人道主义确实是费耶阿本德讨伐科学霸权的出发点，也经常成为一些人为费耶阿本德不是反科学（anti-science），而是反科学主义（anti-scientism）辩护的立足点，但郭元林教授戏称这种说法“是在玩文字游戏”（153）。我觉得，恰恰是人道主义，为我们中国人对费耶阿本德的科学观应该持怎样的态度提供了一个极佳的切入点。在《科学的专横》中，费耶阿本德以中国科学家的方法为例，证明科学方法的多样性。在其他地

[1]［美］法伊尔阿本德：《反对方法——无政府主义知识论纲要》，周昌忠译，上海译文出版社 1992 年版，第 256 页。

[2] Feyerabend, *Against Method: Outline of an Anarchistic Theory of Knowledge（3rd edition）*, London:Verso, 1993, p. 38.

方，他则多次以中医为例，指出知识是多元的，除了西方的现代科学知识以外，还有其他知识。[1] 应该说，与西医相比，中医更强调实践（望、闻、问、切），差不多可以说是意会知识的典型，但是，费耶阿本德由此说“中国人崇拜科学这个怪物”[2]，则是一种完全错误的说法，至于他所谓的“增加自由，过充实而有价值的生活”，就要“拒斥大部分现代科学”[3]，对中国人而言更是大谬不然，因为中国的情况与西方截然不同。中国人接触到科学，确实是因为费耶阿本德说的“西方文明入侵近东和远东地区，即现在所谓的第三世界”[4]，但此时的西方科学已经形成了完备的理论体系，而中国几千来的传统则一直是费耶阿本德所谓的“更实用”（70）的观点。换言之，到西方国家用坚船利炮打开中国的大门时，中国文化的传统一直强调意会知识，而科学的理性知识则几乎一片空白，这差不多是与西方文明完全相反的情况。

中国人“崇拜”科学，显然是看到了科学是一种强大的认识世界和改造世界的工具。1919 年爆发的五四运动亲切地称科学为“赛先生”，由此引入科学文化与传统文化的冲突问题，进而引发 1923 年的“科玄论战”。我认为，就中国人对科学应该采取的态度而言，胡适在这场论战中写下的一段话至今读来仍不过时：

> 欧洲的科学已到了根深蒂固的地位，不怕玄学鬼来攻击了。几个反动的哲学家，平素饱餍了科学的滋味，偶尔对科学发几句牢骚话……这种反动并没有什么大危险。那光焰万丈的科学，决不是这几个玄学鬼摇撼得动的。一到中国，便不同了。中国此时还不曾享着科学的赐福，更谈不到科学带来的“灾难”。我们试睁开眼看看：这遍

---

[1] [美] 法伊尔阿本德：《反对方法——无政府主义知识论纲要》，周昌忠译，上海译文出版社 1992 年版，第 26—28 页，第 265—266 页；[美] 法伊尔阿本德：《自由社会中的科学》，兰征译，上海译文出版社 2005 年版，第 110 页。

[2] Feyerabend, *Conquest of Abundance: A Tale of Abstraction versus The Richness of Being*, Chicago : Chicago University Press, 1999, p. 243.

[3] [美] 法伊尔阿本德：《反对方法——无政府主义知识论纲要》，周昌忠译，上海译文出版社 1992 年版，前言第 IV—V 页。

[4] Feyerabend, *Conquest of Abundance: A Tale of Abstraction versus The Richness of Being*, Chicago : Chicago University Press, 1999, p. 159.

> 地的乩坛道院，这遍地的仙方鬼照相，这样不发达的交通，这样不发达的实业，——我们那里配排斥科学？[1]

费耶阿本德就属于这种“反动的哲学家”，他觉得科学太强势了，“需要一种反击力量来反抗科学的高压攻势”(83)，但这话是针对西方而言的，在西方也不受待见，因为西方哲学的主流是分析哲学，简言之，就是用科学的方法研究哲学。所以，反对科学方法大肆扩张的费耶阿本德一生坎坷，前后辗转多个国家，直到最后才在加州大学伯克利分校稳定下来。但是，他从未到过中国：“我不了解中国，也不了解中国人。”(70)费耶阿本德是一个地地道道的西方人，他对中国科学的了解差不多来自李约瑟的著作。可以说，与到过中国的李约瑟相比，费耶阿本德缺少关于中国科学的意会知识，他的科学观不适用于中国。

今年是五四运动爆发100周年，与胡适写下上面这段话时的那个满目疮痍的旧中国相比，我国的社会面貌和综合国力已经发生了翻天覆地的变化，但是，就科学精神的扎根与培育而言，我们这个时代与胡适当年相差无几。因此，在看待费耶阿本德的科学观时，我们一定要考虑东西方传统的差异，费耶阿本德大谈“人类适应环境的能力以及生存能力促使多元论的思考，这与科学自身的多元论是一致的”[2]，但他压根不了解中国的传统，误以为中国与西方一样，都有强势而悠久的理性主义传统。我们不能跟着他瞎起哄！姑且不论我国与西方发达国家在基础科学领域的差距，即使“科学的巨大成就力”也只是科学的技术应用的成果，属于物质层面的力量。现代科学从哥白尼革命算起，也不到五百年时间，而孕育现代科学的理性主义传统，则有两千多年的历史了。我们在技术应用层面尚处于追赶西方的阶段，要在这么短的时间内让西方延续了两千多年的理性精神在中华大地上扎根，谈何容易！对待费耶阿本德的科学观，我们一定要保持清醒的头脑。

---

[1] 胡适：《科学与人生观·序》，载《科学与人生观》，山东人民出版社1997年版，第12—13页。

[2] Feyerabend, *Conquest of Abundance: A Tale of Abstraction versus The Richness of Being*, Chicago : Chicago University Press, 1999, p. 159.

## 四、结　语

费耶阿本德是“非常了解科学，却没有在自己的研究中毫不犹豫地承认科学的认识成就的少数科学哲学家之一”[1]，属于非正统的科学哲学家，但他的著作素来旁征博引，不拘一格，有很强的说服力和感染力。《科学的专横》涉及哲学、诗歌、艺术、宗教等多个学科，但各种材料信手拈来，行文简洁明快、清晰流畅，读来轻松有趣。尽管费耶阿本德的科学观不适用于中国，但指出中国人应该如何对待科学向来都不是他的主旨。《科学的专横》像讲故事一样娓娓道出意会知识的重要性，不仅为我们把握他本人的总体思想提供了一本重要的导读，也为我们理解当代科学哲学的发展以及西方源远流长的理性主义传统提供了崭新的视角。

## The Ignored Tacit Knowledge
### ——Review of Feyerabend's The Tyranny of Science

Zhao Wei

**Abstact:** The Tyranny of Science is the newly Chinese translation of Feyerabend's work, its key concept is the tacit knowledge. By this concept, Feyerabend not only overthrows all the projects of positivism, but also gives a new expression of his pluralistic methodology. He points out that the logical reconstruction of science ignores the tacit knowledge, and philosophical knowledge should be a part of the tacit knowledge in sciences, only local 'intervention' that includes tacit knowledge can make the sciences proliferated. Tacit knowledge has been ignored for a long time, this tradition stems from the rise of the Greek rationalism, the hegemony of sciences therefore should be ascended to the Greek philosophers' abstraction on the nature. By the concept of Tacit Knowledge, The Tyranny of Science unites Feyerabend's philosophy of science and philosophy of

[1] Preston et al. (eds), *The Worst Enemy of Science? Essays in Memory of Paul Feyerabend*, Oxford: Oxford University Press, 2000, p. 8.

nature, and it is the distillate of his whole life. Faced with Feyerabend's conception of science, we not only need take his humanity into account, but also keep our eyes on the difference between the tradition of China and that of the West.

**Keywords:** Feyerabend; The Tyranny of Science; Tacit Knowledge; Rationalism

# “奇异时刻”的哲人之思

## ——评包利民《至善与时间》

张鑫焱*

**摘要：**作为长期研究政治哲学和伦理学的学者，包利民教授的《至善与时间》用强者—弱者政治学的模型对现代性公共伦理进行了分析，在古—今、中—西、启示—理性的视野转换中带领读者遨游各种派别和不同理论之间。最为重要的是，这本书并非单纯是严肃的哲学史讲述，而是将观点的冲突展现为一幕幕哲学戏剧，用隐喻、象征和反讽的修辞技艺将哲学思辨活灵活现地表达出来。

**关键词：**至善；强者—弱者政治学；正义；哲学戏剧

有些书可能视野宏大，又希望在显白与隐微之间保持一定的平衡，所以给人以许多解读的空间。包利民的《至善与时间》就是这样一本书。这本书的主旨是现代性公共伦理学，但是作者是一位古典学者。这本书并非简单的西方伦理学介绍，而是试图提出许多新的理论模型，尤其是试图回答许多急迫的问题。然而，一部严肃的伦理哲学著作又充满了阿里斯托芬为代表的希腊旧喜剧的那种热闹辛辣（比如第四章中激烈交锋的罗尔斯和布鲁姆，第六章中的“摔杯为号”）。细读之，又让人感到书里处处藏着重重隐喻、象征和相互呼应，而且基调毋宁说是悲天悯人，似乎可以说是一部典型的悲喜剧。也许对于这样的书应该自己读，自己思考，但是既然作者自己都忍不住不时违背隐微之古典内敛温顺原则而明白言说，那么我也

* 作者简介：张鑫焱，浙大城市学院，研究方向为政治哲学，E-mail：zhangxiny@zucc.edu.cn。基金项目：本文受“杭州市社科优秀青年人才培育计划”资助（项目编号：2017RCZX13）。

来做一番解读尝试吧。

## 一、题 解

包利民教授的新著题为《至善与时间》，这个题目不由得让人想起海德格尔的《存在与时间》，“与”并不是表达并列关系的连接词，而是“置身于”——让“存在”在时间中展开。而且，作者在书中也提到了海德格尔的这本书，虽然只是一笔带过，但无疑知道这本书的。所以，我暂时想要把这本书理解为让“至善”在时间中展开。

“至善”是一个古希腊的词语，使用这个词的人是柏拉图和亚里士多德。第一，“至善”标志着顶峰或者完满的状态，“这里的‘幸福’不是现代福利国家的幸福指数，而是希腊的 eudaimonia，即完满存在（well being）或者繁盛顶峰（flourishing）；用亚里士多德的话说就是‘至善’”。[1]第二，“至善”是一个目标，“至善就如太阳”，[2]而且是超出了城邦“爱荣誉”的巅峰状态，上升到超越性的神圣追求之中“爱智慧”，“柏拉图的政治哲学建立了分立价值大序，并把‘至善—幸福’从政治荣誉生活上移到超越的神圣追求中”。[3]第三，“至善”指示着人之卓越的上限边界，“人生与历史的边界就是‘至善’”。[4]——这就是古典（强者政治学）视野。

如果有上限，那么肯定就有下限，下限是谁给出的呢？现代政治伦理。它丧失了目标，进入到“相对主义”和“虚无主义”之中，但是它保护了底线，个人自我实现的自由和作为人的尊严，人们可以在这个基本保障之下追求更高的目的，“现代政治虽然不在政治中直接追求人的优秀，只是保护底线。但是保护底线的目的就是使得个人自己对至善的自由追求成为可能”。[5]但是，批判的声音就是人们会安于底线，无能于要求其提

[1] 包利民：《至善与时间：现代性价值辩证论》，浙江大学出版社 2018 年版，第 173 页。
[2] 同上书，第 172 页。
[3] 同上书，第 222 页。
[4] 同上书，第 1 页。
[5] 同上书，第 318 页。

升。而且，更加令人无法接受的是，宽容有可能会导致最大的不宽容，因为“我要宽容所有一切，甚至是宽容不宽容”，就像施特劳斯所说的那样，“正如自由国家不会‘歧视’自己的犹太公民这一点是确定无疑的，国家也没有能力或不情愿在宪法上防止个人或者团体对其犹太公民进行歧视，这一点也是确定无疑的”。[1]——这就是现代（弱者政治学）视野。

而未来的指向呢？第三次科技革命是与前两次截然不同的科技革命，因为它将人本身作为了改造的对象。那么，时间是回流到古典还是开始新的时间维度，这肯定是无法得出结论的，但哲学的意义不就是冲击边界嘛。人成为缸中之脑，对愉悦进行着毫无愉悦的追求，或是通过基因的、脑机接口的、神经学技术的各种“增强”拥有强大无比的新 CPU 并获得不朽身体和超级功能义肢，却再也无能于获得“灵魂”。其实，这个即将进入的后现代状况或许不过是现代性的延续而已，功利主义用算法追求快乐的最大量就已经用这种方式将人变成了“空心人”（zombie）。[2]

那么，可以说，“至善”的对立面并不是“至恶”，而是没有灵魂的“虚无主义”和“相对主义”（或许也是恶？）。

于是，我想：难道整本书是在描写“至善”在时间之流中的展开，古典性被现代性的翻转和价值的逝去吗？恐怕不是这么写的。

时间不过是空间的变化，可问题在于它总是在变化，人似乎不能两次踏入同一条时间之流。古典的时间观是轮回的时间，而非现代的线性发展时间，福山的历史终结（end）却从未真正终结。感觉整本书中明确讨论时间的地方并不多，对之着墨最多的地方是在“问题的提出”和“后记”中，这个时间并不是在流逝之中的时间流，而是在当下这个敞开的空间中汇聚的各种时间流，人不必经过“三生三世”看到各种流向，而只要在“当下”这个奇异的时刻就能够看到三种时间流向的汇聚（古典、现代、后现代）。而且，细思极恐的是，如果以后人变成了缸中之脑的 zombie 状态，按照康德所说的时间是人的先验结构之一，那么在人非人的状态下时

---

[1]［美］施特劳斯：《〈斯宾诺莎宗教批判〉英译本导言》，载贺照田编：《西方现代性的曲折展开》，吉林人民出版社 2002 年版，第 234 页。
[2] 包利民：《至善与时间：现代性价值辩证论》，第 369 页。

间还存在吗？而如果没有时间，还有“此在”吗？

所以，这本书标题的含义是：“至善”在这个“古典、现代、后现代”交会的时间点绽开其决定性。那么，我就将这个标题理解为：至善在这个时间终结点上的重要性和决定性。

## 二、古—今、中—西、启示—理性之争的大视野

这本书的视野极其宏大，以自己独特的问题意识为先导。问题的出发点是现代性及其危机，但背后支撑的是古—今、中—西、启示—理性的大视野，作者的立场似乎并非简单的好古，也不是颂今，而是在古—今、中—西、启示—理性之争的视野中追问道德自身的力量，舒张“至善”。

问题的出发点是现代性的问题，特别是第三次科技革命以人（心灵）为对象的改造所引发的价值伦理和政治难题。而讨论这个问题并不是借助科学或者经济学的视野来进行的，因为如果只是从内部进行观看的话就会受到视野的约束，那么无论是因科学的现实力量还是经济学的实际效率都只能展现出同一种价值的自我证成，而无法用一种超越性的视角来观看和评价。从现代性的问题意识切入，古典的视野始终与现代互为参照（反过来，古典研究也应该针对当时思想家对当时的“自然主义”的挑战，方能更好理解古人的初衷），这一点在书中提出的强—弱政治学的比较中最为显明。

**强者政治学 vs. 弱者政治学**

| 类别 | 领域 | 核心概念 | 价值维度 |
|---|---|---|---|
| 强者 | 权力（主权） | 幸福（积极的、舒张开展的、美好高尚目标的） | 一阶的或者个人自己的生活价值 |
| 弱者 | 权力的功能（主权的行使） | 正义（以及福利） | 二阶的或者人际道德价值 |

**强—弱政治学的代表人物：现代的罗尔斯 vs. 古典的柏拉图**

| 类别 | 代表人物 | 目标人群 | 核心关怀 | 欠缺 | 对人的价值预设 |
|---|---|---|---|---|---|
| 强者政治学 | 柏拉图（古） | 好人或者希望成为美好优秀人的青年 | 关心目的政治 | 不关心弱者、不关心他人 | 代表着人或者人性的可能高度 |
| 弱者政治学 | 罗尔斯（今） | 物资中度匮乏和对促进他人利益不感兴趣的一般人 | 关心正义，对人格的尊重 | 不关心终极目的的政治 | 底线人性价值（常人，甚至精神和身体残疾的人） |

当然，这本书整体上讲的还是西方的人物和西方的伦理思想。但是，现代性问题又何尝不是追逐学习西方、深陷现代性问题旋涡之中的中国的问题。因为，中国人同样渴望在第三次科技革命中取得成功以期复兴强盛，同样面对着比西方的功利主义更功利的问题，这些问题并不会因为你是中国人还是西方人而有所不同。

中—西的视野并不是在两者进行相互比较的意义上来说的，毕竟两者究竟在什么样的意义上是可以相互比较的还是个很大的问题，但至少厘清面对相同问题时西方人自己的反思和思考就已经是很有意义了。而且，这样写作也展现出一个东方学者在思考问题时的个体身位和视角。比如，将中国儒学不重“契约”而重“义务”的“子孝父慈”进行类比，这就很方便我们理解“权利论”与“义务论”：

> 由自利考虑出发的现代契约理论，强调的是规则，这种社会观古已有之，典型地体现在伊壁鸠鲁式的互不侵犯的社会契约上。但是用孔子的话说，这就是从“有耻且格”转向“免而无耻”。儒家社会有很强的义务论道义论而没有权利道义论。原因之一可能是不认可个体之“我”。所以义务论（或者更准确地讲，“责任论”）伦理学是儒学主流。解决道德问题的重要方式不是严密外防，而是各为对方想，如

子孝父慈。[1]

还有，将中西方对于“正义或法律”的不同诉求进行类比，又呈现出了有趣的差异性：

> 在西方，正义或法律是个体对于自己“权利”的争或宣称（claim），而中国古代的“上法庭”是到青天大人——父母官处喊冤求助。本来，和谐社会的标志应该是“无讼”，但是弱者们在生活中感到实在是有冤屈难忍，所以恭请“实体”即父母（官）为民主持，治平，把希望放在实体之善上（类似观点还可以参见董仲舒《春秋繁露》体现的儒学与阴阳五行学说结合论说的思想）。[2]

但是，如此将中西的思想概念类比地描述只是一个大概的提示。首先，如正义和自由这样的核心概念在西方内部使用中就存在着差异和争执。读者并不一定如作者般熟悉这些概念在使用中的具体含义。其次，将这些概念的中国用法与西方用法进行类比，当然会形成不同思维方式的冲突，并展现出有趣的区分。可是，如果不能够将这样的类比展开论证，会导致读者的思路无法跟上作者的思路以至于表现出论证的断裂。如上引文所示，直到“把希望放在实体之善上”之前，思路都是很平顺的，但是后面括号中的儒学与阴阳五行学说结合论说的思想又是如何与前面的描述相关联的呢？

或许，这并不是真正的问题。一方面，学术著作并不是写给所有人看的通俗小说，读不懂说明读者应该提升自己的学术修养，以期能够更好地理解作者。另一方面，其实很多真正有思想的哲学家都有着自己的独特的、个体化的言说。哲学史上一些书出了名地难读，在很大程度上是由于其使用了个体化的言说方式。这样的写作和用词不正说明了作者有着自己的思考和独特的言说表达吗？这本书并不是一本叙述西方思想的哲学史类著作，而是有着自身思考和独特言说的思想作品，不是在跟随西方的意义上介绍转译传播西方人的思想，而是站在自己独特的身位上对中—西思想

[1] 包利民：《至善与时间：现代性价值辩证论》，第119—120页。
[2] 同上书，第49页。

进行评价和思考的尝试。

每个文明本身都是完整的，并不会因为西方启蒙理性的高涨、科学技术的兴起就能够完全抹消另一个方面（即启示）的价值。“基督教：西方的另一种古典传统”“当代公共神学的各种奠基努力”，这些小节是较为直接地从宗教—启示的维度谈现代性建立的问题。其实，现代西方的伦理思想和政治制度又何尝不是持续不断地受到了启示的影响呢？如下这句话就指明了启示的这种影响：

> 基督教通常被认为属于低矮性的弱者政治学。从体制—领域上说，耶稣·基督公开明确地站在无权力者、社会失败者、边缘人的一方，这在登山宝训中表现得很清楚。希腊罗马人所追求的荣誉和自足在基督教价值观中成了“罪”的典型代表；相反，谦卑地承认自己的虚弱、不足和受难确实成义的标志。这样的价值重估扭转了西方的大传统，最终帮助现代性成为一种以弱者政治学为中心的政治学，这几种体现在罗尔斯的向社会上最不利阶层倾向的平等正义观，纳斯鲍姆的“善的脆弱性”，以及列维纳斯的“他者伦理学”都在此等之中。[1]

其实，造成现代性问题的一个重要方面就是缺失了“神”即最高者这个目的论维度，导致了社会的扁平化倾向，“至善”的匮乏。

## 三、哲学思想与个体言说

哲学思想不应当是普遍的、一般的、客观描述性的吗？但是，这样的写法总是冷冰冰的、与现实生活无关的。从源头上来说，古希腊最伟大教师苏格拉底的哲学就是通过与雅典人进行对话来施展辩证法的魔力，让雅典人对自身的生活进行怀疑和反思。而苏格拉底的学生柏拉图则借老师苏格拉底的形象创作对话集，形成了经典的哲学著作。而且，作者总是会带着自己的视角切入进行论述，那么，极致追求客观性只是一种不切实际的追求罢了。但这并不是说客观性描述不值得追求，而是说如何既能够去除

[1] 包利民：《至善与时间：现代性价值辩证论》，第 233 页。

自己偏见的视角（保持客观性），又能够对当下的问题有独立的思考，并以自己独特的语言风格进行言说。

这本书并不简单是一本社论型的哲学论文集，而是一本有丰富展现方式、并有独特创造性思考的哲学著作。

书中提到了几个著名的思想实验，比如讨论道德现实力量的牧羊人与隐身人实验、讨论城邦与哲学之争的柏拉图“洞穴隐喻”实验、讨论人的机器化（或者是关于真实与虚假）的“缸中之脑”实验、讨论极致快乐状态的体验机实验（诺齐克的功利的怪兽）。[1] 这些思想的实验并不只是表明脑洞大开的人能够达到什么样的思想边界，更是出于对现实问题的思考与关切，才在一个冲击边界的领域中抽象地用思想模型来实现思考的纯粹性和极限性。

我认为，作者创造的最为精彩的思想实验是两篇对话《罗尔斯篇》《夜访阿尔法狗》。《罗尔斯篇》设想了罗尔斯与施特劳斯派的对话，生动地再现了弱者与强者政治学的不同路向，凸显了柏拉图与罗尔斯的差异，但也同时展现了他们对于“道德”的不同追求——至善与公平，这并不是善与恶之间的争执，而是善与善之间争执，凸显了悲剧的最高德性。而《夜访阿尔法狗》则对未来的人类生活境况（condition）进行了细致的想象与描述，对人异化为“缸中之脑”有着深刻的批判。将故事设定在西湖畔宝石山的“哲学小道”上，然而“缸中之脑”却对“落叶满空山，何处寻行迹”的唯物迷茫、“空山无人，水流花开”的唯我心安、“万古长空，一朝风月”的“无我悟道”毫无感觉（即便是阿尔法狗在作者的笔下似乎对此也恍若有悟），只是在 VR 中享受自己独特偏好之乐，人异化为“机器人”。无论有多么快乐，这样的失去灵魂的、没有至善追求的人都是“非人”。

哲学并不仅仅是知识性的，也是关于心性的。哲学的写法并不是只有议论文，也可以是其他体裁，这本书中就出现了很多不同于习常哲学论文的体裁，比如，对话体和抒情体。

柏拉图的哲学就用对话体来写作的，原因很简单，因为苏格拉底使用

[1] Robert Nozick, *Anarchy, State, and Utopia*, New York: Basic Books, 1974, pp. 41–42.

的是辩证法（dia 通过—lectic 对话）。按照阿伦特的说法，每个人从自身视角出发的意见都是包含着真理性的（当然也可以说是偏见），而辩证法就是通过对话来展现其中包含的真理，助产引导这种真理出生。而且，哲学所追问的终极性问题，“什么是至善”，“什么是美”，“什么是智慧”通常是并没有一个确定无疑的答案的，任何一种确定无疑的答案都将成为限制进一步深入思考的固执成见。于是，“思”就如风一般是永不停歇的，怀疑就是起点和终点。[1]那么，对话体就是展现哲学思考的极佳方式，而且这种方式也更为能够展现哲学的思辨性和批判性，尤其是思考本身的运行过程在对话中得到了充分的展现。反讽的方法在对话体中是非常常见的，能够起到松动固执成见的作用，方便让思考进一步深入，达到自由之境，于是，哲学在对话体上展现为一幕幕的哲学戏剧。反讽在本书作者创作的《罗尔斯篇》和《夜访阿尔法狗》中处处可见，每一个出现在对话中的观点都有着现实的人物与之相对应，这些人物可以从尾部的“参考文献”中窥见一斑。

可能，抒情体在文末的“后记”中最为显明，但似乎这个部分并不是本书的主体部分而是在整本书成书之后所回顾的自己的心路历程或者致谢。比如，本书作者在“后记”中借复制人之口抒发了任何伟大“强者”也逃不过时间终结的感慨：

> 《银翼杀手》中的复制人在临死前说：我所见过的事物，你们人类绝对无法置信。我目睹过宇宙战舰在猎户座边缘起火燃烧，我看到过 c 射线在唐豪瑟之门的黑暗中闪闪发光，而所有这些时刻都终将流失在时光中，一如眼泪消失在雨中。[2]

但其实，“后记”这个部分并非完全可有可无，它直接展现了作者的心性，也帮助我们理解书中观点的重要组成部分，正是那些“事件性事件”，那些改变了世界史的事件性事件让作者面对那样的问题产生了这样

---

[1]［美］丹纳・维拉：《苏格拉底式公民身份》，张鑫焱译，华夏出版社 2016 年版，第 22—23 页。
[2] 包利民：《至善与时间：现代性价值辩证论》，后记。

的思考。除此之外，这种抒情体其实在文中也处处可见，它是作者观点和情感心性的自由抒发，比如：

> 在一个内好贡献的人总会被剥夺外好（一个行善必然没有好报）的社会中，人心会受到伤心之损害（“原来并没有‘天理’”）。民无信不立。人们只有在确信这是一个正义的社会即一个其接受为凡是追求内好者都可以获得外好而且并非只有自己一人在追求内好的社会，才会做一个正义的人。[1]

而且，在“后记”中同样出现了这样的长句：

> 暴力革命和文化革命都未曾撼动的民国建筑明清建筑城市天际线乡村地平线转眼间就在地产开发商的推土机下被铲除殆尽。刚刚还讴歌走出苦难中世纪的哲学家和诗人已经开始孤独地流露乡愁。难道现代性的时间与前现代的时间的速度不一样吗？[2]

从这样复杂的句子中，你能够感受到作者对于正义和苦难的感受与追求，这就是抒情体所不动声色地展现出来的作者的观点和心性。

作者知识面的广博程度毋庸置疑，古今、中西、哲学和科学的各种文献信手拈来毫不费力，各种概念和思想“玩弄”在股掌之间。再重复一次：这并不是一本哲学史料的堆积著作，而是一本包含着作者自身思考和心性指向的充满个人特色的著作。他不是在写别人的思想，而是在讲述自己对于时代的思考和反思。我们跟随西方已经太久，中国自己的伦理学、政治哲学的出现正是需要一批有担当精神的作者出现。“结语：尽力唤醒辛勤挖坑的装睡者”让人不由得想起另一本书的标题《你永远都无法叫醒一个装睡的人》，但题目的旨趣不尽相同，无能为力却尽力而为。在这样一个追求效率和外在好的时代中，谁会关心哲人的思考呢？然而，作者不悲观。他提示我们：时候到了。人类凭借第三次科技革命，完全有可能在手段好的获取上取得完满成功。那么，时代是否即将逼迫所有人、包括宁

[1] 包利民：《至善与时间：现代性价值辩证论》，第 289 页。
[2] 同上书，后记。

愿与思考绝缘的人，都不得不思考终极好问题，都成为“哲人”？

## The Philosopher's Thoughts at the Special Moment

Zhang Xinyan

**Abstract**: As a scholar who studies political philosophy and ethics, Professor Bao Limin's new book The Supreme Good and Time uses mode of the powerful-weak in political science to analyze public ethics of modernity, and takes readers to appropriate different theories used in the shift of vision between the ancient and the modern, China and the West, revelation and reason, etc. Last but not least, this book is not just about history of philosophy. It is also a series of philosophical drama re-presenting various philosophical speculations vividly with rhetorical skills including metaphors, symbols, and ironies.

**Keywords:** supreme good; mode of the powerful-weak in political science; justice; philosophical drama

**图书在版编目(CIP)数据**

哲学评论.第24辑/武汉大学哲学学院编.—长沙:岳麓书社,2019.11
ISBN 978-7-5538-1187-1

Ⅰ.①哲… Ⅱ.①武… Ⅲ.①哲学—文集 Ⅳ.①B-53

中国版本图书馆CIP数据核字(2019)第258075号

ZHEXUE PINGLUN DI 24 JI
**哲学评论.第24辑**

编　　者:武汉大学哲学学院
责任编辑:刘　文
责任校对:舒　舍
封面设计:向　阳

岳麓书社出版发行
地址:湖南省长沙市爱民路47号
直销电话:0731-88804152　0731-88885616
邮编:410006
岳麓书社网址:www.yueluhistory.com

版次:2019年11月第1版
印次:2019年11月第1次印刷
开本:710mm×1000mm　1/16
印张:18.75
字数:280千字
书号:ISBN 978-7-5538-1187-1
定价:70.00元

承印:湖南众鑫印务有限公司

如有印装质量问题,请与本社印务部联系
电话:0731-88884129